글로벌 모더니티

글로벌 모더니티
전 지구적 자본주의 시대의 근대성

초판 1쇄 인쇄일 2016년 12월 20일 **초판 1쇄 발행일** 2016년 12월 30일

지은이 아리프 딜릭 | **옮긴이** 장세룡
펴낸이 박재환 | **편집** 유은재 | **관리** 조영란
펴낸곳 에코리브르 | **주소** 서울시 마포구 동교로 15길 34 3층(04003) | **전화** 702-2530 | **팩스** 702-2532
이메일 ecolivres@hanmail.net | **블로그** http://blog.naver.com/ecolivres
출판등록 2001년 5월 7일 제10-2147호
종이 세종페이퍼 | **인쇄 · 제본** 상지사 P&B

ISBN 978-89-6263-154-8 94300
ISBN 978-89-6263-033-6 (세트)

책값은 뒤표지에 있습니다. 잘못된 책은 구입한 곳에서 바꿔드립니다.

부산대학교 한국민족문화연구소
로컬리티 번역총서 L14

전 지구적 자본주의 시대의 근대성 | Global Modernity

글로벌 모더니티

아리프 딜릭 지음 | 장세룡 옮김

에코리브르

이 번역 총서는 2007년도 정부(교육과학기술부)의 재원으로 한국연구재단의 지원을 받아 연구되었음(NRF-2007-361-AL0001).

머리말

이 책은 내가 10여 년 전에 발간한 《전 지구적 자본주의에 눈뜨기(After Revolution: Waking to Global Capitalism)》(Wesleyan/University of New England, 1994)에서 처음 제기한 질문들을 성찰한 결과물이다. 이 질문들은 그 책을 발간하고 나서 일어난 전 지구화(globalization)* 사건들의 전개 양상에 더 날카롭게 초점을 맞추고 있다. 1990년대 중반부터 널리 확산되고 있는 전 지구화에 관한 문헌들은 개념 자체(그리고 그 개념을 정당화하면서)가 포괄하는 현상들의 복잡성뿐 아니라 더 심화된 질문들을 조명해왔다. 여기서 구체적으로 제시하는 논증에서 가장 중요한 것은, 우리 시대는 전 지구화를 향한 출발점이 아니라 최종 결과물이고, 내가 '전 지구적 근대성'이라고 설명하는 조건을 창조하고 있다는 명제를 이해하는 것이다. 어떤 의미

---

* 최근 너무나 친숙해져서 흔히 원어 발음 그대로 사용되는 용어들을 번역하는 데 고심했다. 제목은 Global Modernity를 그대로 글로벌 모더니티로 사용하되, 본문에서는 가능한 한 우리말로 옮기기 위해 전 지구적 근대성으로 번역한다, global은 전 지구적, globalization은 전 지구화, globality는 전 지구성, modernity는 근대성으로 번역한다. (이하 각주는 모두 옮긴이 주이다.)

에서 이런 깨달음은, 전 지구화는 남중국해 하이난 섬에서 서아시아 이라크까지 미국이 전 지구적으로 추구하는 제국 정책이 촉발시킨 현상들을 통해 얻을 수 있다. 현재 우리가 직면한 세계는 근대성에 관한 견해들이 서로 모순되게 경합하는 세계다. 달리 말하자면 우리가 지금까지 알아온 근대성은 바로 전 지구화가 펼쳐지는 가운데 과거에 대한 성찰이나 미래를 향한 방향 지시자로서 역할을 수행할 수가 없게 되었다. 남은 것은 오직 그것의 산물인 권력 관계를 계속 유지하려는 노력뿐이다. 전 세계적으로 정치적·사회적·경제적·문화적 발전에서 과거의 유럽중심주의적 근대성은 더 이상 현재의 전 지구적 관계를 고찰하는 데 만족스럽지 못하다는 점, 그럼에도 현재는 과거에 유럽과 멕시코 국경 북쪽 아메리카를 중심에 둔 자본주의 구성체에 고유한 인종 및 계급적 관계 안에서 구조화한 것이라는 그럴듯한 증거를 제공한다.

이 책을 저술하면서 치밀하게 조사한 관념들은 애들레이드 대학교, 바우하우스 대학교, 베이징대학교, 베이징어언대학교, 빙엄턴 대학교, 중국비교정치 및 경제센터, 홍콩중문대학교, 뉴욕 시립대학 대학원 센터, 코넬 대학교, 독일역사연구소(워싱턴 DC와 런던), 그리피스 대학교, 하이난성작가협회(중화인민공화국, 하이난 섬), 햄프셔 칼리지, 홍콩대학교, 세계 문화의 집(베를린), 국제문화과학연구센터(빈), 라이덴 대학교, 맥마스터 대학교, 뉴불가리아 대학교, 뉴욕 대학교, 노스웨스턴 대학교, 오벌린 칼리지, 톈진사범대학교, 도다기념국제평화연구소, 도쿄대학교, 칭화대학교(타이완), 바젤 대학교, 베르겐 대학교, 브리티시컬럼비아 대학교, 캘리포니아 대학교 버클리 캠퍼스, 캘리포니아 대학교 데이비스 캠퍼스, 캘리포니아 대학교 로스앤젤레스 캠퍼스, 캘리포니아 대학교 산타크루즈 캠퍼스, 시카고 대학교, 함부르크 대학교, 하와이 대학교 마노아 캠퍼스, 매니토바 대학교, 매사추세츠 대학교 애머스트 캠퍼스, 미시건 대학교, 리자이나 대학교, 토론토 대학교, 빅토리아 대학교(브리티시컬럼비아)에서 개최된 많은 세미나와 토론회의 결과물이다.

수많은 지적 자극과 도발적 논쟁의 기회를 제공한 이들 토론회의 주최자와 참가자들에게 진심으로 감사드린다. 그들의 이름을 여기서 하나하나 열거하기는 어렵지만, 그래도 초청과 조언으로 이 시론의 발전에 특별히 많은 도움을 베푼 이들의 이름을 밝히려 한다. 제프 찬, 윌리엄 콜먼, 크리스 코너리, 게오르기 데를루구이안(Georgi Derluguian), 슈무엘 노아 아이젠슈타트, 발츠 엥글러, 조너선 프리드먼, 존 고스, 한사오궁(韓少功), 황핑(黃平), 브루스 캐퍼러, 닉 나이트, 아비딘 쿠스노, 리퉈(李陀), 잉베 게오르그 리트만(Yngve Georg Lithman), 콜린 매커러스, 다이앤 뉴얼, 라비 팔라트, 피터 실, 닐 스미스, 마지드 테헤라니안, 예란 테르보른, 이매뉴얼 월러스틴, 왕펑전(王逢振), 테런스 웨슬리-스미스, 존 윌린스키, 롭 윌슨, 알렉산더 우드사이드, 로버트 영, 위커핑(俞可平) 그리고 장쉬둥(張旭東)이 바로 그들이다. 이 텍스트는 성립 배경에서 지극히 '캐나다적 궤적'을 보인다. 맨 앞 부분은 전 지구화와 자율성에 관한 맥마스터/토론토 대학교가 기획한 개막 강좌에서 발표한 원고이다. 전체 원고는 브리티시컬럼비아 대학교 피터월 연구소에 방문학자로 잠시 체류하는 동안 완성했다. 나는 이런 기회를 마련해준 윌 콜먼과 다이앤 뉴얼에게 깊이 감사드린다. 또한 4반세기 동안 진정한 친구 관계를 유지해온 연구소장 다이앤 뉴얼의 주도로 피터월연구소에서 열린 전 지구적 근대성에 관한 워크숍에 하루 종일 시종 진지하게 참여한 브리티시컬럼비아 대학교의 아비딘 쿠스노, 필 레스닉, 존 윌린스키 및 알렉산더 우드사이드에게도 깊이 감사드린다.

오리건 대학교의 대학원생—아나 칸델라, 이순이, 리관난, 옌샤오-페이와 위홍메이—은 이 책이 제 모습을 갖추는 몇 년 동안 신선한 지적 자극을 제공하며 저술에 영향을 미쳤다. 특히 자신들의 박사학위를 완성하고자 오리건 대학교보다 더 충실한 박사학위(PH. D) 프로그램을 둔 대학들로 옮겨간 아나 칸델라, 옌샤오-페이, 이순이에게 감사하며 행운을 빌어 마지않는다.

끝으로 나는 오랫동안 내 삶에 사랑스러운 자극을 제공해왔고 앞으로도 그러할 록산과 니키에게 마음 깊은 감사를 표한다.

차례

1

서론: 전 지구적 근대성

세상은 통합되어 있고 그것을 지탱하려고 공통의 조직적 구조와 새로운 문화를 창조하고 있는가, 아니면 낯설고 다양한 크기로 파편화해 있으며 내부가 여러 갈래 방식으로 분열되어 있는가? 세상은 비록 공공복지와 번영을 폭넓게 실현하는 정도는 아니더라도 그것이 더욱 확장된 미래를 추구하는가, 아니면 수십 년 사이에 현재의 정치경제학적 조직을 지탱해준 자원들을 완전히 동내버림으로써 생명력을 잃고 혼란에 빠져 허우적거릴 것인가? 미래에는 평화와 평등과 민주주의를 박탈당한 수십억 명의 사람들에게 새로운 협치(governance)* 체계를 선사할 것인가, 아니면 현재 세계 창조에

* 협치(governance)는, 정부의 기능 저하와 시장의 실패에 직면하여 안정성과 예측가능성을 강조하던 종래의 계층적 관료 조직의 행정을 넘어서 지방정부(행정), 시장(자본),

어느 정도 근본적 토대로 작용한 식민주의·국민국가·초국적(transnational) 자본 등이 서로 수렴하면서 상승 작용하는 가운데, 이미 개인과 사회를 조직적이고 문화적으로 형성하고 재형성할 기술공학적 능력을 밑천 삼아 유례없이 강력한 권력과 물질적 부의 독재를 자행할 조짐을 보이고 있는가?

이러한 질문들, 그리고 주안점은 다르지만 비슷한 다른 질문들은 지난 10여 년간 전 지구적으로 수많은 사람들의 마음속에 존재했다. 전 지구화가 관심을 기울일 것을 촉구하는 패러다임적 주장을 함축한 개념으로, 우리가 살고 있는 세계의 현재·미래·과거의 안내자일 뿐 아니라 사회과학 및 인문과학의 재평가와 재조직을 위한 사고의 원천으로, 그리고 우리의 일반적인 앎(knowing)의 방식으로 급속하고 지속적으로 출현한 것은 1990년대 초반이었다. 전 지구화가 학계 안팎에서 최신의 지적 유행으로 자리 잡으면서 수많은 질문과 대답이 쏟아졌다. 제시된 답들은 통상 그 개념의 의미를 서로 다르게 인식한 표현일 뿐 아니라, 서로 다른 미래 전망(vision)으로 전유하고자 한 상반된 이념적 노력의 산물이었다. 게다가 그 용어의 사용이 다양한 분야에 걸쳐 확산되면서 사태는 더욱 복잡해졌다. 그와 같은 대답들을 살펴보면 대체로 그것들에 내재하는 환원주의와 그런 식의 대답들에 강박적으로 동기를 부여하려는(비록 자의식적으로 이념적인 것은 아니지만) 사고가 주목할 만하다. 여기서 인용한 종류의 질문에 명쾌한 대답을 하기에는 우리가 살아가는 세상은 너무 복잡하다. 우리가 어디를 보느냐에 따라 세상은 통합되어 있기도 하고 파편화해 있기도 하

시민(사회)이 참여하여 협상적 권력과 예방적 권력의 협치를 구현하는 것을 말한다.

다. 참으로 감사하게도, 어떤 지역과 어떤 사람은 이전보다 훨씬 더 전 지구화를 잘 수행해가는 한편, 훨씬 더 많은 사람들은 공포스러운—그리고 불가항력적인—나락과 파멸로 혼신을 다해 치닫는 경주에 사로잡힌 듯하다. 그렇다, 훨씬 많은 사람들이 이전보다 더욱더 많은 자원을 소비하고 있으며, 그것은 비록 현 세대의 끝 무렵은 아닐지라도 다음 세대에는 순식간에 현실로 나타날 자원 고갈이라는 악몽을 불러일으킨다. 또한 우리는 세상 구석구석까지 민주주의와 인권의 가치가 확산하는 것을 찬양할 충분한 이유가 있다. 그러나 대개 그러하듯, 이런 식의 전 지구화는 모든 일들의 근본 가치와 권리들을 제국의 도구로 둔갑시켜 손상시키고, 구식 제국주의와 다름없다는, 전 지구적으로 널리 퍼진 인식에 제법 타당성을 제공한다. 이러한 인식 자체는 심지어 세계가 전 지구화하고 있다는 관념 자체를 부정하는 데까지 나아간다.

이러한 모든 불확실성 가운데 그나마 확실한 것이 있다면 전 지구화가 약속한 긍정적 요소 가운데 일부는 그것의 부정적 효과가 완전히 현실화하기 전에 더 잘 실현되어야 한다는 점이다. 문제는 전 지구화의 약속을 실현하려면 우리가 알고 있는 세계의 재구조화가 필연적으로 요구되지만, 이런 결론을 오늘날 전 지구화를 두고 평론하는 이들이 널리 공유하고 있지는 않다는 데 있다. 심지어 과거에 전 지구화를 가장 앞장서서 정당화하던 많은 전직 좌파 급진주의자들조차 바로 그 세계 재구조화 노력의 실패로 말미암아 약속을 저버린 자로 낙인찍힌 데 당혹해하면서도 이런 결론을 공유하고 있지는 않다. 그런데도 전 세계에는 뭔가 잘못되어가고 있으며, 심지어 그 잘못이 심화되어 광범한 재앙과 파괴로 나타날 상황들을 교정할 마땅한 방법이 없을 거라는 우울한 느낌이 널리 퍼져 있다. 세상의 재구조화란 우리가 지금 전 지구화에 관한 온갖 논의에서 발견하는 내용과는 근본적으로 다른 무엇을 말한다. 이는 전 지구화를 경축하거나 단순히 그것의 불가피함을 확신하는 것이기보다는, 주로 전 지구화에 저항하는 반대자들의 관점과 결합해 있다.

그렇더라도 다음과 같은 점을 생각해볼 수 있다. 현재 우리가 생각하는 전 지구화라는 개념에는 결정론적인 목적론이 내재해 있는데, 이런 목적론은 비록 오늘날의 상황에 따라 생산과 소비 패턴의 변화가 있기는 하지만 사실상 이전과 동일한 지점을 지향하고 있다. 그러나 전 지구화의 장밋빛 약속들을 현실화할 수 있는 세계는 현재 우리의 목적론들을 통한 전 지구화 관념으로 성취할 수가 없다. 이 점은 과거 역사를 전 지구화에 대한 오늘날의 전망들과 일치시켜 재기술하려는 노력들을 살펴보면 아주 자명해진다. 과거를 재구성하는 과정에서 그것이 도리어 현재를 위한 감옥이 되도록 만들고, 식민주의·환경 파괴뿐 아니라 오늘날 전 지구성(globality)을 구성하는 매우 큰 부분인 갖가지 사회적 불평등과 정치적 억압의 유산을 극복할 수 있는 전 지구적 가능성에 관한 상상력을 배척한다. 만일 이들의 전 지구화 전망에 내재한 가정들을 심각하게 받아들인다면 우리가 당면한 현재는 과거의 유산들과 단절된 어떤 희망을 제공하는 미래로 나아가는 출발점이 아니라 전 지구화의 생산물이고 최종 상태이다. 요컨대 지금이 바로 미래란 말이다.

이런 역사주의적 사고는 지금까지 억압받아온 대안들을 드러내 현재를 여러 가능성 가운데 하나로 만드는 것이 아니라 현재를 과거의 필연적인 결과물로 만든다. 그 결과 과거를 재기술해 미래로 향하는 대안적 가능성을 사고하려는 시도를 회피하도록 조장한다. 당면한 의미에서 그런 역사주의적 사고에 대해 질문하는 것은 현재 자본주의의 대안을 창조하려는 모든 체계적 노력이 와해된 이래로 심지어 그것이 거의 자연력과 같은 외양조차 획득한 판국에 과연 정의롭고 민주적인 전 지구성을 실현할 수 있느냐 없느냐를 따지는 것이다. 자본주의에 대한 반대를 보자면, 비록 그다지 변변한 저항은 아니지만, 그 영감을 전 지구성을 다르게 상상하는 데서 얻지 않고, 삶을 전 지구적으로 재조직하는 자본가가 요구하는 사회적 척도 및 정치적 척도 **'안에'** 이런저런 종류의 정체성을 주장하려고 다른 과거들을 배치하면서 발견하는 저항의 방식이 있다. 전 지구화의 효과에 대한 환멸은 그것이 만들어졌든 새로 소생된 것이든 폭넓은 정치적 맥락 및 이데올로기적 맥락에 의존한다. 이와 같이 다양한 지향성은 전 지구적 위계질서의 여러 층위에서 경제적·정치적 권력 질서에 도전하고 있다. 그것은 아나키즘적 보편 사회에 대한 희망에서부터 장소에 바탕을 둔 토착적 대안을 모색하는 세대에 이르기까지 여러 갈래 급진 좌파의 유산에서 영감을 끌어내고 있다. 그러나 이런 급진 좌파들의 유산은 전 지구화된 일상생활을 영위하는 사람들의 삶과는 한참 동떨어져 있다. 물론 사람들에 따라서는 이런 유산들과 유리된 정도가 다르다고 말할 수는 있을 것이다.

가장 주목받고 당대 세계 정치를 형성하는 데 가장 근본적인 의미를 가진 것은 자본주의 세계경제 안에서 벌어지는 지배권 확보 투쟁이다. 그러나 이 투쟁은 초기 근대성 시기의 투쟁이 자본주의 세계화와 그것에 맞서는 저항, 특히 사회주의적 저항 사이에서 투쟁 형식을 띠었던 것과는 선명하게 비교된다. 자본주의의 미래를 두고 벌어지는 당면 투쟁은 역사에서 이성의 실현을 고취하는 공통 근거를 좌파와 공유하는 자유주의적 근대성 이념조차도 대체하는 이데올로기적 표현을, 급진 좌파 이념은 물론이고 상상된 문화적 유산에서 점차 발견한다. 어떤 이는 언필칭 전 지구화가 자생적으로 생겨난 것으로 가정하지만, 세계정치는 제국주의의 이데올로기적(비록 물리적이지는 않지만) 세계 정복에 대한 환상에 지배된다. 유로-아메리칸 제국주의의 정당화에 오래 기여해온 인권과 민주주의 수사학은, 특히 미국에서, 근대성이 깨끗이 청소했다고 가정되는 종교적 가치로부터 추출된 것이다. 한편 종교는 문화적 정체성의 요구는 물론이고 제국주의에 저항하는 언어도 추출해냈다.[1]

절대적이고 보편적인 진리를 요구하며 갈등하는 반동적 근본주의자들 사이에서 이런 충돌은 전혀 새로운 현상이 아니다. 새로운 것이 있다면 지금은 전 지구화된 자본주의 정치경제학의 토대에서 전개된다는 점이다. 지금은 궁극적으로 승리한 어떤 진리는 보편적 실현 사항으로 상정했던 근대성에 대한 초기 목적론적 가정의 시기와는 크게 다르다. 그 결과 진실을 두고 갈등하는 주장들이 조만간 사라질 기미는 전혀 보이지 않는다. 그럼에도 공히 자본주의 경제에 근거를 둔 갈등하는 견해들은 당대 전 지구성의 조건 파악에 아주 중요하다. 어떤 공유된 보편주의 실현의 희망을 포기한 세계에서 문화적 구성요소라는 명분으로 정상화된 이들 가치들은 본래 종교적 및 문화적 우익 정치의 징후들로 출현한 것들이다. 그런 점에서 전 지구적으로 정치 영역의 풍토병일 뿐 아니라 우리 시대의 근대성 관련 내용을 확인시키는 특징으로서 출현한다.

이 책에서 나는 전 지구화 패러다임이 서술하고 설명하려는 우리 시대의 세계 상황으로 말미암아 급부상한 문제들을 조금 해명하려 한다. 나의 독해에서 '**전 지구화**'는 세계의 진행과정이자 세계에 관하여 사고하는 방식을 말한다. 나는 이 작업에서 전 지구화 개념 자체와 실제 세계에서 진행과정 사이의 관계에 주목하며 '현세적 사고'를 유지하고자 힘을 기울였다. 이런 논의 과정에서 불가피하게 지식인, 학자 및 예술가 집단들이 당대에 사용하는 개념들—특히 탈근대성(postmodernity)과 탈식민성(postcoloniality) 개념—에서 가장 큰 심리적 압박감을 느꼈다. 또한 세계를 설명하는 그런 개념들의 준거뿐 아니라, 근대화나 세계체제 분석같이 전 지구화 개념이 대체했던 다른 개념들에 대한 준거 자체에도 심리적 압박감을 느꼈다.

나는 전 지구화 개념에 정확한 정의를 부여하려고 하지는 않는다. 흔히 개념들의 필연성을 정확히 정의하여 획득되는 정밀성은 형식과 내용에 폐쇄성을 가져오는 대가를 톡톡히 치른다. 이것은 특히 '**전 지구화**'와 같이 의미를 두고 격렬하게 경쟁하는 용어인 경우에는 더욱더 그렇다. 그것을 엄밀하게 정의하는 것은 어떤 의미의 개념을 다른 의미의 개념보다 우위에 두는 이념적 목적에 봉사하는 결과를 초래할 것이다. 마찬가지 이유로 그런 정의 방식은 개념의 역사성을 박탈하고, 그 개념이 이해하려는 유동하는 세계 상황을 파악할 중요한 가능성에 역작용을 할 것이다. 전 지구화의 개념을 엄밀하게 정의하려는 노력이 쓸모없다는 것은 이러한 노력이 초래한 결과에서 자명하게 나타났다. 그것은 관련 개념의 정의와 세계의 현실 사이에서 유용한 상응 관계를 확립하는 데 실패한 점에서 가장 현저하다. 종국적으로 그런 결과를 가져오는 개념 정의를 압도하는 상응 관계를 밝히려는 의도의 산물인 성격 규정은, 도리어 한 관념으로서 그 개념의 내적 일관성조차 박탈하여 오직 현실과의 관계성 안에 고립시킨다.

나는 전 지구화를 그것의 적용 대상을 찾는 과정이 생성 중인 담론으로 보고 그것을 더 폭넓은 개념들의 배열로 이해한다. 전 지구화에 역사적 맥락 안의 한 패러다임이라는 위치를 부여하고, 그것이 무엇을 대체하려 했던가를 검증하는 동시에 1990년대에 그것이 출현할 시기에 동반되었던 물질적 및 이념적 결합을 고찰한다. 다시 말하면 제2차 세계대전 전후에 활발했던 근대화 담론과 1960년대에서 1970년대에 여기에 가해졌던 과격한 도전, 곧 발전에 관한 혁명적 관념에서 세계체제 분석, 종속이론 등에 내포된 발전에 관한 더욱 정교하게 경계가 구획된 이론화를 고찰한다. 한 담론으로서 전 지구화는 앞선 근대화론의 연속과 부정으로 이해할 필요가 있다. 근대화 담론에서 급진적 대안이 노골적으로 지워지면서 담론의 모호성은 약화된다. (변증법적 측면이 줄어든다고 나는 덧붙일 수 있다.) 동시에 한 사회과학 담론으로서 전 지구화는 문화 연구에서 탈근대주의 및 탈식민주의와 공명한다. (그리고 당대적이다.) 이들 현상, 출현 중인 세계의 전반적인 상황 사이에, 서로 다른 양상들 사이에 성립 가능한 관계의 탐색은 우리 시대의 지성사에 관하여 많은 것들을 말해줄 것이다. 우리가 어디서 왔는지, 우리가 무엇을 남겼는지, 그리고 어디로—만일 어느 곳이든 존재한다면—방향을 잡아야 할지를 말할 것이다.

담론으로서 전 지구화가 제시하는 가장 흥미로운 문제들 가운데 하나는 그것이 끝인지 시작인지, 아니면 둘 다인지에 관한 것이다. 달리 말하면 한 개념을 목적론으로 구성하는 것은 이미 실현된 것으로서 현재 상태를 표현하는지, 또는 세계가 아직도 미래에 놓인 한 전망을 이제야 겨우 알아채고 인정하는 상태에 도달했는지를 질문하는 것이다. 전 지구화를 지지하는 이데올로그들은 그 담론이 둘 다에 해당되고, 미래, 현재 그리고 과거가 전 지구화의 역사적 필연성과 도덕적 선이라는 두 요소를 증가시킨다고 주장한다. 현재 소위 전 지구화는 세계의 표면에 너무나 깊숙한 균열을 가져와서, 오직 강력한 힘을 가진 자들이 전례 없이 강력한 권력를 행사해야만 극복할 수 있는 것이 되고 말았다. 따라서 비록 언젠가는 전 지구화가 역사적 필연성과 도덕적 선이 더불어 증가하는 미래 전망에 도달할 것이라는 희망을 별로 제공하지 않는데도 불구하고, 현재 이러한 전망의 요구와 일치시켜 우리의 과거가 재설명되는 과정에 있다. 그러한 재서술은 전 지구화와 제국주의 사이의 관계를 혼란시키고 그 핵심부에서 이념 갈등을 노정시켜 그 작업의 이념적 통합성에 심각한 의문을 던지게 한다.

이것이 내가 다음 지면에서 서술하는 전 지구적 근대성이 현재 직면한 상태이다. 나는 또한 전 지구적 근대성(내가 단수로서 취급하는)은 전 지구화의 전조라기보다는 결과물이고, 그것이 생산했던 역사의 모순들—역사와 그것의 부정, 그리고 가장 중요한 쟁점인 식민지 과거에 대한 그것의 관계성—에 영향을 끼치는 것이라고 제시할 것이다.[2] 전 지구화가 보편화되는 과정은 근대성—자본주의 근대성—이 전 지구적이 되고, 물질적이며 이념적인 실천이 보편화되는 과정이다. 동시에 근대성의 보편성 주장을 부정하는 것을 포함하며 전개되는 이중과정으로 볼 수 있다. 전 지구적 근대성은 근대성의 과거 자체로부터 해방을 비롯하여 과거로부터 전 지구적 해방을 약속할 것이다. 그러나 그 해방은 경제적·정치적·사회적 및 문화적 식민지의 낙인을 포함하고, 그것들에게 자신의 새로운 근대성을 첨가하는 한편 여전히 과거의 식민지적 불평등을 영속화할 것이다.

물론 전 지구화를 일컬어 그것이 현재를 물질적이며 도덕적으로 개선하는 미래의 지침이라고 긍정적으로 볼 수도 있다. 나는 그런 관점이 당대의 세계와 말에 관한 이해를 추동하는 목적론에서 벗어난, 또 다른 종류의 전 지구화를 요구할 것이라고 믿는다. 그것은 곧 기껏해야 여러 방식으로 식민지 근대성을 성취하는 것 이상도 이하도 아닌, 현재 통과 중인 전 지구적 근대성을 극복하여, 또 다른 종류의 새로운 전 지구성의 창조 가능성을 내포한 전 지구화가 될 것이다. 과거의 식민주의는 그것들 자체가 식민지 근대성의 산물인 새로운 종류의 권력에 적응하도록 재구조화되었다. 또한 실질적으로 전 지구적 물질성을 구체화하고 그것이 명령하는 이념적 설득력을 함께 제공하는 구조들의 공학과 조종하는 인적 요소들에 분명한 변화가 있었다. 그러나 현재 세계는 그 구조화가 식민지 권력의 특권에서 자유롭다고 주장할 증거가 별로 없다(국가적 또는 지역적인 것에 바탕을 둔 장소로부터). 로컬(local) 역사들이 부활한다는 주장은 식민지 근대성의 패권에서의 해방을 표상한다. 또는 그들에 관한 대안의 근대성이나 다수의 근대성을 주장하는 입장은, 그런 주장들 대부분이 이미 물질적 삶에서 자본주의의 전 지구적 승리를 당연시하고, 차이(difference)의 부담을 전달하는 역할은 문화의 영역에 맡겨버리기 때문에 이해가 잘 되지는 않는다. 더욱 심도 깊은 역사적 시각은 우리를 다음과 같은 의문으로 이끈다. 하나는, 과연 문화적 차이가 근대성, 필연적으로 현재—초실재의 모조품(simulacre), 곧 문화적 차이의 모조품을 포함하는 모조품 생산에 골몰하는 자본주의 근대성으로 이해되는 근대성을 생존시킬 수 있을까? 한편 우리는 그러한 근대성의 핵심 요소가 상상된 역사와 문화적 차이들을 재주장하는 것이 아니다. 우리가 영위하는 근대성의 식민성을 재인식하도록 물질적·문화적·지적 탈식민화를 고양시킬 수 있는가? 이런 질문은 분명히 미래에 관한 어떤 재성찰에서든 사고의 첫걸음이 되어야 한다. '정신의 탈식민화(decolonization of mind)'는 잠시 동안 물질적 탈식민화(정치적인 것을 포함하여)가 이미 성취된 것으로 보였던 시기에 중요한 이상(ideal)이었다.[3] 나는 그런 착각의 종언을 기대하면서, '정신의 탈식민화'는 문화적인 것이 아니라 (물질적 삶의 변화에 수반되는) 문화의 쟁점들을 문제 삼는 것이란 자각에 유의하기를 요청한다.

지금 시급한 과제는 어떤 종류의 전 지구화가 식민지를 넘어서 전 지구성의 성취에 도움을 줄 수 있는지 질문하는 것이다. 나는 자신의 '소망적 사고(wishful thinking)'를 결론에서 재차 거론하는 방식으로 되돌아갈 것이다. 다음 논의에서 최우선 목표는 왜 우리는 전 지구화를 우리가 알고 있는 현재의 근본적인 구성적 요소로 사고해야 하는지를 질문하는 것이다. 그리고 그와 같은 이유로 전 지구화가 미래를 재상상하고 현재를 극복하는 데 별 도움이 되지는 못함을 보여주면서 당대의 전 지구적 근대성에서 가시적 모순을 가져오는 전망을 제공하는 것이다.

2

전 지구화를 역사적으로 사고하기

1971년에 듀크 대학교 역사학과 교수직에 임용되었을 때 내가 맡은 업무 과제 가운데 하나는 이미 개설된 강좌 '전통에서 근대성으로'를 강의하는 것이었다. 그것은 지역 연구의 '지역(areas)'과 다소간 상응하는 중국, 일본, 남아시아(인도), 아프리카와 라틴아메리카를 포괄하는 팀티칭 2학기 강의였다. 강의 내용을 제1학기는 전통, 제2학기는 근대성에 할애했다. 첫 학기에 탤컷 파슨스(Talcott Parsons)의 '패턴-변수(pattern-variables)'를 소개하는 강의를 한 다음 각자의 사회에서 종교적·사회적 및 정치적 구조의 질서에서 전통이 어떤 역할을 하는가에 관한 3주에 걸친 토론에 들어갔다.[1] 비록 우리 강의 내용에 포함한 여러 사회들이 지금은 더 공통점이 많은 것으로 보인다는 말은 했지만 2학기에도 여전히 전과 같은 패턴에 따라서 강의를 진행했다.

그러다가 1970년대 말경에 1960년대 관련 내용이 강의에 포함되었다. 그것은 다시 '제3세계와 서구'로 강의 제목이 바뀌고 전통/근대 이분법은 전근대/근대 이분법으로 대체되며 강의 내용은 경제 관계, 식민주의 및 혁명 관련 논의로 변경되었다. 전통/근대 이분법은 이미 당시에 유럽중심주의적 세계 개념을 조장하는 식민주의 패권을 관철시키는 이념적 도구의 일부로 작용하며 출현했다. 제3세계를 전통이라는 기호 아래 과거로 내쫓고, 식민주의나 신식민주의의 희생물인 그들의 후진성을 비난했다. 강의는 여전히 팀티칭이었지만 잠시 동안만 그랬다. 개별 팀은 근대의 시작에 대해서 혹은 모든 지역(앞선 강좌에서 포함시킨 내용과 같은 것)에 걸쳐 무엇을 토론하는 것이 적합한지를 두고 도저히 합의에 도달할 수 없었기에 우리는 각자 제 방식대로 갈 길을 가보기로 했다.

대략 지난 30년이 넘는 시기 동안 사회과학에서 근대성을 이해하는 질서와 일관성은 사라지고 일종의 혼돈 상태가 도래했다. 근대화 담론에 결점이 있음이 폭로되었고 이는 자신이 그런 결과를 산출하는 데 크게 기여했던 한 학자의 말을 빌리자면 '생각 없는 사회과학'[2]의 요청으로 이끌었다. 거기에 대양(ocean)이 지역(area)에 덧붙여지고 때로 '월경(border crossings)'이 그들의 영역을 다투고 휘젓게 만들었다. 패러다임으로서 전 지구화는 한 수준에서는 이런 개념적 비일관성을 극복하는 수단으로 보일 수도 있었을 것이다. 그러나 현재 세계에서 목격되는 모든 증거로 보아 전 지구화는 경제적·사회적·정치적 및 문화적 세계 발전에 그럴듯한 목적론을 다시 부여하려는 모든 노력을 좌절시켰기에 분명 실패했다. 전 지구화 자체는 단순히 과거에 먹다 남은 밥이 아니라 바로 그 전 지구화의 산물로서 전 지구적 문제들을 대면할 필연성에서 이념적 기분 전환용 목적론(우선적으로 공간적, 그러나 여전히 향수에 의해서 근대화의 일시적 목적론으로 한정되는)으로 이끈다. 이들 전 지구화하는 힘들은, 과거의 근대화 담론에서 가정된 것 같은 단일한 중심의 산물이 아니기에 세계를 더 이상 단일한 방향으로 추동하지 않으며, 어떤 일관성 있는 미래의 실현 가능성도 박탈된, 다수의 중심을 가진 균열된 근대성을 가리킨다.

근대화에서 전 지구화로

한편 듀크 대학교에서 개설한 강좌의 경험은 독특했으나 아주 편협한 경험이었던 것은 아니다. 1970년대에 진행된 그 강좌의 변신은 전반적인 학문 분야에서 근대화와 근대성에 관한 질문의 변화 양상에 대응한 것이다. 나는 이런 변화의 서술에는 별 관심이 없다. 다만 서문에서 이 경험에 관한 논의를 내가 여기서 받아들이려는 근대성과 근대화에 관한 당대의 토론에 과거 전망을 제공하는 유용한 방식으로 보기에 소개했을 뿐이다. 예컨대 그런 전망은 현재 긴급히 떠오른 지적 쟁점들—유럽중심주의적 목적론, 학문 분야에서 유럽중심주의 패권을 청산할 필요성, 토론의 표면에 근대성들이 복잡하게 얽히는 것 또는 근대성과 전통이 얽히는 것, 다수의 근대성 인정 등이 가능하도록 전통/근대 이분법을 극복할 필요까지—은 적어도 1960년대까지 소급되는 오랜 쟁점이라는 것을 제시한다.

그러나 이들 쟁점들에 관한 어떤 심각한 검증도 역사적인 정보에 근거할 필요가 있고, 현재의 활기찬 쟁점들이 반드시 과거—비록 그 과거가 최근접 과거라 해도—의 쟁점은 아니라는 것을 인식해야 한다. 우리는 과거의 문제가 여전히 현존하기 때문에 또는 우리는 여전히 1960년대나 1970년대—혹은 두 시대 모두—의 패러다임과 반(反)패러다임의 억압을 받고 있기 때문에, 서문에서 제시한 것과 같은 의문을 안고 계속 근심해야 하는가? 1960년대와 1970년대의 문제와는 다른 우리 시대의 문제들을 탈식민 해방투쟁이 부각시킨 급진적 패러다임을 끌어들여 고찰하는 새로운 장을 열기보다는, 근대성 관련 논의를 전개한 장의 마지막 말로 삼는 것이 가장 주목받지 않을까? 제3세계 민족해방운동과, 그에 대한 제1세계 학자들의 반향인, 세계체제 분석에서 종속이론과 안드레 군더 프랑크(Andre Gunder Frank)의 유명한 공식인 "저발전의 발전" 분석까지, 1950년대와 1960년대의 근대화 담론에 대한 도전에서 중요한 역할을 한 과거의 운동과 활동은 어떤 것들이 있는가?[3] 우리는 이들 저작에서 이미 넘어섰던 문제 제기에 해당하는 근대/전통 개념으로 되돌아가, 현대의 근대화 담론과는 다른 노선을 따른 이전의 근대화 담론은 일부 분야(quarters)에서 과거의 혁명운동뿐 아니라 그들이 '유럽중심주의적'이라고 알린 다양한 접근과 같은 상표를 부착한 증거가 있으므로 그것을 청산하는 작업을 억제해야 하나? 1980년대 탈근대주의와 1990년대의 탈식민 비평은 그들의 유럽중심주의적 전제 탓에 과거의 접근들(그리고 이전의 혁명운동)에 의문을 제기하는 데 큰 영향력을 발휘했다. 과연 그들은 비록 자신들의 의도에 반한다 해도 일부 새로운 구실을 끌어들여 우리를 근대/전통 문제로 귀환시킬 수 있는가? 대안적으로, 과거 문제에 대한 이와 같은 몰두는, 과거에 제기된 문제들이 더 이상 논의에 적합하지 않아서가 아니라, 지금 그것들을 고찰하려면 근대성에 관한 문제 제기의 급진적 재공식화를 요구하는 재구성으로 나타나기 때문에 이 역시 현재에 대한 논의를 회피하려는 의도가 작용하지는 않는가?

만일 근대성에 관한 현재 논의가 과거의 질문들에 사로잡혀 출몰한다면, 그것은 이들 질문이 시대적 적합성을 상실한 현실을 인정하기를 거부하기 때문이다. 다른 한편 지난 30년간 전 지구적 변화는 새로운 의문을 제기하고 과거에 문제를 제기한 것의 재공식화를 요구한다. 그러나 변화한 것은 결코 세계 자체만이 아니다. 우리도 함께 변화했다. 만일 유럽중심주의적 근대화 담론을 적재적소에 배치하려던 과거의 노력이 한참 뒷궁리를 해본 결과 별로 신통치 못한 것으로 나타난다면, 우리는 그들의 결정에 의문을 제기할 뿐 아니라, 왜 그들이 제의한 근대화 담론이 더 이상 충분한 대안으로 보이지 않는지를—사실은 여전히 그들이 극복하기를 추구하는 유럽중심주의의 일부이고 한 조각으로 보인다—질문할 필요도 없다. 그럼에도 불구하고 이들 근대화 담론 대안을 거부하는 것은, 그들에게 폭넓은 견문을 제공해준 정치의 거부를 포함하므로, 오늘날 높은 평가를 받고 이전보다 더욱 중요해질 것이다.

달리 말하자면 우리가 현재 근대성의 문제를 논의하고 있는 바로 그 조건, 이러한 질문에서 자기 비판적 접근의 중요한 조건인, 우리 자신의 역사화를 인식할 필요가 있다.* 물론 근대성과 전통에 관한 어떤 의문은

---

* 여기서 역사화는 사실에 입각한 탐구를 말한다.

여전히 지속적으로 제기되고 있다. 그럼에도 불구하고 나는 이제 세계가 크게 변화했을 뿐 아니라 우리가 근대성을 불평 없이 추종하는 방식에 있어서도 옛날과 지금은 더욱 폭넓은 거리와 간격이 생겼다고 본다. 만일 그것이 진부함을 피하려는 것이라면 또는 더 심각하게 말해서 현대의 권력 형성의 복잡성을 이해하지 않으려는 것이라면 어찌되겠는가? 어떤 근대성 비판이든 그것은 이들 당대의 권력 재배치에 대한 관계의 이해 못지않게, 그 자신의 역사성도 또한 예민하게 잘 감지해야 한다. 다른 말로 현재와 그것의 관계 못지않게 과거와의 관계를 잘 알아야 한다. 이것은 가장 심각하게는 근대화와 전 지구화 담론 사이에서 관계성, 그리고 이들 담론 특히 후자의 담론에 우리 자신과의 관계성에 주목하기를 요구한다.

새로운 전 지구화 패러다임을 통해서 근대성의 문제를 고찰하는 것은 적어도 내가 제기한 문제에 약간의 대답들을 제공할 것이다. 과거의 근대성 담론이나 패러다임은 이미 전 지구화 패러다임이나 담론이 능가해버렸다고 생각할 이유는 충분하다. 그 경우 근대성은 전 지구화라는 주장을 통해서 살펴보는 것이 특히 유용하다. 전 지구화는 바로 근대화의 목표 실현 또는 그것들의 가장 근본적 가정을 유지하는—예컨대 앤서니 기든스(Anthony Giddens)가 현재를 '최고의 근대성'으로 서술하는 데서 제시되듯[4]—근대성과 근대화에 관한 문제 제기를 수정하여 다른 말로 표현한 것이다. 물론 근대화와 전 지구화의 관계성은 불확실할 수 있다. 하지만 전 지구화 패러다임은 그것이 전 지구적인 경제·정치 및 문화의 문제 제기적 재구성에 대응하려 하듯이 근대성에 관한 문제 제기적 재공식화 역시 가능하게 만들 것이다. 이 과정에서 지금까지 근대성의 체제 아래 억압받아온 문제가 떠올라 점점 더 중요한 역할을 하고, 과거의 문제들이 급격하게 새로운 모습으로 나타나 이념적 영역을 열어준다. 예컨대 '다수의 근대성' 관념은 전 지구성의 조건과 의식으로 말미암아 공인되고, 이전의 근대성 담론, 심지어 그것의 대안들에 관한 목적론들을 수용할 수 없게 한다. 한편 '다수의 근대성' 관념은 근대성에 관한 서로 다른 경험과 형식의 근대성 인식을 허용하고, 그 관념 자체와 거기서 나온 전 지구적 담론은 그것들을 전 지구적으로 타당하고 근거 있게 묘사함으로써 근대성에 관한 가장 근본적인 가정들을 육성하고 정당화한다. 그 결과 근대성에 관한 심각한 대안적 고찰을 미리 봉쇄하고, 비록 부재하는 현전(absent presence)*과 같은 것이지만, 유럽중심주의를 뒷문으로 은밀하게 다시 끌어들인다.

패러다임으로서의 전 지구화는 자본가의 모습이든 사회주의자의 모습이든 근대화론의 유럽중심주의에 맞서 다수의 중심을 가진 또는 심지어 탈중심화된 세계의 가능성을 인정하면서 근대화 담론을 대체한다. 그것은, 근대화 담론의 근본적 전제들 일부를 동화시킴으로써 특히 지구를 전 지구화한 자본주의 경제의 전제들과 일치시켜 불가피하게 재조직화를 이루어낸다. 그것이 성공적으로 삭제한 것은 대안, 곧 그것의 구성 부분으로 내면화된 근대화 담론이 아니라 그 영감을 미래의 비자본주의적 전망

* 마르틴 하이데거는 《존재와 시간》(1927)에서 존재를, 좀 모호하지만, 아리스토텔레스를 이어서 지금 시간과 영원한 시간의 '현전(presence)'으로 파악했다. 한편 자크 데리다는 에드문트 후설을 비판하는 과정에서 이를 '현전의 형이상학(metaphyisics of presence)'이라고 비판하고 '부재하는 현전'에 주목하기를 요청했다.

(사회주의자의 혁명적 노력과 탈식민지적 정치 운동에서부터 비자본주의적 미래 창조에 이르기까지), 다시 말해 제1세계 사회과학에서 고취된 세계체제 분석이나 그 분석의 라틴아메리카 해석판인 종속이론으로 고취된 이들의 노고에 가득 찬 이론화에서 영감을 이끌어내는 대안들이다.

이 대안들이 공유한 가장 중요한 특징은 발전을 설명하면서 자율성보다는 관계성을 강조하는 것이다. 약간 단순화의 위험을 무릅쓰고 말하자면 근대화 담론은 경제적·사회적·정치적 발전을 전통/근대 이분법의 조건에서 보고, 근대화는 한 단계에서 다른 단계로 발전을 의미한다. 근대성 자체는 서유럽 사회 및 멕시코와 국경을 맞대는 북미 사회와 동일시되며, 기존의 근대사회가 경험한 사례가 제공한 기준에 따라 성격이 정의된다. 그 기준에 따르면 근대화는 서구와 서구의 후손들이 만든 북아메리카가 새겨놓은 길을 따라서 제2세계(사회주의)와 제3세계(전통적) 사회와 더불어 목적론적으로 만들어졌다. 제2차 세계대전의 여파로 과거의 유럽중심주의는 미국을 궁극적 근대사회로 규정하는 목적론적 전망으로 대체되었다. 거기서 근대사회의 성격을 정의하면 그 특성은 가정컨대 미국 사회로 정의되는, 시장 자본주의, 정치적 민주주의, 사회적 개인주의 그리고 과학과 기술공학의 가치 존중으로 정의된 문화라는 특징으로 받아들여졌다. 이런 이론적 외양에서 문화의 역할 자체가 근대화에 중요한 원인으로 긍정된다. 개인주의와 기술공학적 합리성은 "서구" 사회의 근대화에서 중요한 일부라는 역할을 수행했다. 그에 대비해서 전통 사회들은 사회를 퇴행시키고, 오직 그들이 문화적 변형을 감행할 때만 극복 가능한 역사(전통)의 과잉으로 말미암아 크나큰 고통을 겪었다. 이러한 설명 도식에서

각 사회는 자신의 발전이나 후진성(또는 좀 더 품위 있게 말하자면 저발전)[5]에 책임이 있다는 주장이 나온다. 그러나 1950년대와 1960년대의 절정기에조차도 근대화 담론은 내부로부터 비판 대상이었다. 슈무엘 노아 아이젠슈타트 같은 이론가는 전통/근대 이분법의 단순한 제로섬 게임 같은 접근에 아주 불편해하며 근대성 안에서 전통의 지속을 가리키고자 **근대**를 대체하는 말로서 '포스트 전통적'이란 개념을 제안한다. 그것 또한 왜 근대사회가 상이한지를 설명하는 데 도움을 줄 것이다.[6] 심지어 새뮤얼 헌팅턴(Samuel Huntington)의 더욱 급진적—그리고 비자유주의적인—비판은 근대화의 과정에서 혁명을 폭발시킨 힘들을 목격하고, 근대화의 관리감독 과정에서 자유민주주의를 짓밟고 보수주의적 독재를 유리하게 만드는 변화를 초래하는 과정에 주목하고, 더욱 강한 정치적 통제의 필요성을 강조했다.[7]

근대화 담론에 대한 더욱 폭넓은 급진적 도전은 1960년대에 주로 혁명적 근대성 노선에 고취된 학자들에게서 최고조에 도달했다. 그것은 당시 사회주의국가만이 아니라 근대화 담론이 당면한 관심사였던 제3세계 해방투쟁을 통해서 격렬하게 표현되었다. 이들의 도전에서 근본적인 것, 발전과 저발전에 관한 질문들은 개별 사회들의 특성이란 조건에서 이해되는 것이 아니라 근대성의 역사만큼이나 오래된, 근대성 자체만이 아니라 발전에서 불평등을 창조하는 관계 그리고 근대성에 고유하고 그것 자체에 형태를 제공하는 권력의 조건에서 이해되어야 한다.

유럽이 자본주의 근대성을 창조한 원동력은 과연 무엇인가? 이는 아직도 역사가와 사회학자들이 고심을 거듭하는 질문들이다. 한편 여전히 유럽 자본주의가 (로마와 그리스까지 소급되는) 자율적인 유럽적 가치와 발전의 산물이라고 믿는 자들의 숫자도 결코 적지 않다. 그런 유럽중심주의는 유럽에서 자본주의의 출현에 토대가 되는 맥락을 제공했던 유라시아를 횡단하여 상호 무역을 한 증거가 확산되면서 심각한 의문에 빠져 있다. 이 말은 유럽 또는 다른 사회들의 특이성을 부인하는 것이 결코 아니다. 도리어 로컬 가치들을 유라시아의 서로 다른 부분들에서 서로 다른 사회와 정치적 구성체를 생산한 로컬 외적(extralocal) 관계의 맥락에 자리매김하고자 한다. 만일 유럽에서 자본주의 근대성의 출현이 그런 관계성의 산물이라면, 자본주의 자체는 서구 사회에 여러 사회의 역사적 궤적들을 전 지구적 방향으로 재정립할 권리를 부여할 것이다. 만일 근대적 단계에서 자본주의를 식민주의와 신식민주의(실제의 정치적 규칙이 없는 경제적 지배)를 언급해야만 이해할 수 있다면 나는 다음과 같이 단정할 수 있다. 우리가 지금까지 알아온 근대성은 철두철미하게 자본주의와 더불어 형성되었다. 바로 그 과정에서 자본주의 근대성이 유럽에서(그리고 후속적으로 북미에서) 출현했고, 유럽이 식민화하거나 유럽의 경제적·정치적·문화적 의지에 굴복한 사회에서는 저발전을 생산했다. 이런 전망에서 저발전은, 자율적 사회가 아니라 진보하는 자본주의사회에 맞서는 자본주의 세계체제의 주변부 또는 종속적인 관계에 놓인 사회의 조건으로 규정된다. 다시 말하면 전 지구적 자본주의 발전 과정에서 자율성을 박탈당한 사회의 산물이다. 그것을 또한 정치적으로 말하면 이들 사회들의 발전은 선진 자본주의 사회의 발걸음을 따름으로써가 아니라, 그들 자신을 주변성과 후진성으로 비난한 관계성의 연결망(저발전의 발전)에서 해방시켜야(사미르 아민의 말을

빌리자면 '고리 끊기(de-linking)'] 가능하다.[8]

근대화 담론에 대한 과격한 도전은 그것의 관계성을 강조하며 근대화의 목적론이 발전을 분석하면서 시간을 특권화하는(공간은 동일한 시간성이 거대하게 서로 다른 공간들을 횡단하여 재현하기에 중요하지 않다) 분석이 지배적인 데 맞서 공간을 재소환한 것이다. 우리는 이런 방향전환이 어떤 전 지구화 패러다임에도 중요한 분석을 시도하면서 매우 특수한 의미에서, 사회과학의 근거가 되는 길을 열었다는 관점을 제시할 수 있다. 동시에 전 지구화 담론은 근대화 담론에 대한 과격한 비평을 선택한 것이 왜 가장 중요한 가정들인지, 곧 근대성과 자본주의 근대성을 동일시하는 가정을 구제하려는 노력으로 읽힐 수 있는지 분명히 밝혀야 한다. 이전의 근대화 담론처럼, 당대의 전 지구화 담론이 놓친 것은, 다름 아닌 발전과 저발전의 분석에서 권력관계를 낯설게 드러내는 전경화(foregrounding)* 문제이다.[9] 만일 이런 대안적 분석의 논리에서 자본주의 세계체제로부터 해방이 자율적 발전의 유일한 방도로 나타난다면 (중화인민공화국에서부터 크메르 루즈 정권의 캄푸치아에 이르기까지) 자율적 발전을 모색한 실험의 실패는 그들

---

* 전경화는 예술에서 낯설게 하기의 효과적인 기법을 말한다. 본래 예술은 자신을 숨기고 감추는 형식을 선호했지만 이것은 정반대로 그것을 '드러냄으로써 낯선 사물임을 느끼게 하는 것'이다. 이것은 말하는 이나 글쓰는 이가 어떤 개념을 전경에 내세워 이에 주의를 기울이게 하는 것이다. 전경화는 이 개념을 반복해서 언급하거나 이를 먼저 말함으로써 이루어진다. 유리 티냐노프(Yuri Tynianov)와 얀 무카롭스키(Jan Mukarovsky)는 전경화를 표준 언어와 시적 언어의 관계로 설명한다. 시적 언어는 표준 언어의 규범을 파괴함으로써 전경화되며 표준 언어로 남은 부분은 배경이 된다. 전경화와 관련된 용어인 자동화(automatization)는 표준 언어나 숫자처럼 오래 사용되어 특별한 지각 없이 습관화된 반응을 나타내는 경우를 말한다.

이 제공한 해결책의 가치를 손상시킨다. 비록 그 분석들이 일부 남아 있다 해도 전 지구화 담론과 그것이 제공하는 대안들에 압도되고 전 지구적 자본주의로 병합되고 만다. 오늘날 우리에게 두려움이 있다면 다름 아닌 전 지구적 자본주의로부터 제외되는 것이다.

그러나 완전히 그런 것은 아니다. 근대화 담론에 대한 과격한 비평들은 자본주의 발전의 대안을 찾으려던 시기의 과격한 정치적 운동에 의해서 고취되었다. 멕시코의 사파티스타(Zapatista) 운동에서 전 세계에 많은 로컬화된 사회운동에 이르기까지 오늘날 저항운동들이 그들의 영감을 앞에서 말한 초기의 해설판에서 계속 끌어내고 있는 것은 결코 놀랍지 않다. 당연히 그들은 자본의 보편화를 통해서 지구를 개조하려고 패권적 전제를 지향하는 전 지구화 담론에 반대한다.

패러다임으로서 전 지구화

전 지구화의 제안자와 선전가들의 견해에 대한 비판적 평가는 전 지구화를 '하나의 새로운 패러다임'으로 서술하는 데 포함된 함정을 잘 간파하기를 요구한다. 그러나 전 지구화를 새로운 패러다임으로 생각하는 위험을 감수하며 그런 생각에 함축된 바를 천착하는 것이 생산적일 수도 있다. 그런 이유로 나는 비록 잠정적이기는 하지만 역사적 과정을 가리키는 서술적 과정으로서 **전 지구화**는, 세계를 바라보는 자의식이 담긴 새로운 방식으로서 '전 지구화'라는 용어의 배치와는 서로 구분할 필요가 있다고 본다. 내가 전 지구화를 패러다임이나 담론으로 언급할 때는 이런 전 지구화 용어의 배치 문제를 염두에 두고서 한 말이다.

역사적 과정으로서 전 지구화는 인간 또는 휴머노이드(humanoids)가 아프리카를 떠나 전 지구로 퍼져나가는 오랜 여행을 시작했던 인간성이 기원한 시기 이래로 계속 진행 중이라고 주장할 수도 있다. 전 지구화는 지난 두 세기에 걸치는 근대성과 근대화의 시기에 그 영역에 속도를 강화하고 자의식을 집중해왔으며 최근 수십 년 사이에 새로운 단계로 들어서고 있다. 지구상에는 마치 만원버스처럼 어느 때보다 많은 사람들이 생존하고 있을 뿐 아니라, 다양한 미디어로 상호 연결되어 과거 어느 때보다도 더 밀접해지고 있다. 그러나 만일 이와 같은 전 지구화를 불가피한 법칙인 것처럼 자연화하여 실로 우리 시기의 역사 서술에 가장 적절한 방식이라고 말한다면, 역사의 서로 다른 단계에서 나타나는 역동성과 결과들은 과연 무엇이라고 평가해야 하는가?

전 지구화의 이런 목적론적/진화론적 의미는 전 지구화에 비판적인 저술 대부분에서 도전받는다. 이런 연구들은 전 지구화를 1970년대에 출현하여, 1980년대 로널드 레이건-마거릿 대처 시기에 정점에 도달했다가, 1990년대 말 아시아 금융위기와 더불어 몰락한 가까운 과거의 역사와 동일시하는 경향이 있다. 최근의 두 저술은 특별히 '전 지구화라는 패러다임'과 '신자유주의 경제학이 표방하는 가설들이 수십 년 동안 전 지구적 패권 확보에 기여했다는 사실' 사이에 존재하는 관계를 입증하는 강력한 논거를 제시했기에 주목할 만하다.[10] 이런 시각에서 볼 때 전 지구화는 결코 자연스레 발생한 산물이 아니다. 그것은 자본주의 경제 내부의 자본축적 위기에 대응하며 만들어졌다. 게다가 앞의 두 저술은 북미, 유럽, 일본의 선진 자본주의 경제가 전 지구화에 배후 동력을 제공했다고 보는 한편, 신자유주의의 전 지구적 패권을 용이하게 만든 것은 제3세계 칠레, 사회주의국가 중국이 신자유주의 모델을 적극 수용하고 추종한 결과였다는 데 동의한다. 데이비드 하비(David Harvey)는 전 지구화의 계급적 수혜자를 정확히 확인하는 데 포함된 어려움을 상당히 인정하면서도 다음과 같이 제안한다.

> 우리는 신자유주의화를 국제자본주의 재조직을 위한 이론적 디자인을 실현하려는 **유토피아적** 기획이나 자본축적을 위한 조건을 재확립하고 경제적 엘리트의 권력을 복구하려는 정치적 기획으로 해석할 수 있다. 이 두 개의 목적 중 후자가 실제로는 지배적이었다. 신자유주의는 전 지구적 자본축적을 소생시키는 데 매우 효과적이지는 않았다. 그러나 어떤 경우에는 경제 엘리트의 권력을 회복하거나 또는 (중국이나 러시아에서처럼) 창조하는 데 괄목할 만한 성공을 멋들어지게 거두었다.[11]

전 지구화에 대한 두 가지 전망—역사적 지속성(longevity)을 제공하는 장기적 전망(그리고 불가피성)과 최근 역사의 단기적 전망—이 결코 양립할 수 없는 것은 아니다. 전 지구화는 진전과 후퇴로 표시되는 시간 과정이 주기적으로 재발하는 국면적 현상을 표현한다. 다음 장에서 더욱 심도 있게 논의할 것으로서, 당대의 전 지구화는 역사에서 전 지구화하는 힘의 존재를 부정함 없이 그 의미를 전체 인간사가 아니라, 물질적이고 이념적인 근대화라는 전제가 지배하는 현재와 근접 과거 사이의 대비에서 끌어낸다. 자의식적 패러다임으로서 전 지구화는 근접 과거의 산물이고, 지난 2세기 동안 사회과학과 문화적 사고를 형성하며, 지배적 영향력을 행사하던 세계 인식 방식에서 이탈을 표현한다.[12]

이러한 전환에 근본적인 것은 근대성의 개념화에서 '공간적 전회' 또는 더 정확하게 말하면 시간에 대한 공간적인 것의 우세이고,[13] 이는 우리가 현재 직면하는 전 지구화 관념의 피할 수 없는 모순을 파악하는 데 중요하다. 그런 양상은 또한 과거에 세계 이해를 착상하던 방식과는 구분된다. 곧 로컬화 또는 더 강력하게는 파편화야말로 전 지구화의 불가피한 조건이다. 한편 전 지구화는 그런 파편화에 관한 정보를 제공하고 그것의 정당성을 천명하는 준거로 삼는다. 이러한 전환에는 **세방화**(Glocalization)가 더 정확한 용어일 수도 있다. 그러나 내게는 그것이 어떤 의미에서는 모순의 최우선적인 양상인 **전 지구화**를 충실히 지지하는 것으로 보인다. 세계의 파편화와 통합성의 동시 수용은, 비록 체념은 아니지만, 근대성의 사고방식과 단절을 표현한다. 그러나 지식에 대한 서로 다른 견해는 단순히 다른 방식의 알기(knowing)를 마음 편하게 망각하며 공존하는 것이 아니라, 다른 견해들—그것들 자체가 근대성의 산물—에 맞서 그들 자신의 지식 분야를 의식적으로 표명하는 견해에 있다는 다른 주장으로 귀환하는 것이기에 어떤 전근대적 조건으로의 귀환은 아니다.

지난 10년간 전 지구화는 변화와 사회적 상상력의 패러다임으로서 근대화 담론을 대체했다. 전 지구화 담론은 중요한 방식으로, 특히 실제의 경제적·정치적 및 문화적 도전을 통해 여러 방식으로 추진된, 유럽중심주의적 변화를 지향하는 목적론의 포기에 동의함으로써 과거의 근대화 담론과 단절을 주장한다. 그것은 새로운 경제적·정치적 권력 중심지의 출현으로, 분명한 문화적 공통성 가운데서 문화적 다양성의 주장들, 경계선을 향하여 돌진하는 민중의 강화된 움직임들, 그리고 국가와 지역을 초월하는 문제들을 다루는 새로운 전 지구적 제도들의 출현—이것들은 모두 유럽중심주의적 근대화 과정이 세계의 문제들을 다루고 파악하는 데 더 이상 충분하지 않다는 사실을 뒷받침한다—으로 개연성을 가지게 되었다. 전 지구화는 정치적 좌파들에게 분명한 호소력을 가진다. 그것은 구세주의, 평등 및 민중들 사이의 더 밀접한 결합에 따라서 늘 헌신적으로 추구되었다. 전 지구화에 가장 가시적 반동이 정치적 우파로부터 나왔기 때문에 전 지구화는 더욱더 좌파 운동 또는 적어도 자유주의 좌파의 열망처럼 보이게 되었다.[14]

그러나 전 지구화에 대한 도취감은 단순히 과거의 잔여물이 아니라 새로운 발전의 산물인 바로 그 실제의 사회적·경제적 불평등을 은폐하는 데 기여했다. 일부에서는 전 지구화가 유럽중심주의적 근대화의 종말인지, 아니면 그것의 성취인지 여부를 묻기도 한다. 어떤 학자는 그것을 두고 지구상에 유로-아메리칸 식민화의 전개에서 제3단계인 '비가시적 식민주의'라고 기술한다.[15] 담론으로서 전 지구화는 점차 골고루 보급되는 듯하다. 그러나 그 담론은 권력의 오랜 중심지, 가장 특별하게는 미국에서 가장 열광적으로 선전된 것이기에, 그것이 제공하는 정보에 근거하여 패권적 열망에 대한 깊은 의구심을 불러일으킨다.[16] 전 지구화의 결과 경제적·정치적 권력은 이전보다 더욱 탈중심화될 것이다. 그러나 자본주의의 전 지구적 승리, 그리고 '시장과 민주주의'의 전 지구화 실현을 향한 압력은 한때 그들이 근대화 개념을 두고 그랬던 것같이 전 지구화 담론의 핵심에 함축되어 있다. 문화적 갈등은 유럽중심적 근대화의 산물인 이념 및 제도의 영역에서 이전보다 더 분명하게 드러날 것이다. 끝으로 말할 것은 유럽중심주의에 도전하는 것은 과거의 사회주의와 제3세계론이 표방한 대안과 달리 바로 그 자본주의 근대성 형성에 의해 권력을 부여받은 자들로부터 나온다는 사실이다. 이들의 도전은 자본주의 근대성의 언어로 발성되고, 도전자들의 대안적 전망은 불가피하게 자본주의 세계경제로의 병합이라는 렌즈로 굴절된다. 전 지구화는 새로운 종류의 갈등을 발생시킴에도 불구하고, 자본가의 가면 안에서(이제 사회주의자 상대 측은 더 이상 쟁점이 되지 않는다) 발전주의의 보편화를 잘 표현하게 될 것이다.

달리 말하자면, 전 지구화가 유럽 권력에 의해서 전 지구화된 자본주의 근대성의 역사에서 마지막 장인지, 혹은 어떤 구체성도 제대로 나타나지 않은 어떤 것의 시작인지 여부는 분명하지 않다는 것이다. 분명한 것은 전 지구화 담론은 전 지구적 관계에서 변화하는 배치 및 구성—새로운 통합과 새로운 균열—과 그들의 변화를 파악하는 데 새로운 인식론의 절박한 필요에 대응하여 나타났다는 점이다. 그러나 전 지구화는 또한 이념적이기도 하다. 그것이 세계를 어떤 이익에 다른 세계보다 더 기여도가 높은 새로운 전 지구적 상상력과 일치하는 세계로 재구성하려 하기 때문이다. 전 지구화에 대한 승리주의자의 고찰은—초국적 자본가에게 끼치는 호소력 못지않게 세계시민주의적 자유주의자나 좌파들에게 호소력을 가지며—세계의 내재적 통일을 축하한다. 그리고 여전히 지속되고 있는 문제들이 과거로부터 남겨진 것이 아니라 바로 그 전 지구화의 과정에 이념으로 장착된 발전론자의 가설들의 산물이라는 것을 간과한다. 그 가설은 전 지구화 과정에 참여하는 비(非)유로-아메리칸에게는 이념으로서 의미가 별로 없거나 그 결과 파국적이 될 뿐인 단순한 전 지구적 계급 구성과 배치에서 변화를 지적할 뿐이다. 이런 의미에서 유럽중심주의 문제와 더불어 전 지구화 담론에 몰두하는 태도는 그에 대립하는 새로운 형식의 권력에 대한 성찰을 느슨하고 산만하게 만든다.

그 경우 전 지구화의 해방적 약속의 실현이 항구적으로 지연되는 한편 전 지구화 자체는 새로운 형식의 경제적·정치적 착취와 주변화를 창조한다. 전 지구화가 갑자기 분출하듯 토해낸 일부 문제들, 가장 중요하게는 환경적인 문제들은, 바로 그 전 지구화의 기술자들이 허용한 것이다. 다른 것들은 단지 전 지구화가 그 약속을 성취한다면 제거 가능한 과거 유산으로 표현할 수 있다. 전 지구화의 이데올로그들은 만인에게 수없이 많은 약속을 남발했지만 다수의 연구가 폭로하듯 전 지구화 약속의 실제 결과는 훨씬 더 비관적이다. 특히 핵심 사회들에서 많은 인구들을 포함하여 세계 인구의 대다수가 주변화하는 것이 대표적 현상이다. 전 지구화는 또한 국가적·지역적 경계를 가로질러 구조적 불평등을 창조하는 것으로 보일 것이다. 이해하는 데 도움이 되는 수입 분배 수치 도표는, 적어도 발전된 사회 또는 급속하게 발전중인 사회들에서 전 지구적 수준의 불평등은 점차 국가적 수준에서 불평등과 비교되어 흔히 20 대 80 사회로 언급된다.[17]

경제적 주변화는 정치적 주변화를 함축한다. 그것은 외견상 민주주의가 확산되는 가운데서, 인간 삶에 관한 가장 중요한 결정은 점차 유권자의 손이 닿는 곳을 넘어서며 제거되어버리는 데서 알 수 있다. 세계는 배치와 구성이 바뀔 수 있겠지만 그러한 재배치는 새로운 분위기로 재생산을 계속 추진하는 자본주의 체제 아래 한 장소를 차지하고, 새로운 형식의 불평등을 세계 구성의 일부로 만들 것이다. 전 지구화와 더불어서 가장 두드러지는 문제는 아마도 용어 자체에 놓여 있을 것이다. **전 지구화**라는 용어 자체는 지구의 모든 표면을 포괄하는 과정을 제시하지만, 실제로는 세계의 많은 지역이 그 과정에서 제외되므로 분명하게 말해서 결코 사실이 아니다. 마누엘 카스텔은 현대의 전 지구적 정치경제학은 지구 표면보다는 네트워크의 조건에서 최선으로 사유된다고 주장했다. 이런 의미에서 전 지구화는, 비록 오직 민족주의와 식민주의의 행위자들을 통해서 이루어지기는 했지만 지구 표면을 고찰한 근대화로부터 후퇴한 것이라고 말할 수 있다.[18]

이것은 전 지구화의 이름으로 진행된 것이 산출한 지극히 심각한 문제이다. 이 문제는 또한 왜 전 지구화를 새로운 패러다임이라고 보는 게 유용한지에 중요한 물적 기초를 제공한다. 국민국가와 그것들이 영역을 주장하는 지표면은 사라지지 않았다. 말할 필요도 없지만, 지구상의 표면 또는 인간이 생존을 위해 지구상에 설립한 기업체에 대한 누군가의 권리 주장 사실 역시 사라지지 않았다. 그러나 더욱 많이 언급해야 할 것이 있다. 곧 세계에서 기업의 주요 행동은 자본의 네트워크와 그 네트워크에 부수적인 제도 안에서 진행된다. 이들은 점차 전 지구적 정치경제학의 배분에서 결절지를 연결하고, 이런 경제에 잉여 존재인 거대한 다수를 주변화하여 자본과 국가들이 기업 행동에 적합하도록 분산 배치시킬 전 지구적 예비 노동자를 창조한다. 네트워크 바깥의 인물들은 활동적 참여자는 아닐 수 있지만 여전히 네트워크를 따라 자본, 기술공학 및 노동의 흐름에서 해방되는 귀납적인 힘이 변형시킨 삶을 발견한다. 여기서 네트워크는 단순한 은유가 아니라 새로운 정보-추동 경제의 바로 그 물질성이며, 발전중인 전 지구적 자본주의 경제의 새로운 생산양식으로서 그것에 형태를 제공한다. 그것은 포괄적이지만 배타적인, 노동 착취 문제로서 비록 수억 명은 아니지만 수백만 인민의 삶을 위협한다. 주변성의 공간들은 네트워크의 바깥 또는 그 네트워크의 내부, 그것의 구성과 배치로 표시되는 공간들 내부를 벗어난다. 나는 근대성의 전 지구화 이해에 중요한 것은 여기서 전 지구적 근대성이라고 개념화하는 바로 이것이라고 생각한다.

전 지구화의 이념과 매우 일치하는 발전 정책으로 더욱 악화되는 것이 있다. 다름 아닌 지역적 불균등성의 문제이다. 물론 지역의 불균등성은 오랜 역사의 산물일 수 있다. 그러나 문제는 전 지구화 개념이 바로 그 지역적 불균등성에서 생명 유지 수단과 활력을 이끌어낸다는 점이다. 이는 지금 전 지구적 경제에 밀접하게 참여한 것이 사회적 불평등과 연관된 경우는 물론이고, 지구 표면 또는 국가적 공간들에서 전 지구적 네트워크의 결절지들에 이르기까지, 전 지구적 도시들, 전 지구적 도시 지역 또는 심지어 지역-국가(region-states)라고 다양하게 불린 것들로부터 자원의 할당에 관심을 전환시켜 더욱 그렇게 이끌어낸다.[19] 네트워크 은유는 특별히 경제적·정치적 권력의 재구성과 배치, 권력의 순환 안에서 그리고 권력의 순환이 없는 네트워크 내부의 구멍들 못지않게 네트워크 바깥의 공간들이 주민들을 주변화해 이들을 재구성하고 배치한 결과를 이해하는 데 생산적이다.

현대의 전 지구적 변환에 관한 카스텔의 야심적인 3부작 《네트워크 사회의 도래》는 개념과 실천에서 발전의 정치경제학에 관한 계시에 가득 찬 분석을 가장 뛰어나게 제공한다.[20] 전 지구성의 새로운 상황에 대한 그의 이론화는 그가 말한 것이 특출 나서가 아니라, '네트워크 사회'라는 은유를 통해서 전 지구화에 관한 질문을 둘러싸고 서술된 많은 것들을 종합할 수 있기에 중요하다. 그의 저작이 특별히 내 주장을 펴는 데 적합한 이유는 네트워크의 결절을 둘러싼 전 지구적 자본주의 공간화는 내가 앞서 논의한 구획된 표면들을 둘러싼 공간화에 정곡을 찌르는 대비를 제공하기 때문이다. 물론 과연 그것이 현대 세계경제에서 작동하는 과정을 정확하게 서술할 수도 있다고 장담은 못하겠지만, 지난 20년간 자리 잡아온 세계경제에 관한 사고방식의 변화에 관해서는 많은 것을 말해준다. 흥미로운 것은 전 지구화에 분명하게 이념적으로 매몰되어 전념(commitment)하지 않고도 그렇다는 점이다.

카스텔의 분석에서 가장 인상적인 양상 가운데 하나는 권력에 관한 논의에서는 강한 의미의 구조적 관계의 지속을 강고하게 유지하는 한편 자본의 강화된 이동성에 관하여 고찰하는 능력에 있다. 현대 자본주의에 관한 서술에서 네트워크 은유는 그가 전 지구적 관계의 재구성과 배치를 위한 패러다임으로 기여하는 정보기술공학에 핵심 중요성을 부여한 데서 파생된다. '네트워크' 은유는 그것의 통합성과 분열성에서, 전 지구적 경제의 체계적 생산물인 거대한 간격 못지않게 그것의 충만함 안에서 새로운 전 지구적 자본주의를 묘사하는 방법을 제공한다. 네트워크 은유는 지구 표면으로부터 전 지구적 경제에서 결절지를 연계하는 '고속도로들'로 관심이 변경되었다. 한 네트워크는 어떤 영구적인 경계 구역을 가지지 않는다. 그러나 한순간의 간파로 그것을 확장하거나 수축할 수 있을 것이고 결절들이 한 장소에서 다른 장소로 이동하는 것처럼 그것의 내부적 구성과 배치를 변경할 수도 있을 것이다. 전 지구적 경제에 주변성은 그것 내부에 많은 간격을 가진 다공성의 공간 못지않게 네트워크 바깥에도 존재한다는 것을 말해준다. 그러나 주변성이 반드시 네트워크에 있어서 비접촉을 함축하지는 않는다. 네트워크의 귀납적 효과들이 그것의 많은 흐름들에 직접 참여하지 않는 이들에게도 영향을 끼치기 때문이다. 끝으로 네트워크 은유는 권력을 새롭게 고찰하는 방식들을 제공한다. 전 지구적 경제에서 가장 강력한 결절지 — 예컨대 사스키아 사센(Saskia Sassen)의 '전 지구적 도시들' — 는 경제, 정치 및 문화적 권력의 결절지가 일치하는 장소일 것이라고 말할 수 있다. 네트워크는 단정하고 정돈된 공간성에 맞서고, 권력에 관한 고찰에 그들을 포함하게 한다. 한편 네트워크에는 어떤 장소든 포함될 수 있지만 가장 강력하고 통제력 있는 결절지는 여전히 전 지구적 현존을 명령하는 국가적 공간에 자리 잡고 있다.

카스텔은 북미, 유럽 및 동아시아를 전 지구적 관계의 '기초 건축 설계'를 결정하는 명령을 내리는 권력의 장소로 확인한다. 그러나 "이러한 가시적 건축물 내부"에는 "다양한 변수를 가진 기하학을 전 지구적 경제적 과정들의 체계로 주입하는 경쟁과 변화의 역동적 과정이 있다".

내가 최근의 국제적 노동 분업이라고 부르는 것은 정보/전 지구적 노동에서 네 가지 서로 다른 입장, 곧 정보 노동에 바탕을 둔 고부가가치 생산자, 저비용 노동에 바탕을 둔 고부피 생산자, 천연자원에 바탕을 둔 원료 생산자, 그리고 가치가 평가절하된 노동으로 이끌리는 여분의 잉여노동자를 둘러싸고 구성되었다. (……) **중요한 문제는 이들 서로 다른 입장이 여러 나라들과 일치하지 않는다는 것이다. 그들은 정보통신 경제의 기술공학적 하부구조를 사용하면서 네트워크와 흐름을 조직한다.** 지구상의 어떤 지역에서 지리적으로 집중하는 것이 특징이며, 그러므로 전 지구적 경제는 결코 지리적으로 획일적이지 않다. (……) 그러나 최근의 국제적 노동 분업은 나라들 사이에서 발생하는 것이 아니라 내가 네트워크와 흐름의 전 지구적 구조에 따라서 지적한 네 가지 입장 안에 놓인 경제적 행위자들 사이에서 발생한다. 모든 나라에 네 가지 입장이 침투한다. 심지어 주변화된 경제라도 고부가가치 생산자 네트워크와 연결된 그들의 방향 지시적 기능과 소규모 분절을 가진다. (……) 그리고 확실히, 가장 강력한 경제도 그들의 인구에 가치가 평가절하된 노동의 입장에 놓인 주변부적인 분절적 요소가 포함된다. (……) 최근의 노동 분업은 노동과 기술공학의 기초 위에서 조직된다. 그러나 정부와 기업가에 의해서 역할이 주어지고 수정된다.[21]

카스텔에게 전 지구화 논의와 관련되는 것은, 국민국가는 새로운 전 지구적 경제의 기능 수행에 부적절한 것이 결코 아님에도 불구하고, 국가 공간은 더 이상 의미 있는 경제적 단위로 기여하지 않고, 국가 공간에 자리 잡은 부분들이, 다양한 전 지구적 구조화(그럼에도 여전히 혼돈에 종속된) 결절지들 사이에 다양한 종류의 경제활동으로 교차한다는 관찰이다. 그러나 카스텔은 거의 배타적으로 노동과 기술공학에 집중하면서 이런 구조화의 조직적 양상, 예컨대 숱한 비정부조직(NGOs)부터 대학들에 이르기까지, 뿐만 아니라 다국적(transnational) 기업으로 말미암아 생산된 대안적 공간화한 초국적 조직에 관해서는 별로 언급하지 않는다. 카스텔의 분석은 그럼에도 현대의 전 지구적 경제를 평가하는 연구 단위로서 국민국가의 불충분성을 전제로 삼는 대부분의 전 지구화 분석들과 같은 성격을 띤다.

한편 카스텔과 같은 분석가에게 이런 요점은 전 지구화의 사회적·정치적·문화적 함축은 그것을 국민국가의 종말로 생각하는 전 지구적 자본주의 이데올로그들과 관련되는 문제이고, 정치는 전 지구화된 경제의 핵심적인 '무경계성'과 일치시키고자 재공간화할 필요를 제시하는 것으로 나타난다. 그런 분석가 가운데 한 사람인 오마에 겐이치는 이렇게 말한다. "국민국가는 경제적 활동성에 관하여 사고하는 부자연스런—심지어 역기능적—조직적 단위가 되었다"[22] 그러면 대안은 무엇인가? 다름 아닌 정치적 단위를 전 지구화와 더불어 출현하는 '지역경제'와 상응하는 '지역-국가'라는 조건에서 재사고하는 것이다. 우리는 그런 지역-국가는 전 지구적 네트워크에서 더욱 안정된 결절지와 상응할 것으로 본다. 오마에의 분석은 가장 중요하게는 중화인민공화국과 관련된다. 전 지구적 자본주의로 병합과 더불어 전개된 중국 경제의 재구성과 배치는 여러 방식에서 오마에가 전개한 분석의 이론화를 알려준다.

> (남중국) 광저우의 인민들은 중국 본토와 의미심장한 관계, 현재 진행 중인 관계를 부인할 수 없다는 것을 안다. 그런 연결은 현실적이고, 그들의 강성함

과 호소력의 일부이다. 그들은 엄격하고 중앙집권화된 통제의 희생물이 될 수는 없다. 그들은 일종의 중국인 연방(Chinese federation) 또는 중국인 공영국(Chinese commonwealth)인 중국의 지역적 국가들(regional states)의 느슨한 집단화가 초래할 생산적인 부분—사실 그들은 매우 잘될 것—이 될 것이다.[23]

불행하게도 오마에는 그런 연방국에서 무슨 상호 책임이 지역 국가들에 있을지 또는 중앙정부는 이들 책임을 강화하는 역할을 하는지 여부를 상세하게 언급하지는 않는다. 그러나 우리는 오마에가 내심 생각하는, 그가 보기에 자원의 효과적인 할당의 실현과는 일치하지 않는 국민국가의 모든 시민들에게 수반되는 생계 수요를 포함하여 동등한 서비스를 제공하는 '시민적 최소(civil minimum)'* 논의에서 조금씩 실마리를 끌어 모을 수 있다. 그는 다음과 같이 말한다.

국내의 특별한 이해관계 지역 및 가난한 지역과 정부권력의 제휴는, 그들을 오직 더 폭넓은 경계 없는 경제에만 참여토록 함으로써, 그들로 하여금 전체 국가를 위한 책임 있는 정책을 채택하는 중심에 설 수 없게 한다. 이런 제휴의 배후에 있는 정치적 압력, 심지어 사회적 압력을 아무리 이해할 수 있다 할지라도 그것들을 경제적으로는 이해하는 것은 불가능하다. 그렇다고 그것이 화폐

* 시민적 최소는 1968년 일본의 도쿄도가 발표한 중기 계획(1965~1971)에서 처음 사용된 용어로서 한 나라의 전체 국민의 생활복지상 필요불가결한 최저 수준을 나타내는 지표인 국민 생활환경 기준(national minimum) 개념을 도시에 응용한 것이다. 오늘날의 도시 생활에서 기본 생활을 영위하는 데 필요한 공간 및 환경 등에 관한 최저 기준을 말한다.

투자를 불충분하게 하는 것은 결코 아니다. 경제적 상호 의존이 다른 경제들에 더욱 높은 정도의 민감성을 창조하는 경계 없는 세계는, 본질적으로 유지될 수 없다.[24]

오마에는 "중국인 '연방' 내부에 고조된 지역적 자율성에 대한 명백한 관심(commitment)이 지역적 경제 활동 또는 '전 지구적 경제의 로컬 전초 지로'"[25] 기능하기를 열망할 때, 과연 '중국인 연방'에는 무엇을 남겨둘 수 있는지에 관해서는 별 말이 없다. 그럼에도 오마에가 전달하려는 메시지는 명백하다. 전 지구화는 사회적·정치적 모든 관계의 형성에서 시장의 우위성을 의미하고, 국민국가가 가지는 사회적·정치적 관심들은 시장의 효율적 기능을 가로막는다는 것을 의미한다. 국민국가는 성공한 지역들에게 국가가 일찍이 보증한 국민의 다른 부분이나 구성요소들에 대한 의무로 말미암아 규제받지 않고, 전 지구적 경제에 참여하는 지역적 경제를 허용해야 한다. 그러나 여기서 오마에가 말하지 않은 것이 있다. 왜 국민국가는 그런 분위기에서는 전 지구적 경제에서 전 지구적 '결절지'의 성공을 보장하는 것을 제외하고는 다른 역할이 전혀 필요하지 않은지, 그리고 국민국가가 경제로부터 지역경제의 분기(bifurcation)에 참여함으로써 초래될 견해 차이를 억압하는 것은 아닌가? 여기서 국가는 경제발전의 단순한 추진자 이상의 역할을 하게 된다. 그것은 '전 지구적 경제의 로컬 전초기지' 이익을 강요하는 역할을 수행하고, 거기에 우리는 '로컬 전초기지'의 책임자라는 역할을 부가할 수 있다. 이것이 전 지구적 자본주의 국가이다.

사회주의국가는 국제주의를 표방하고 과시했음에도 불구하고, 그들의 대중 유권자(popular constituencies)에 대한 실제 책임 또는 상상의 책임에서 국민국가에 전체주의적 권력을 부여하는 결과를 낳았다. 국민국가의 누에고치 안에서 발생적 성장을 경험한 자본주의가 과거에 발생한 자본과 국가의 동맹으로 귀환한 것은 참으로 흥미롭다. 거기서 국가는 전 지구적 경제를 운영하고 조종하는 자가 아니고 다른 유권자에게는 책임의 탈피를 추구하는 곳이다. 거기서 국민은 많든 적든 간에 속이 텅 빈 조개껍질 또는 단순한 지리적 표현 또는 도상학적 표현에 불과하게 된다. 이러한 비교는 우리 모두가 직면하는 곤경을 이해하는 중요한 실마리를 제공한다.

네트워크 구성체가 포함한 공간의 재구성과 배치는 현대의 다수 인간들이 거주하는 공간의 주변화가, 과거에서 물려받은 이행적인 우연적 요소라거나 흔적으로서 장차 심화될 전 지구화로 말미암아 극복될 것으로만 치부할 수 없음을 보여준다. 그것은 바로 전 지구화의 산물이고, 사실 전 지구화하는 자본주의 근대성을 계승했다. 우리는, 일찍이 근대화 담론의 전제였던, 전통에서 근대성으로 이행은 더 이상은 예상할 수 없을 것이다. 사실 과거의 전통은, 그 자체를 전 지구성이 지시한 단일 시간성 안에서 보게 된 현재 세계에서, 현재의 근대성에 대안적 견해—근대성 그 자체의 파편화—의 원천이 되었다. 그것은 오직 "초국적 자본가 계급"[26]이란 용어에 의해 포위된 자들 혹은 더 넓게 말해서 이런 시간성, 즉 페르낭 브로델이 '세계-시간'이라고 서술한 시간성에 거주하는 전 지구적 자본주의의 초국적 거래 사업에 정규적으로 참여하는 집단들에게

나 해당될 것이다. 한편 세계의 민중들 대다수는 여전히 로컬 시간성에 거주하고 오직 구경꾼으로서만 세계-시간에 참여하고 있다.[27] 한편 이러한 초국적 계급 또는 초국적 집단, 국민국가와 문명은 더 이상 전 지구적 조직의 효과적인 핵심 단위는 아니지만 동일성 안에서 차이를 강조하며 문화적 자원으로 계속 기여할 것이다. 주목하는 것은 전 지구화가 대안적 근대성뿐 아니라 대안적 인식론의 견해를 정당화하는 전통으로 귀환한 사실이다. 이러한 부활은 비록 지난 20년간 소위 문화적 전환에서 핵심 요소이며 '문명 충돌'의 원천으로 큰 관심을 끌었지만, 국가뿐 아니라 소위 문명의 내부 분열도 그 못지않게 중요하다. 최근 논문에서 정치학자 에드워드 프리드먼은 중국의 '선진적' 해안 지대 거주자들은, 마치 제1세계 사회가 오랫동안 제3세계를 묘사하고 그들의 후진성 설명에 채용해온 것과 같이 내륙과 서부의 주민들을 언급하면서 정형화된 후진성 개념을 채용한다고 지적했다.[28] 이러한 일치는 중국의 해안가 거주 엘리트들이 일찍이 제국주의자들이 표방하고 주입한 중국인의 '결함' 개념을 내면화하고 하층계급과 내륙 거주민들에게 투사했기 때문에 전혀 우연적인 현상이 아니다. "위생적 근대성" 문제에 관해서 쓴 글에서 루스 로가스키는 다음과 같이 말한다.

> 결함 담론으로서 **위생**은 중국의 엘리트들이 의화단(義和團)에 가해진 폭력에도 침묵하고 자발적으로 거리를 두게 만들었다. 외국의 점령은 과거와의 폭력적 단절을 초래했지만, 동시에 개항장 엘리트와 내륙 배후지 거주민들 사이에 존재하는 공간적 단절도 더욱 악화시켰다. 이들 엘리트들은 위생 또는 다른 종류

의 결함들을 참고 견딜 수 없었기에, 근대성 개념과 그것에 내포된 제국주의적 의제까지도 포용하여 그 결함들이 부과하는 무거운 부담에 저항하는 것이 최선이라고 생각했다. 그 결과 중국 농민들(그리고 도시의 하층계급)은 위생적 결함을 가진 존재라는 딱지가 붙여졌고, 중국 엘리트들은 불결한 대중들과 전 지구적인 위생적 질서의 한 단계 "상위 구성원"들 사이에서 자신들의 지위를 확보하는 문제를 두고서 느린 협상을 작동시켰다.[29]

로가스키의 말에 따르면 토착 엘리트들이 이러한 전 지구적 위생 질서에서 자신들의 지위에 관한 협상을 모색한 방법은 위생 관련 지적 생산물의 소비였다.[30] 식민지 과거의 유산인 이런 종류의 심적 경향—그리고 오마에의 분석에 함축된 경제의 해안/내부로 나누어진 분기(分岐)—을 극복하는 것은 지금은 실패한 중국 사회주의혁명의 중요한 목표였다. 실로 중국의 마르크스주의자들이 설파한 혁명의 과제는, 오마에가 중국의 사회구조와 지구 표면들의 관계에 관하여 제공한 분석과 강력하게 대비된다.

국가 발전 문제에 관한 진단에서 중국 마르크스주의자들의 분석은 내부의 견해 차이에도 불구하고 균일하게 식민지와 반식민지 사이에서 작용하는 제국주의("자본주의의 최고 단계"로 이해되는)의 모순적 역할에 관한 블라디미르 레닌의 관점, 곧 제국주의는 이들 사회에 자본주의의 모순된 힘들을 점진적으로 도입시킨 책임이 있고, 중국에서 유럽이나 북미 수준의 자본주의 발전을 실현하는 데 구조적 장애물을 만들었다는 관점에 고무되었다.[31]

이들 구조적 장애물은 두 가지의 주요한 양상을 띠고 있다. 하나는 경제적인 것이다. 식민지 사회에서 발전은 내부적 수요와 공급에 따른 국민경제학적 논리의 산물이 아니라, 도리어 제국주의 권력이 필수품과 자본의 수요 공급을 위한 시장 조사와 그 과정에서 그들 사이의 경쟁이 촉발시킨 갈등과 전 지구화된 자본주의 경제 논리의 귀결이다. 제국주의자들은 이들 사회의 국민적 발전에 별 관심이 없는 탓에, 거기서 발생한 경제발전은 국민적 경제 통합과 주민의 생존에 요긴한 필수품을 비롯한 국민경제의 다양한 요구에 대응 가능한 경제구조의 수립에는 공헌하지 못한다. 도리어 전 지구적 자본주의 경제에 점차로 통합되는 근대 자본주의 분야 그리고 전근대의 경제적 실천에서, 훨씬 더 큰 영역을 유지하며 곤경에 빠진, 그리고 전체로서 전 지구적 자본주의의 착취력에 예속된 국민경제와 같이 근대적 분야의 착취력에 종속된 분기(分岐)된 경제로만 남을 뿐이다. 중국 경제를 사례로 들면 공간적 차원에서 해안 지역과 상하이 같은 소수 해안 도시들과 주민의 편중된 발전과 거대한 내륙 지역의 '저발전'의 심화로 구분됨을 말한다. 이는 경제적 분열은 말할 나위도 없고 정치적 수준에서 통합의 성취 노력을 손상시킨다.

다른 양상은 사회적인 것으로 곧 새로운 계급구조의 창조이다. 중국에서 자본주의는 외부에서 도입된 것이기에 중국 부르주아 자체는 외국 생산물이고 국민 전체의 이익에는 별로 헌신하지 않고 외부 세력의 이해관계에 따라 생산되고 배치되었다. 물론 노골적인 '매판' 부르주아와 제국주의의 구조적 맥락에서 나름의 자율성 획득에 노력한 '국민' 부르주아 사이에 약간의 구분이 있기는 하다. 그러나 후자는 국민경제보다는 전 지구적 자본주의의 힘과 더 밀접하게 구조적으로 통합되어 있고, 그런 행동들이 경제의 거의 불가피한 이분화를 더욱 심화시키는 데 공헌했다고 비난을 받는다. 이는 국민적 발전을 위한 어떤 희망이든 권력을 국민경제의 창조에 투자했던 사회 세력, 가장 중요하게는 노동계급과 농민으로 표현되는 사회 세력에게 이전할 사회혁명의 추구를 요청한 주요한 이유이다. 궁극적으로 이는 정치적 수단을 국민경제와 국민경제적 통합의 기초, 달리 말해서 내부적 요구에 부응하는 자율적 경제를 둘러싼 경계 확립에 사용할 수 있는 자율적 국가의 창조를 의미한다.

중국은 전 지구적 자본주의 경제로 병합되면서 지난 반세기 동안 혁명이 성공하지 못하면서도 극복하고자 했던 조건들을 재창조했다. 그것은 결코 중화인민공화국이나 과거의 사회주의 체제 국가들에게만 한정되는 문제가 아니다. 자본주의 근대성의 전 지구화는—전 지구적 근대성의 창조—사회들 사이에 그리고 사회 내부에 모순이 보편화한다는 것을 의미했다. 전 지구화 담론에 비목적론적 대안으로서, 전 지구적 근대성은 전 지구적 풍요와 복지의 유토피아적 미래를 위한 출발점으로서가 아니라, 그것이 이미 전 지구화의 생산물이라는 현재 인식을 전제로 삼는다. 전 지구화가 일부에게 가져온 복지는 친절한 무시와, 비록 엄격한 착취는 아니지만, 심지어 가난한 자에 대한 현재 진행 중인 전쟁을 통해서 세계 민중 대다수의 궁핍화를 지속시키는 것도 사실이다.

근대성에 대한 대안적 견해들('대안적 근대성'과 혼동하지 말기를)의 인식에서 전 지구적 근대성의 조건은 국민국가 가운데서 어느 정도 평등의 실현을 함축한다. 그러므로 이전의 식민주의나 신식민주의 시기와는 달리 국민들은 그들의 통합, 발전 및 사회적 일관성을 성취하려면 주변화된 것의 탈주변화에 주의를 기울여야 한다. 게다가 전 지구적 근대성은 유럽중심적 근대성이라는 조건 아래서 과거에는 불신했던 국민적·문명적 전통의 계속된 통합성, 적합성 및 명성과 위신의 회복을 목격했다. 전 지구성의 조건 아래 문화의 문제에서 가장 무시된 양상은, "대안적 근대성" 주장의 기초로 봉사하는 토착의 인식론이 획득한 지식을 귀담아 듣는 것이다. 이것은 적어도 추상적 수준에서 말하자면, 공중위생 문제를 비롯한 사회문제의 해결에는 실천적 이용에 아주 근접한 토착 지식의 이용이 과거보다 더 용이해야 한다는 전제가 뒤따른다.

왜 (국제적 조직의 도움을 받는) 국민국가들은 국민의 주변화를 해결할 수 없었으며, 토착 지식들을 사회적 문제들 해결에 효과적으로 이용할 수 없었는지 묻는 것은 매우 심각한 질문이다. 사회주의국가와 민족해방 국가는 전 지구화의 힘들, 가장 중요하게는 초국적 자본의 공격을 받고 있는 당대 국가보다 더 계산(on either count)에 성공적이라는 사실을 상기하는 것이 중요하다. 중화인민공화국처럼 사회주의국가의 성공은 사회를 밑바닥으로부터 조직하는 것과 훨씬 더 깊이 관련돼 있다. 분명히 그것이 국가전제주의에 기여했던 것도 사실이지만 국가로 하여금 영토를 횡단하여 사회의 가장 낮은 수준에서 개혁을 강화하게 할 수도 있었다. 그에 비해 현재의 국가는 심지어 비록 의지가 있다 해도 비슷한 수준의 개혁을 수행할 경우에도 엄청난 난관과 직면한다. 그런데 지금은 개혁 자체가, 자신들의 이익이 초국적 자본주의와 긴밀히 결합된 사회집단과 계급 그리고 그들의 전 지구적 경제에 성공적 참여를 촉구하면서 스스로 (오마에의 분석에 포함된 것처럼) 국민적 책임의 부담에서 자발적 해방을 추구하는 자들의 지위 상승으로 말미암아 심각한 문제 제기를 받고 있다. 이 난관은 지정학적 권력의 요구와 결합하여, 사회문제들의 취급에 국가의 능력을 억제할 뿐 아니라 국가의 과제를 (미국에서 중화인민공화국에 이르기까지 국가의 행동에서 보듯) 낙후된 배후지로부터 전 지구성 지향으로 출발하라는 요구를 개혁 방향으로 재정의하는 식민지적 또는 신식민지적 과거의 유산이 남아 있는 곳에서 더욱 심하다.[32] 사실 현재 유일한 예외가 있다면, 과거에 공산주의 국가가 그랬던 듯 미국 제국주의를 정당화하는 데 봉사하는 소위 불량국가들 뿐일 것이다.

오늘날 전 지구화가 단순히 자본주의의 '자연적'인 역사적 산물인지〔나는 앞뒤가 안 맞는 말의 조합(oxymoron)이란 것을 깨닫는다〕 또는 미 제국주의를 은폐하려는 것이 아닌지와 연관시켜 많은 논쟁이 벌어지고 있다. 전 지구적 근대성 개념의 지지자들은 기존의 제국주의 개념은 현재의 복잡성을 파악하는 데 적합하지 않다고 반박한다. 그럼에도 '전 지구적 다문화주의' 이념에서 보듯 근대성의 다른 길을 선택하는 데 있어서 자율성 인식은, 카스텔이 전 지구적 체계를 '건축물' 은유로 묘사하듯, 현재의 근대성을 형성 중인 식민지적 과거의 유산의 빛에서 심각한 성격 규정에, 다시 말해 전 지구적 경제와 정치를 넘어 과거 식민지 자본주의의 결절지 권력 인식에 필요하다.

이미 10여 년 전에 출판된 저술에서 윌리엄 로빈슨은 미국의 외교정책이 1970년대부터 '민주주의' 촉진과 세계의 쌍방 지배로부터, 미국의 권력 행사에 순종하는 전 지구적 유권자인 '시민사회' 창조를 통한 전 지구적 패권 생산으로 바뀌었다고 지적했다. 물론 전 지구적 '중산층' 창조가 미국 외교정책의 오랜 목표였으므로 이 정책이 과연 얼마나 새로운 것인지는 의심스러울 수도 있다. 그는 또한 미국의 일방적 지배로부터 '초국적 자본가 계급' 개념에 여러 방식으로 상응하거나, 자치체적 유권자들(corporate constitencies)이라고 폭넓게 서술할 수 있는 '다두 지배(polyarchy)'로 전환했다고 지적한다.[33] 미국의 최근 행동은 구식 제국주의와 패권 블록의 건설을 위한 군사적 부활을 더욱 상기시킨다. 그러나 후자는 결코 사라지지 않았으므로, 미국의 세계 패권 정책을 설명할 뿐 아니라, 그 안에서 미국의 국가적 지도력이 전 세계에서 복잡하게 작동하는 방식을 설명할 필요가 있다.

역사적 전망에서 전 지구화

비록 역설적으로 들릴 수도 있지만, 나는 전 지구화를 현대 세계의 새로운 현상 **그리고** 기원에서부터 인간 조건을 특징짓는 한 과정이라고 파악하는 데는 상당히 비판적이다. 후자는 그것이 한때 유행했던 문명 전파론자들의 논증과 쉽게 구분되지 않으므로 사소해 보일 수 있다. 인간 존재가 그 기원부터 200만 년 전 동아프리카 어딘가에서 이동했다는 것은 큰 뉴스거리가 못 된다. 사회에서 상호 교류가 처음부터 쭉 발생했다는 과거의 관점에는 주요한 발전이란 없고, 그들의 일부 관점은 전적으로 결과론적일 뿐이다. 우리는 사회의 역사를 고립보다는 관계의 조건에서 분석하는 것이 중요한 인식론적 논증이라고 본다. 그것 또한 아마도 헤로도토

스와 사마천(司馬遷)까지, 그러나 아주 두드러지게는 계몽주의 역사관까지 소급되는 결코 길지 않은 시간 동안에만 해당할 뿐이다. 현재에 관한 사고에서 새로울 수도 있는 것은 현대의 전 지구성 의식을 과거 전체로 투사하는 것, 곧 사회들 사이에서 물질적 상호작용뿐 아니라 더욱 중요하게는 전 지구성 의식에서 전 지구성의 서로 다른 형식과 차원 들 사이의 중요한 역사적 차이를 지워버리는 것이다. 그것은 또한 인간 자신의 출현 조건에 대한 비판적 의식을 지워버리는 결과를 초래할 것이다.

이것은 최근 앤터니 제럴드 홉킨스(Antony "Tony" Gerald Hopkins)가 출간한 시론집《세계사에서 전 지구화(Globalization in World History)》에서 아주 분명하게 잘 드러난다. 이 책의 구성은 이념으로서의 전 지구화 작업을 잘 드러낸다. 겉으로 보기에 그것은 그 개념의 문제 제기적 본성을 잘 알도록 한다. 그럼에도 이런 인식은 전 지구화를 새로운 목적론으로 만드는 시대 구분 논의를 막아내지 못한 결과 우리는 전 지구화의 세계사를 고졸기, 원형기, 근대와 탈식민적 시대, 네 단계로 새로이 구분했음을 목격한다. 마찬가지로 중요한 목적론은 중국과 같은 '다른' 사회들이 전 지구화를 많은 지역적·국민적 기원을 가진 현상이라고 현장부재증명에 이용해먹는 것이다. 예상대로지만 근대 세계를 형성하는 하나의 힘으로서 식민주의는 이 책의 논의 과정에서 겨우 몇 마디 언급될 뿐이다. 그럼에도 현재 전개되는 경제적 전 지구화의 최고 수혜자인 중화인민공화국이 명(明) 왕조의 제독 정화(鄭和)의 서쪽 바다 항해 600주년 기념에서 그 자신의 오래전 지구화 역사를 성가시도록 내세우는 것은 매우 역설적이다.[34]

이들의 역사가 내포한 차이들을 교란시키는 것은 우리 시대의 전 지구화와, 그것의 역사적 전 단계―바로 직전의 역사적 단계를 포함하여―와 그것의 물질적/심리적 결과들의 관계를 고찰할 필요를 아예 없애버린다. 역사적 분위기에 부응하여 전 지구화의 썰물과 밀물이 서로 다른 시기에 서로 다른 의미를 가져오고, 서로 다른 사람들이 권력의 전 지구적 배열에서 서로 다른 위치를 차지한다는 것을 의식할 수가 있을까? 만일 그것이 가능하다면 전 지구화의 권력과 이념의 관계는 과연 무엇일까? 정반대로 만일 전 지구화를 향한 세속적 경향이 있다면 우리는 과거의 어디에 그것의 위치를 부여해야 마땅할까?

마지막 질문에 선호되는 대답은 자본주의의 기원에 관한 것이다. 그 이유는 자본주의의 출현과 더불어 우리는 경제활동뿐 아니라 정치와 문화에서 전 지구화를 향하여 계속되는 경향을 찾을 수 있기 때문이다. 그러나 내가 앞으로 제시하듯 이것이 전 지구화나 그것에 관한 의식의 썰물과 밀물이 사라진 것을 의미하지 않는다. 그러나 18세기에 정점에 이르는 오늘날 우리가 아는 세계에 관한 지도 작성은 별개로 하더라도, 자본주의는 전 지구화의 지속적인 원동력을 제공할 뿐 아니라 새로 등장한 유럽인들의 패권 아래서 세계 통합을 위한 수단으로 봉사한다. 만일 자본주의의 기원이 이전 생산양식의 전사(前史)에 놓여 있다면, 자본주의가 세계를 통합하면서 수행한 전례 없는 역사적 역할을 부정할 수 없을 뿐 아니라, 현대에 전 지구화를 위한 역사적 맥락으로서 인간 역사 전체에 가져온 크나큰 역할을 부정할 수도 없다. 카를 마르크스와 프리드리히 엥겔스가 19세기 중반에 서술한 내용은 그들의 시대에는 몽환적인 것으로 보일 수도 있었겠지만, 우리 시대에 대해서는 그 정확성에 전율하지 않을 수 없도록 적합한 기술이다.

아메리카의 발견, 희망봉을 돌아서 인도에 도착한 일은 흥기하는 부르주아를 위한 참신한 운동장을 열었다. 동인도와 중국 시장, 아메리카 식민화, 식민지 간 교역, 그리고 교환수단과 필수품의 전반적인 증가는 상업, 항해, 산업 분야에서 전에는 결코 알려지지 않았던 자극을 제공했다. 근대 산업은 세계시장을 성립시켰고, 아메리카의 발견은 그 길을 열었다. (……) 부르주아는 역사상 가장 혁명적 역할을 수행했다. 부르주아는 생산도구의 지속적인 혁명화 그리고 생산관계의 지속적인 혁명화, 그리고 사회적 관계 전체의 혁명화 없이는 존재할 수 없다. 그 생산물을 위해 지속적으로 팽창하는 시장이 필요하므로 부르주아는 지구 전역에서 획득물을 찾아 집요한 추격전을 벌인다. 그것은 어디에든 둥지를 틀고, 어디에든 정착하고, 어디서든 연줄을 만든다. 부르주아는 세계에 대한 착취를 통해서 모든 나라에서 생산과 소비에 세계시민적 성격을 제공한다. (……) 모든 낡은 국민적 산업들은 파괴되었거나 일상적으로 파괴되고 있다. 그들은 그것의 도입이 모든 문명된 국가의 생사여탈 문제가 되는 새로운 산업, 더 이상 토착 원재료로는 작업할 수 없는 산업, 가장 먼 지대에서 가져온 원료를 사용하는 산업, 그 생산물이 국내뿐 아니라 지구상의 모든 구역에서 소비되는 산업에 의하여 내몰린다. 국내 생산물로 만족하던 낡은 방식의 욕구 충족 장소에, 우리는 새로운 욕구를 발견하고, 그것들의 만족을 위하여 원격지 나라와 지방의 생산물을 요구한다. 구식의 로컬 및 국민적 격리와 자족의 장소에 우리는 모든 방향에서 이루어지는 통상 관계와 국가들의 보편적인 상호 의존을 가진다. 개별 국가들의 지적 창조물은 공동 재산이 되었다. 국민적 일방성과 편협성은 더욱더 존재할 수 없게 되었고, 수많은 로컬문학과 국민문학에서부터 세계문학이 발흥했다. 부르주아는 모든 생산도구의 급속한 개선을 통하여 엄청나게 손쉬워진 의사소통 수단을 이용하여, 모든 국민 심지어 가장 야만인들조차도 문명으로 이끈다. 그 필수품의 값싼 가격은 중국인의 모든 장벽을 강타하여 붕괴시키는 중포(重砲)로 작용하고, 그와 더불어 야만인이라고 불린 자들이 외국인에 대한 무서울 정도로 집착한 증오를 중단하고 무릎 꿇고 굴복하도록 강요한다. 그것은 모든 국민들이 절멸의 고통에 직면하여 부르주아 생산양식을 채택하도록 이끈다. 그것은 부르주아들이 문명이라고 부르는 것을 그들 가운데로 도입하도록, 다시 말해서 그 자신이 부르주아가 되도록 강요한다. 요컨대 부르주아는 자신들의 심상을 따른 세계를 창조한다.[35]

물질적 전 지구화와 문화적 전 지구화는 모두 마르크스와 엥겔스가 유럽 자본주의 팽창의 효과라고 부른 것에 함축되어 있다. 마지막 몇 구절의 언어는 유럽중심주의적 편향을 드러내고, 비록 저자가 도입("그가 문명이라고 부르는 것")한 것을 간과할 수 없다는 역설이 있긴 하지만, 그것은 확실히 당대의 전망에서 비추어 보면 지극히 공격적이다. 그리고 단일한 부르주아 '자기-심상'을 가정하는 바로 마지막 문장은 문제 제기의 성격을 띠는데, 그것은 부르주아가 내용에서 더욱 세계시민화되면서 다수의 '자기 심상'과 이익이 출현하여 자본주의의 후속적 역사를 나타낼 많은 내부 모순을 생성하는 길을 용이하게 열어줄 가능성을 제대로 보지 못한 탓이다. 그러나 이것들은 정확하게 말하면, 진행 중인 역사적 과정으로서의 전 지구화라기보다는, 당대의 전 지구화 의식을 이전의 전 지구화로부터 구별하는 쟁점들이고, 내가 잠시 다시 검토할 요점들이다.

최근 조반니 아리기는 자본은 "자본주의 세계체제"로 인식할 수 있는 구조화되고 구조화가 진행 중인 실체가 있기 이전부터도 처음부터 전 지구화하고 있었다고 주장했다.[36] 아리기는 결과적으로 페르낭 브로델의 저작에 접근하여, 유럽 세계체제의 출현에 관한 분석에서 그들 자체가 상호작용하는 복수의 지역적 세계체제의 존재를 인정한다. 그리고 그것을 자신의 저작에 끌어들여 유럽 부르주아들이 먼저 유럽 세계체제를 건설하고 이어 그들의 영역 범위 안에서 전 지구적 세계체제를 창조하고자 유럽의 궤도 안에 다른 모든 세계체제를 견인할 경제 및 정치적 제도들을 창조할 수 있었다고 본다.[37] 이 관점은 비록 15세기에서 17세기 사이에 출현한 자본주의 세계체제가 현대에 전개되는 전 지구화의 역사적·구조적 맥락을 제공할 수는 있지만, 자본주의 역사 자체를 고찰하려면 후자의 특수한 특징, 곧 내가 앞에서 전 지구화의 과정과 의식에서 '썰물과 밀물'이라고 언급한 것을 이해할 필요가 있다.

전 지구화는 적어도 마르크스와 엥겔스가 《공산당 선언》을 쓸 시기부터는 돌이킬 수 없는 과정으로 보일 수 있었다. 전 지구성 의식은 제국주의와 식민주의가 세계에서 점차 더욱 광범한 지지자의 획득을 강요한 유로-아메리칸뿐만 아니라, 전 지구적으로 신속하게 진행되었다. 그러나 바로 그 전 지구화 과정은 마르크스와 엥겔스가 부르주아가 '문명'이라고 부르는 것이라고 역설적으로 언급한 것처럼, 유럽 부르주아의 편협주의를 포함하여 전 지구화 자체의 편협성을 창조했다. 만일 전 지구화가 결코 피할 수 없는 현상이 되었다면 그것은 동시에 전 지구화의 산물과 그

산물을 어떤 방식으로 만들어내려는 노력, 또는 심지어 민족주의와 사회주의 경우에서 보듯 그것을 억제하려는 노력을 통해서 발생했다.

전 지구화에 관한 논의의 선구자인 롤런드 로버트슨은 역사에서 전 지구화를 다섯 단계로 구분했다. "발생적 단계"(15~18세기 중반), "초기 시작 단계"(18세기 중반~1870년대), "도약 단계"(1870년대~1920년대), "패권 투쟁 단계"(1920년대 중반~1960년대 말), "불확실성 단계"(1960년대~1990년대)[38]이다. 패러다임으로서 전 지구화가 자신의 모습을 드러내는, 마지막 시기를 "불확실성 단계"로 묘사한 것은, 우리가 되짚어보아야 할 흥미로운 요점이다. 더욱 즉각 적합한 것은 전 지구화와 이매뉴얼 월러스틴 같은 세계체제 분석가들이 주장한 "자본주의 세계체제" 역사의 윤곽에서, 그리고 "이전 시대와 장소들이 전 지구화하는 경향들과 단일한 형식, 불변의 냉혹한 형식에 양보하는" 1870년대부터 반세기 동안을 "도약 단계"로 논증한 시기와 전 지구화 시기가 일치하는 것이다.[39]

이런 특수한 시기에 전 지구적 형성에 관하여 새로운 의미를 부여한 사람은 결코 로버트슨뿐만은 아니다. 폴 허스트와 그레이엄 톰슨은 최근 발표한 전 지구화 개념 비평에서 우리 시대에 전 지구성에 대한 견해들을 평가하면서 같은 시기를 하나의 기점으로 작용하는 정렬선이라고 지적한다. 그들은 적어도 지구상의 국가와 지역 사이에서 경제활동의 양과 강도라는 조건에서, 20세기의 마지막 사분기가 19세기의 마지막 사분기보다 전 지구성의 조건을 더 잘 표현한다고 단언하기는 어렵다고 결론 내린다.[40] 가장 흥미로운 것은 〈뉴욕 타임스〉의 1999년 5월 기사(필연적으로 학문적 철저함은 떨어지지만 그것이 의지한 전문적 내용은 정보가 아주 잘 갖추어진)의 결론이 될 것이다. 그 기사는 교역과 재정 투자 그리고 거래와 노동 흐름의 조건에서 "전 지구화의 정점은 한 세기 전에 발생했고 경제사에서 20세기는 대체로 전 지구화의 조건으로부터 후퇴로 기억되고, 어떤 측면에서 보면 오직 지금에야 겨우 세계경제가 한 세기 전만큼 서로 연결되고 있다"고 주장한다.[41]

비슷한 증거는 의식과 문화의 영역에서도 발견될 수 있을 것이다. 19세기 후반은 수에즈 운하에서 파나마 운하까지 세계의 서로 다른 부분들을 연결하는 거대한 기획의 수행을 목격했다. 세계일주 철도 노선 구축을 가시화했던 미국의 철도왕 에드워드 해리먼은 목적을 달성하고자 1899년 자신의 기획에서 첫 발걸음이 될 베링해협을 건너는 교량 건설 가능성(중국과 일본 노동력을 수입하여)을 조사하고자 알래스카 원정대를 조직했다.[42] 19세기 중반 런던의 수정궁 박람회 개최에 이은 근 100년간 유럽과 미국을 횡단하는 탁월한 문화/상업적 현상인, 만국박람회 조직자들에게 박람회는 전 세계의 사람과 제조품은 물론 세계의 지식까지도 결합하는 "세계에 대한 백과전서"로 보였다.[43] 또한 이 시기에는 현재의 것과 과거의 것을 보존하고 조사하기 위해서, 둘러싸인 벽 안에 세계를 가져오려고 다수의 대박물관들을 소유하게 된 시기였다.

만일 그것이 사실이라면, 우리는 왜 "전 지구화"가 20세기 말에 세계를 이해하는 새로운 방식으로 의식의 전면에 출현하도록 기다려야 했는가? 더 정확하게는 (만일 우리가 용어가 아니라 그것의 본질에 초점을 둔다면) 전 지구화는 항상 같은 효과와 같은 의미를 가지는가? 전 지구화는 고유한 본성에서 당대의 전 지구화 과정을 논박하는 역사를 가진다. 앞서 인용한 〈뉴욕 타임스〉 기사가 인정하듯 전 지구화는 불가피한 진화 과정이라는 것을 증명하지 않으며, 20세기가 19세기 말 전 지구성으로부터 후퇴했음을 표상한 것일 수 있다. 그러면 전 지구화는 어떤 역사적 국면에서 단순히 기술공학적이거나 경제적인 것이 아니라, 정치적이고 문화적이기도 한 국면 만들기에 들어가는 그 계기로부터 의미를 끌어내는 국면적 현상인가? 전 지구화는 그것이 역사의 모든 순간에 통합만이 아니라 차이화를 포함한다면, 차이와 차이의 개념화는 어떻게 전 지구성 의식으로 포섭되는가? 이것은 패러다임으로서 전 지구화에 대한 우리의 이해에 가장 적절한 관계에 있는 유익한 질문이 될 것이다.

19세기 후반 전 지구성과의 비교는 적어도 이들 질문의 일부를 고찰함으로써 실체가 드러날 것이다. 그러나 그런 비교가 의미심장하려면 통합은 물론이고 차이화를 고찰할 필요가 있다. 앞서 인용한 종류의 비교는 비록 그들이 당대 전 지구화의 새로움을 강조하는 주장을 논박하는 데 기여할 수는 있지만, 그럼에도 그들이 해체하려는 바로 그 이념적 견해들, 즉 전 지구화를 전 지구적 통합으로 미리 가정하는 견해들로 말미암아 제한될 것이다. 그러나 통합은 문제의 오직 한 양상을 나타낼 뿐이고, 차이가 표명되는 또 다른 특수한 형식의 존재가 있다.

비록 우리는 두 시대에서 공통적으로 자본의 전 지구화하는 힘을 지각할 수 있지만, 그럼에도 전 지구성의 범위와 외형과 그것의 배치 과정에서 운동량은 기술공학적 차이가 현저하다. 나는 여기서 정치적 차이와 문화적 차이에 주목한다. 19세기 말에 전 지구적 경제화 과정은 민족주의와 식민주의의 전 지구적 확산과 일치한다. 반면에 당대의 전 지구화는 탈식민적(postcolonial)일 뿐 아니라 (사회를 국민국가들로 전 지구적으로 재조직하고, 또한 국민국가에 대한 확산되는 공격을 따른다는 두 가지 의미에서) 탈민족적(postnational)이다. 한편 민족주의와 식민주의에 관한 논의의 쟁점에서는 당시와 지금의 차이를 인식할 필요가 있다. 그러나 이 차이를 과장하거나 지금과 당시 사이의 절대적 단절을 가정하지 않는 것도 중요하다.

19세기 말에 출현한 식민주의와 민족주의는 전 지구화의 초기 단계가 낳은 문제를 포함하려는 노력의 공개적 선언으로 보일 수 있다. 그 내용의 요점은 솔이, 제국의 흥기는 곧 "전쟁, 민족주의 및 경영 이론"을 따라 19세기에 자유무역이 창조한 문제들에 대한 대응이었다는 주장으로 제시했다. 그와 마찬가지로 우리 시대에서도 20세기 말 30년간의 전 지구화는 고유한 구분 형식을 창조하면서 끝날 수 있을 테고, 이미 그와 연관된 많은 징후가 있다. 그때 전 지구주의(globalism)는 어떤 "경제적 원리의 자연적 선언"이 아니라 경영 양식의 선언이 되어야 한다.

전 지구주의 이해에서 이러한 변화는 그것의 발의자들이 내놓은 최근 저작에서 볼 수 있다. 다른 말로 이전의 신자유주의적 개념에 맞서 전 지구주의는 좌파와 우파 자유주의자들이 함께 주장할 수 있는 새로운 규범적 패러다임이 되었다.[44] 문화적으로 말하면, 만일 우리가 19세기 말경을 강력한 전 지구화의 전개 시기로 성격을 규정한다면, 우리는 또한 이 전 지구화가 유로-아메리카 규준의 전 지구화와 거의 동격인 점에 주목할 필요가 있다. 비록 그 시기에 그러한 차이를 인식하지 않았던 것은 아니지만, 그러한 차이는 유로-아메리칸 경제·정치·사회 및 문화적 규준을 표현하는 시간성 안에서 위계화된다. 한편 이런 가정들은 현대의 전 지구성 개념화에서도 결코 소멸되지 않았다. 지금 그들은 대안의 역사적 궤적들에 의지하는 근대성에 대한 대안적 견해들과 경쟁해야 한다. 이와 같이 유럽중심주의적 패권의 붕괴는 패러다임으로서 전 지구화의 파악에 중요하다.

역사적 배경에서 민족주의와 식민주의는 유럽중심주의적 전 지구화의 산물인 동시에 그것을 생산한 행위자들이다. 이것은 유로-아메리칸 세계의 팽창에 따라 식민화된 이들이 경제적·정치적·문화적으로 유로-아메리칸 궤도 안에서 움직이며 돌아가는 데 기여했던 식민주의의 경우에 아주 자명하다. 그러나 민족주의의 경우, 특히 영토적 전제에서 전 지구화의 명령과 모순되어 보이는 국민국가 출현의 경우에 그것이 덜 자명하게 나타난다. 다수의 관찰자들은—그들 가운데 로버트슨을 가장 특출한 인물로 꼽을 수 있다—국민국가 자체가 과거에 생성된 국가 간 관계의 산물이었고, 어느 정도, 부족적인 것에서 제국적인 것에 걸치는 과거의 다양한 정치 체계가 강요한 국민 신분(nationhood)의 산물로 본다. 19세기 후반부터 국민국가 형식의 전 지구적 확산은 다시 전 지구화 과정에 두 가지 방식으로 더욱 크게 공헌했다. 첫째는 국가 간의 관계뿐 아니라 국가와 그것을 구성하는 요소인 유권자들의 관계를 규제하는 사법적 원리의 전 지구적 확산이다. 둘째는 국민국가의 문화적 동종성을 빌미로 국가 내부에서 로컬의 차이가 지워졌다. 이 과정들은 서로 다른 장소에서 서로 다른 경로로 진행되었고, 불완전하게 실현되었다. 우리는 20세기에 그들이 수행한 혁명적 역할을 간과해서는 안 된다.

민족주의와 식민주의는 비록 전 지구화에는 공헌했지만, 지구를 국가 공간과 식민지 공간이라는 새로운 방식으로 분할했다. 그것은 〈뉴욕 타임스〉 기사가 보여주듯 전 지구성 자체의 쇠퇴가 아니라 더 정확히 말하자면 유럽중심주의적 전 지구성의 쇠퇴를 표현한다. 그것들은 자본주의 세계 질서의 지지자나 반대자(특히 사회주의자로서 반대자) 가운데 일부의 시각인 역사를 유럽중심주의적 목표로 전망한 것을 밑둥치부터 약화시킨다. 19세기, 특히 19세기 후반은 주지하듯 역사학을 포함한 사회과학 및 문화과학의 발흥과 일치한다. 전 지구적인 차이의 계서제적 질서화는 당시 출현하던 사회과학 가운데서 노동의 분업뿐 아니라 사회과학 내용의 분업을 초래하도록 정보를 세련화했다. 그 결과 세상 사람들은 유로-아메리칸들로부터 추정된 거리에 따라서, 또 이 준거가 당대의 유로-아메리칸 "문명"인 보편적인 정치 및 문화적 규준에 맞추어 살아갈 잠재력에 따라서 지식의 새로운 질서 안에 그들의 위상이 부여되었다. 만일 이들 규준에 적응하는 데 실패하면 치를 대가는 주변성으로 내몰리는 데 그치지 않고 물리적/혹은 문화적 절멸만이 남을 뿐이었다.

어떤 영역보다도 현재 세계와 19세기 후반 세계 사이의 급진적 차이에 핵심적 요점이 있다면 그것은 교역과 투자 및 노동의 흐름으로 포착되지 않는 문화의 세계 그리고 지식에 관한 문화적 가정이 존재했다는 것이다. 과학자들과 심지어 에드워드 해리먼이 자신의 알래스카 원정 시에 모집한 수행원 가운데 존 뮤어(John Muir) 같은 환경론자조차도, (해리먼과 같은 이가 계획한 종류의) 진보는 알래스카에 소재하는 많은 것들을 절멸로 이끌 거라고 확신했기 때문에 식물학, 동물학 및 문화적 인공물을 수집하고자 거기에 참여했다. 19세기와 20세기에 개최된 여러 만국박람회는 전시회에 세계 전역으로부터 사람들을 수집했지만, 누구도 그 전시회를 형성한 계서제를 두고 의문을 제기하지는 않았다. 이들 박람회의 조직자들은 유로-아메리칸 근대성(그것의 가장 정곡을 찌른 증거로서 식민주의와 더불어)의 최고 우위성을 너무나 확신했기에 100년이 지난 뒤에, 다른 박람회에 전시된 제로니모(Geronimo)와 시팅 불(Sitting Bull)*의 후손들이 당시의 과학자들이 수집해 박물관에 채워 넣었던 조상의 유골을 반환하라고 요구할 거라고는 상상조차 할 수 없었다. 유로-아메리칸 근대성의 최고 우위성에 대한 확고한 신념은 '과학적 증거'로 보증되는 인종적 계서제를 수립하고, 진화의 정점에 백인 유로-아메리칸을 두고, 그들의 인종적 우위성에 관한 주장을 더욱 뒷받침하며 정당화했다. 그들은 전 지구상에서 이성과 진보의 요구에 대응하지 못하는 자들은 곧 존재 자체가 소멸될 것으로 확신한 탓에(그들이 다문화주의적으로 행동할 필요가 없었던 것 이상으로) 전 지구적으로 생각할 필요가 전혀 없었다. 인종주의자의 경멸은 '원시적'이라고 간주된 사람들에게만 제한되지 않았다. 1904년 세인트루이스 박람회에서 열린 학술회의(Congress of Learning)**는 자연과학과 사회과학의 모든 지식을 결합하는 전일적 체계의 창조를 도모했는데, 아시아의 지식과 문화의

---

* 제로니모(1829~1909)는 애리조나주 노도욘 계곡에서 태어난 아파치 인디언 키리카후아 족 전쟁 지도자로서 에스파냐와 미국에 신출귀몰하게 저항했고 1885~1886년에 백인에 맞서 격렬한 전투를 지휘, 5000명의 토벌대와 멕시코군 3천 명까지 동원하여 잡았던 최후의 전사이다. 한편 수 족 추장이었던 시팅 불(1831?~1890)은 마지막까지 투쟁했던 위대한 주술사이며 1876년 6월 인디언 연합군을 이끌고 리틀 빅혼(Little Bighorn) 전투에서 미국 제7기병대를 격파했다.

** 정식 명칭은 Congress of Arts and Science: Universal Exposition, St. Louis, 1904.

설명자로 초대받은 이는 오직 한 사람의 학자(앙리 마스페로)뿐이었다. 인류학 전시를 위해 출간한 인간 유형 도표는 〔비록 일본인은 여성 심상—아마도 '나비 부인(Madame Butterfly)'—으로 표상되면서 러시아인 다음인 셋째 자리에 놓였지만〕 중국인의 위치를 인류 진보 사다리의 중간, 선사시대인과 유럽/아메리칸 백인 사이 어디쯤에 부여했다.[45]

과연 언제부터 전 지구화가 20세기 말 하나의 패러다임으로 출현했는가? 여기에는 여러 대답이 있다. 그들 대부분은 마셜 맥루언(Marshall McLuhan)의 '지구촌' 개념으로부터 외계 공간에서 바라본 지구(Earth)에 대한 관점 그리고 인터넷 공간에 이르기까지, 기술공학에 추동된 지구의 통합에 초점을 맞춘다.[46] 그러나 오직 전 지구적 통합성의 쟁점만을 강조하는 대답들은 동시적으로 발생하는 전 지구적 파편화 현상을 말하는 데 실패한다. 그리고 내게는 그들이 전 지구화를 근대화의 선진적 단계 정도로만 말하는 것도 큰 결함이 있어 보인다.

자주 소홀한 취급을 받은 대답이지만 내게는 귀담아 들을 만한 외침으로 보이는 것이 있다. 곧 전 지구화에 대한 지각은 유럽중심주의 세계질서의 형성인 동시에, 그것의 붕괴가 가져온 산물이란 것이다. 그 관점은 우리가 그와 같은 세계질서 없이는 생각할 수 없는 전 지구성 의식을 유지시키는 한편, 유럽중심주의 견해의 포기를 요구하는 이중성을 내포한다. 이런 당대적 의미에서 전 지구화가 의식의 전면에 출현하기 앞서 먼저 유로-아메리칸 전 지구성이야말로 역사의 목적이며 보편성이라는 기억의 망각이 필요했다. 그런 요청은 오늘날 그런 견해들이 여전히 유지되는 경제 영역에서가 아니라 유럽중심주의에 대한 대안의 확산을 전시하는 문화와 지식 영역에서 가장 명백하다. 역설적이게도 후자는 자본주의 경제의 성공으로 지위가 향상된 사회, 그들 자체가 자본주의 전 지구화의 산물인 사회에서 가장 크게 주장된다. 그러나 이런 목소리들 자체가 근대성의 발명이었고 이미 한 세기가 넘는 사회적·정치적 변환 못지않게 패권적 유럽중심주의가 제안한 문화적 도전에 맞서 다시 상상된 과거들이다. 이와 같이 유럽중심주의에 대한 대응 자체가 탈식민주의적이고 탈민족적이며, 자본주의 덕분에 지위가 향상된 유럽중심주의적인 전 지구적 패권에 도전하는 것들에 관해 예민한 지각으로 세련된 정보를 획득했기에, 심지어 탈 전 지구적이기조차 하다.

유럽중심주의적 근대성에 대한 비판은 이런 불확실성의 조건을 다수의 근대성 또는 대안적 근대성을 공표하면서 경축한다. 한편 유럽중심주의적 근대성의 변호자들은 그것의 통과를 애도하지만, 그들 역시 우리가 지금까지 알아온 근대성은 몰락하고 있다는 데 동의한다. 유럽중심주의적 근대성에 대한 문화적 도전은 세계가 적어도 반세기 동안 자본주의와 공산주의의 두 진영으로 분열되지 않았다면 의식의 표면에서 그들의 독자적인 길을 훨씬 더 일찍 발견했을 것이다. 장-마리 게노(Jean-Marie Guéhenno)는 "우리의 승리하는 근대성은 역사의 부활로 말미암아 위협받고 있다"는 데 주목하며 이렇게 썼다. "냉전은 정치적 제도의 쇠줄밥가루(iron filings)에 얹어놓은 거대한 자석처럼 작용하며 수십 년간 인간 사회에 질서를 제공했다. 오늘날 자석은 버려졌고 쇠줄밥가루는 작은 덩어리로 흩어졌다."[47] 게노는 여기서 주로 정치 제도, 특히 국민국가만 언급한다. 그러나 탈냉전 세계에서 파편화의 더욱 흥미로운 양상은 바로 그 승리의 순간 다른 자본주의와 자본주의의 다른 문화에 대한 관심과 언급이 확산된 것이다. 그 결과 동종적인 전 지구적 자본주의의 실천보다는, 변형된 사회적 및 문화적 종목일람표에 바탕을 둔 자본주의들의 응집체와 같은, 이른바 "범-자본주의"를 만들면서 자본주의 세계를 안팎에서 금이 가게 하는 균열선이 등장했다.[48] 자본주의의 전 지구적 압승과 동시에 발생한 균열은 또한 전 지구성에 관한 "세계체제 분석" 해설판이 간명하게 중심-주변부 구도로 설명하는 공간적 질서를 손상시켜, 전체 세계를 자본의 영역으로 가져오는 동시에 세계를 자본주의 세계체제의 구조화(또는 파괴)로 이끈다. 마누엘 카스텔이 소위 유럽·북미 및 일본의 삼각편대 사회에서 자본의 중심지들의 지속뿐 아니라, 전 지구적 "네트워크"[49]에서 자본의 지속적인 운동 탓에 비롯된 전체 체계의 불안정성을 인정하면서, 세계체제의 "건축물"과 "기하학"을 구분한 것은 자본주의에 대한 이러한 예견에서 비롯한다. 심지어 여기서 말하는 중심지조차도 탈중심화하고, 특히 유럽과 동아시아에서는 체제 자체가 단일 중심지가 아닌 다수의 중심지로 표현되고, 내부 경쟁과 재구성의 대상이 되고 있다.

그러므로 패러다임으로서 전 지구화에 대한 어떤 고찰이든, 그것의 출현에 중요한 계기가 되는 세계의 동시적 통합과 파편화에 관한 지식을 어느 정도 습득할 필요가 있다. **전 지구화**라는 용어는 냉전 말기가 아니라 1980년대에 특히 동아시아와 동남아시아에서 새로운 자본주의 체제의 출현에 대한 관심이 급속하게 증가하면서, 정치경제학과 문화에 관한 논의 과정에서 탁월한 지위를 획득했다는 사실에 소스라치게 놀랄 필요까지는 없다. 중요한 것은 이들 전 지구화 경제가, 유럽과 미국의 그림자 아래서 오랫동안 살아남았던 이들 사회에 침잠해 있던 문화적 차이에 관한 견해를 재주장하면서 함께 출현한 사실이다. 전 지구화 경제의 출현은 또한 그들이 소위 새로 산업화된 사회에서 교역과 투자(또는 심지어 부유한 이민자)를 포획하고자 새로운 경쟁에 돌입했기 때문에 북미와 유럽 경제의 관계에 흥미로운 충격효과를 제공했다.

현재 전 지구화에 대한 개념화는 그것들의 참신성을, 가장 중요하게는 부르주아들(그때까지 압도적으로 미국)이 "문명"이라고 부르는 것과, 그것의 대안으로서 사회주의 근대화가 제공한 것에 바탕을 둔 근대화 담론과는 단절하려는 견해에 바탕을 둔다. 필사적인 대립으로 말미암아 꼼짝달싹할 수조차도 없었던 이 두 대안들은 역설적으로 발전주의에 대한 공통의 진술을 공유하며, 각자의 궤도 안에 식민주의의 유산을 극복하고 국가적 자율성과 권력을 촉진시킬 발전을 열망하는 탈식민 세계의 국가들을 끌어들이고자 노력했다. 근대화의 "세 개의 세계"* 담론은 모두 근대화를 국가적 단위라는 조건에서 생각했고, 더욱이 이 세 개의 세계 관념과 국가의 관념 모두 앞서 말한 전 지구화에 대한 가정과 절차를 전제로 삼는 근본적 방식들이라고 가장했다.[50] 그럼에도 불구하고 이러한 구분에서 중요한 점은 다름 아닌 전 지구성을 근대화(자본주의 및 사회주의) 체제 아래의 "전 지구주의"라기보다는 "국제주의" 관점에서 생각한 것이다.

전 지구성에 당대적 형식과 의식을 제공하는 가장 직접적 맥락은 첫째 "제3세계" 관념에 의구심의 증가를 초래한 변환, 다음으로는 사회주의적

* 선진 자본주의 제2세계, 사회주의 제2세계, 그리고 저개발국가 제3세계 구분을 말한다.

대안의 포기/또는 몰락을 가져온, 세계에 대한 이러한 지도 작성이 붕괴된 산물이다. 이미 1960년대 말과 1970년대 초에 근대화 담론에 대한 문화주의자의 가정에 의문을 제기하고, 국가에 바탕을 둔 중요한 대안들이 출현했다. 1980년대에 자본주의의 대변환과 더불어—가장 중요하게는 미국 패권에 맞서는 경쟁자들의 출현과 더불어 경제 권력의 탈중심화—자본주의 자체의 분석에 더 큰 유연성을 가정하는 새로운 전 지구적 상황이 출현했다. 끝으로 1990년대 초 탈냉전 시대의 "새로운 세계 질서" 약속이 새로운 종류의 무질서를 확인하는 증거에 자리를 양보하면서 비록 근대성보다 더 오래된 것은 아니지만, 오랜 정체성의 원천에 관심을 기울이며 여전히 전 지구성을 달리 분석할 긴급한 필요가 생겨났다. 요컨대 패러다임으로서 전 지구화는(탈중심화하기 전에 먼저 중심화해야 했던) 자본주의 세계를 포함하여, 세계의 탈중심화 인식과 차이(또는 심지어 혼돈)를 경영하고 포함시키는 데 필요한 제도와 지식에 관한 인식을 표현한다.

왜 전 지구화는 하필이면 그것의 역사적 진보의 한 단계에서 전 지구성의 바로 그 존립 조건으로서, 나중의 단계에서는 우리가 의문을 제기할 보편주의적 사회과학 및 문화과학을 생산해내야 했는가? 곧 전 지구성에서 그와 동일한 사회과학 및 문화과학의 보편성 주장—아니, 바로 그 과학의 개념과 과학성에 대한 사회과학 및 문화과학의 견해를 생산해내야 했던가? 그 의문은 현재의 전 지구성과 과거의 전 지구성의 심각한 차이를 심사숙고하게 만든다. 또한 그것에 관한 실증적 견해는 자양분을 사회과학 및 문화과학이 과거의 보편주의 전통에서 끌어낸 전 지구화 개념의 핵심으로 직진해야 한다. 동시에 지식에 대한 적절한 대안적 방식을 추구하며 보편주의에 대한 그 주장들의 실제적 편협성을 폭로하여 정당성을 손상시켜야 한다. 만일 '물리적' 과정으로서 전 지구화가 불가피하게 동시에 발생시키는 파편화를 언급해야만 이해할 수 있다면 패러다임으로서 전 지구화는 그것의 앞선 역사에서 두드러졌던 보편주의자의 열망과 분리됨으로써만 존립이 가능하다.[51] 그런 환경에서 보편적 지식을 계속 주장하는 것은 기껏해야 전 지구화를 위한 당대의 논증들이 계속 주입하는 패권적 가정들을 드러내고, 또한 기존의 권력 구조에 얽매인 관계를 폭로한다. 그런 주장들을 포기하는 것은 과거 몇 세기에 걸쳐 전 지구적 상호작용의 산물인 모든 공통성을 폐기처분할 뿐 아니라, 인간이 사회활동의 경계들(누군가의 시간과 장소에서 그어질 수 있는 어느 곳이든)을 가로질러 의사소통하는 능력을 박탈하는 모든 지식의 편협성—따라서 상대성—에 사의(resign)를 표명하는 것이다. 왜 전 지구화의 조건은 한번 자각하게 되면 로버트슨이 말하듯 "불확실성"의 조건이 되며, 이매뉴얼 월러스틴의 좀 더 묵시록적인 구호를 따르면 "우리가 아는 세계의 종말"이 되고 마는가?[52]

근대성이 전 지구적 승리를 명백하게 구가하는 바로 그 순간에, 과거 어느 때보다 더 심각하게 그것에 의문을 제기해야 하는 것은 우리 시대가 직면한 역설이다. 만일 전 지구화가 어떤 것을 의미한다면, 그것은 다름 아닌 사회들을 자본주의 근대성으로 그리고 이것의 경제적·사회적·정치적·문화적 함축과 더불어 전 지구적으로 병합하는 것이다. 한편 자본의 동종화하고 통합하는 힘과 악착같은 힘, 그에 부수되는 조직적·문화적 요구로 말미암아 역동성을 띤 전 지구화는 저항 불능의 근대성과의 결별을 거부할 뿐 아니라 바로 그 전 지구화하는 과정에서 쇄신된 활력을 끌어내는 과거의 유산들 사이에서 발생하는 근본적 모순을 포함한 사회들 사이의 모순 그리고 사회 내부의 모순을 더욱 복잡하게 만들었다. 사회들 사이에서 전 지구화 담론을 정당화하고 강화시키며 가속화하는 상호작용은 확실히 근대의 기호들이다. 그러나 바로 이와 같은 관계들은 근대성을 갈등과 경쟁의 장으로 변화시키고, 그것의 역사적·윤리적 의미(또는 의미 없음)에 관하여 근본적 의심을 야기한다.

유럽중심주의를 극복하고 타자들의 목소리, 경험 및 문화적 유산들에도 근대성을 인정하려는 노력은, 탈식민주의 연구는 물론 사회학과 정치학에서 더욱 관행적인 근대화 연구들로 범위를 확장한 분야까지도 근대성 논의를 추동했다. 근대성과 근대화 기획에 관한 대부분의 수정주의 연구는 당대의 전 지구성 전망을 과거로 투사하고, 근대성은 처음부터, 전망에서 전 지구적이고, 형식과 방향에서 다원적이며, 문화적 경계를 가로지를 뿐 아니라 전통과의 관계에서 혼종적이라고 주장한다.

나는 이러한 결론에 의문을 제기하지 않는다. 그럼에도 "전 지구적 근대성"을 시대 개념으로 보려면, 많은 복잡성을 내포함에도 불구하고 유로-아메리칸 지배와 패권으로 표시되는 앞선 시대와 대비하여 더욱더 명료하게 파악할 것을 제안한다. 그리고 나는 미국의 거의 도전받지 않는 세계 지배는 근대성이 생성한 권력관계의 연속, 그러나 경제적·정치적 구성과 배치에서는 의미심장하게 변형된 세계의 연속이라고 판단한다. 비록 노골적인 권력의 집중에도 불구하고 이 세계는 유로-아메리카가 지배했던 앞서의 근대성 시기와 비교하면, 새로 출현하는 가치들과 정치경제학 조직을 포함해 이념적·조직적으로 탈중심화해 있고, 그것은 과거의 유럽중심주의와 비교하여 "전 지구적 중심주의(globalcentrism)"라고 이름 붙일 수 있게 한다.[53]

현재의 전 지구성을 과거의 전 지구성 국면과 구별하는 요소는 과연 무엇인가? 그것은 교역과 이주의 계량적 숫자에 있지 않고 근대성의 공간적 재구성과 배치에 있다. 일부에서 말하듯, 만일 우리가 근대성을 유로-아메리카의 배타적 창조물로 고립시키기보다는 하나의 관계로 인식한다면, 그 관계성의 모든 부분들은 역사적 역동성의 조건에서 보아야 한다. 이것이야말로 근대성을 역사적으로 이해하는 적절한 방식이다. 한편 그 말이 근대성은 이들 관계성을 넘어서면 아무런 내용이 없다는 뜻은 결코 아니다. 그 결과 근대성을 경제적·사회적·정치적·문화적 성격의 조건에서 다른 구성체들과 구분 가능한 역사적 현상으로 판단하지 않을 수도 있다. 근대성을 역사적 구성체로 신원을 증명하는 것은 근대와 비근대 또는 전근대—역설적으로 대개 탈근대 또는 대안적으로 역사적 시간성과 목적론의 탈식민적 질서의 혼란에 붙인 이름으로 구분하는 것이 그러했듯—등 실로 많은 문제를 제기한다. 여기서 제시되는 문제는 역사의 시간성과 공간성이 그들 자체의 다른 시간과 장소에서 다르게 이해된다는 것이다. 피식민자를 후진적으로 묘사하는데, 식민자들은 물론 피식민자들도 스스로 같은 전망을 채택했다. 후진성이라고 간주되는 것들로부터 벗어나려는 노력은 우리 시대에도 계속된다. 다른 한편 식민자가 피식민자를 희생시키는 양상은 우리의 소위 탈식민 시기에도 결코 사라지지 않았다. 이런 현실은 더 이상 자연적 필연성이나 역사적 필연성으로 용인

되지 않고, 불평등과 불의에 맞서 보편적 권리를 정당화하는 투쟁의 대상이다. 역사를 진화적으로 파악한 19세기 말과 달리, 현재는 서로 다른 사회들이 자신의 사회발전에서 정점이 유럽이나 북미에 놓인 진보의 사다리를 따라 서로 다른 위치에 배치된다고 주장하는 것(비록 사적으로는 믿을 수 있지만)은 수용하기 어렵다. 이와 같이 당대성의 탈식민적 의미는 확실히 데이비드 하비가 "시공간 압축"이라고 부른 것*과 어떤 관계가 있으며, 그것은 전 지구성의 의미를 당대 의식의 한 부분으로 고찰하고, 이데올로기적 전 지구화가 훨씬 쉽게 문화적 개연성을 획득하게 만든다. 사실 여러 방식으로, 과거의 피식민자 또는 달리 말해서 유로-아메리카가 지배했던 인도나 중화인민공화국과 같은 피식민자는 그들 자신을 근대성의 희생자라기보다는 그것의 행위자로 본다.

근대성은 처음부터 계속해서 전 지구화를 전개해왔다. 그러나 전 지구적 근대성의 실현은 자본주의 근대성 자체의 두 가지 생산물인 식민주의와 사회주의의 방해를 받았다. 제2차 세계대전 이후 탈식민화는 피식민자의 목소리를 복구했고, 유럽중심주의적 근대화 담론이 비가시성과 후진성으로 이름을 붙여 좌천시켰던 자들이 공간적·시간적 거리에도 불구하고 같은 공간에 존재하는 느낌을 자각시켰다. 탈식민화는 많은 측면에서 이념으로서 사회주의와 사회주의국가의 현존에서 기인한다. 탈식민

---

* David Harvey, *The Conditions of Postmodernity: an enquiry into the origins of cultural change* (Basil Blackwell, 1990)〔데이비드 하비, 《포스트모더니티의 조건》, 구동회·박민영 옮김(한울, 1995)〕.

화의 효과는 유럽중심주의적으로 생각한 근대성의 목적론을 해체했다. 1980년대에 현실 사회주의의 쇠퇴와 몰락은 자본의 전 지구화로 가는 길을 열어젖혔다. 이는 또한 사회주의를 근대성의 문화적 전유, 그러므로 확산에 중요한 장애물로 여겨 제거했고, 우리는 지금 그것의 표현을 단일한 근대성을 다수의 근대성, 대안적 근대성으로 파편화하는 데서 발견한다. 자본주의 또는 사회주의 외관에서 유럽중심주의에 대한 의문은 근대성을 그것의 완전한 역사성과 '지리역사적' 다양성[54]에서 드러냈다. 그것이 다름 아닌 내가 여기서 전 지구적 근대성이라고 기술한 조건이다.

지금 유로-아메리칸 지배에 맞서 근대성에 대한 자신의 독자적 견해를 만들고 있는 사회들을 생산한 것은—우리가 현재 그러하듯—자본주의 근대성이다. 자본주의에 대한 사회주의적 대안의 소멸은 문화의 자율성 또는 문화의 지속성에 바탕을 둔 논증과 관련되는 견해가 상승세를 타는 중요한 이유 가운데 하나이다. 그러나 문화와 밀접한 경영을 요구하는 새로운 문화적 단층선을 창조하는 것은 기업(corporate) 자본의 새로운 중심지들의 출현—가장 중요하게는 동아시아와 동남아시아—그리고 초국적기업들에 점차 더욱 다양한 직원을 제공하는 노동력, 마케팅과 광고의 초국적화에서 자본의 전 지구화와 같은 것으로 존재한다. 문화는 주로 당대의 학문과 정치에서, 그러니까 근대성에 대한 반대에서, 근대를 로컬 차원에서 전유하는 양상의 설명에서, 또는 정치 및 기업 경영의 도구로서 새로 발견된 내재적 의미에서, 다수의 유능한 인물들이 전개했던 것처럼 돌발적으로 나타난다. 이런 새로운 상황은 근대성의 생산물이다. 그럼에도 그 근대가 유럽중심주의적 근대성의 시기와는 차이를 생성하며 현존하는 새로운 종류의 모순을 인식하는 것이 필요하다. 전 지구적 근대성은 지구를 새로운 방식으로 통합하고 분열시킨다. 그러나 전 지구화의 구호에서 표현된 순진한 전 지구적 통합 관념같이, 혹은 세계의 균열을 모든 정치적·경제적 활동들에 명령을 내리는 듯한 '문화적' 구분들—"문화적" 경계 영역을 횡단하는 계급·젠더 및 다양한 공간 분할같이 널리 파급되는 충만함과 같은—을 따라서 보는 몽매주의자의 갈등 개념처럼, 어느 한쪽을 강조하면서 그렇게 하지는 않는다.

3

전 지구성의 개념적 장(들)

전 지구화 개념은 1990년대 들어 그 전 20년간 자본주의의 구조와 구성요소에서 발생한 주요한 변환과, 시장경제의 중력장 안에 들어앉은 사회주의 체제의 몰락과 약화에 따라 인기를 얻게 되었다. 이 중력장은 또한 탈근대와 탈식민에서 디아스포라와 장소-기반의 정치에 이르기까지 다양한 개념을 통해서 당대의 변화들을 설명하려는 노력을 포함한다. 그다음에는 기존의 단일한 근대성 개념들을 확장하고 손상시켜 서로 다른 종류의 근대성에 관심이 생기도록 유도한다. 이런 다양한 관심들이 지적이고 정치적인 분야에서 표명되는 방식은 전 지구화의 다양한 측면의 이해에 중요하다. 이 장에서 나는 개념으로서 전 지구화가 더 폭넓은 담론의 장과 맺는 관계를 다루고자 한다.

전 지구화, 탈근대성 그리고 탈식민성

근대의 문제는, 탈근대성과 탈식민성—그것들 자체가 전 지구화를 통해 이해하려는 세계 상황의 지적·문화적 산물로 보일 수 있는 개념들인—에 관한 논의에서 중심 관심사였다. 실로 1980년대와 1990년대에 휘몰아쳤던 탈근대성과 탈식민성에 관한 뜨거운 관심은, 또한 1990년대 말에 북미와 유럽은 물론 전 지구적으로 인문학과 사회과학을 횡단하여 뜨거운 관심사로 떠오른 전 지구화에 관한 열화 같은 몰두 분위기에 자리를 양보한 듯 보인다. 개념들의 동시 발생 또는 더 강하게 말해서 개념들의 추세는 현재와 그것의 근대적 과거를 개념화하려는 대안적 노력으로서 불가피하게 그들의 역사적 관계에 의문을 제기한다. 1980년대에 출현한 탈근대와 탈식민 개념은 유럽중심주의에서 전 지구적 근대성으로 통과를 의미하는지 아닌지는 차치하고라도, 적어도 전 지구화가 이해되는 특수한 방식들뿐 아니라, 전 지구화로 손쉽게 통과한 것들을 이해하는 데 요구되는 문화적·지적 기반을 예비했을 것이다.

확실히 이들 개념들은 그들 자신의 개인적 역사들을 가진다. 페리 앤더슨은 **탈근대주의**란 용어의 기원을 1930년대 에스파냐어 문학 비평까지 소급해서 추적했다. 한스 베르턴(Hans Berten)은 1950년대 미국 예술가 집단에서 이 용어가 확산된 것을 강조했다. 그러나 탈근대주의가 주로 건축과 시각예술에 대한 언급에서 폭넓게 유행하기 시작한 것은 1970년대였다.[1]

이 시기에 그리고 1970년대 들어 한 개념으로서 탈근대주의는 예술, 건축 및 문학 분야로 한정되었다. 그것은 또한 다양하고 자주 갈등하는 메시지를 전달했다. 예술에서 탈근대주의는 때로는 의미에서 재현으로 관심이 전환되면서 정점에 도달했다. 그러나 그것은 근대성 자체가 아니라 기술공학과 그것의 효율성에 관한 근대의 물신숭배(fetishism)에 대한 불만으로서, 그리고 자연, 장소 및 역사와 결합된 주관성으로 귀환하려는 욕망의 산물로서 과도한 반근대주의(antimodernism) 목소리를 수반했다. 탈근대주의는 그것을 통하여 근대성의 확장과 그것을 극복하려는 노력의 표현이란 이중 부호를 가졌다. 모든 'post'와 같이 **탈근대**(postmodern)에서 **포스트**(post)는 그것이 '무엇이 후속되는 것'이란 시대 구분적 의미로 이해될 때 지적으로 가장 생산적이다. 그러나 '무엇이 후속되는 것'이라는 핵심적 단서와 더불어 그것은 앞서 발생한 사안들에 사후 추인을 포함한다. 탈근대주의를 자의식적이고 자기비판적인 근대성이라고 보는 것이 최선의 이해라고 판단하는 까닭은 바로 이런 의미에서 연유한다. 또한 전 지구화와 근대화의 관계처럼 한 상황이 과거와는 다르지만, 또한 여전히 많은 측면에서 같은 것으로 서술하는 것이 실로 적절한 이유도 바로 이런 의미를 갖고 있기 때문이다.

탈근대주의의 속성에서 이들 모순은 그것이 자본주의 발전에서 새로운 단계와 결합되어 한편으로는 근대에 대한 인식론적 비판으로서, 다른 편으로는 고유 권리를 가진 문화적 구성체로서, 새로운 종류의 지위를 획득했을 때 인 1980년대까지 지속된다. 장-프랑수아 료타르의 영향력 있는 선언 《포스트모던의 조건: 지식에 관한 하나의 보고》[2]는 근대성, 특히 마르크스주의의 총체성과 메타서사를 완강하게 거부하며 후기구조주의에 대하여 탈근대주의를 가장 탁월하게 명료화한 표현이다. 그에 맞서는 것이 미국에서 프레더릭 제임슨과 데이비드 하비뿐 아니라 프랑스에서 장 보드리야르의 저술이 탈근대주의가 자본주의의 서사라고 명료화한 것이다.[3] 이 저작들은 20세기 말 자본주의의 조건으로서 탈근대성과 문화현상으로서 탈근대주의의 결합을 모색했기에 여기서 논의하는 전망 가운데서 가장 흥미를 끈다.

프레더릭 제임슨의 정치경제학적 고찰은 일상생활을 향하여 끊임없이 침투하는(비록 소비사회의 흥기를 자본주의의 전 지구적 차원에서 많이 언급하지 않았지만 장 보드리야르에게는 논의의 출발점이었다) 자본주의의 새로운 발전 양상을 강조한 에르네스트 만델의 《후기자본주의》[4]를 크게 강조했다. 자본주의의 공간적 성격 분석에서 선구자였던 데이비드 하비의 《자본의 한계》[5] 같은 저작에서도 같은 지적을 할 수 있다. 이 저작에서 더욱 흥미로운 것은 자본주의 생산 본성의 변화, 곧 포스트-포드주의 경제의 흥기에 관한 것이다. 그러나 다른 이들도 이미 1980년대 초에 소위 유연생산(포스트-포드주의 경제를 특징짓는)과, 궁극적으로는 전 지구화에 대한 관심을 자극하고 어느 정도 그것을 현실로 만드는 새로운 국제적 노동 분업의 상응 관계에 주목했다.[6]

전 지구화하는 자본주의 경제에 대해 마르크스주의자가 탈근대성 개념을 명료화한 결과 적어도 개념적으로는 탈근대주의가 자본의 전 지구화로 말미암아 부각되는 사회적 및 문화적 불확실성을 예견할 수 있게 되었다. 중요한 분석적·정치적 차이에도 불구하고, 메타서사에 대한 장-프랑수아 료타르의 거부는 마르크스주의자 프레더릭 제임슨과 데이비드 하비가 탈근대주의를 자본주의 발전의 새로운 단계로 동화시킨 것과 어느 정도 근본적 공통점을 가진다. 그들이 서로 다른 방식으로 지적하는 문화적 일관성의 파편화에 대한 두 요점—하나는 구조적 총체성에 관한 로컬의 긍정, 다른 하나는 그런 파편화의 논리를 구조적 총체성 자체에서 확인하는 것—, 그것들은 비슷한 결과를 가져온다. 제임슨은 탈근대 예술이나 건축에서 발견되는 일관성은 어떤 내적 필연성이 아니라 패러다임적인 탈근대성의 형식으로 혼성모방(pastische)과, 서로 무관한 것을 짜맞추어 예술화한 콜라주(collage)를 만들면서, 표면적 형식들의 상호작용—오로지 예술만이 아니라 일반적인 문화에서—이 출현한 것으로 본다. 콜라주의 은유를 미학의 영역을 넘어서 밀어붙이는 것이 내포한 위험에 있어서 전 지구화의 쟁점과 매우 깊은 관련이 있는 다문화주의와 같은 사회정치적 이념은, 그 콜라주가 2차원적 표상인 사회적 형식이 될 것을 깊이 관찰할 필요가 있다. 만일 내적 일관성의 거부가 문화를 혼성모방이나 콜라주로 몰고 간다면, 그것 또한 이론적으로는 동일한 문화적 밀집체로서 본질적으로 종류가 다른 문화적 요소들의 삽입을 허용하고, 그것이 비록 내부의 개념과 외부의 개념을 손상시키지는 않지만, 본질과 토대에 대한 부적절한 판단(비록 억압적이지는 않지만)을 초래해서 그것을 손상시킨다. 이것은 지난 20년간 사용된 '모자이크' 또는 심지어 '샐러드 접시'라는 상투적인 사회 문화적 은유의 사용에 굴복하게 만든다.

이들은 지금은 친숙한 탈근대성의 주제이지만, 전 지구화의 이름으로 현재 진행되는 사실이기도 하다. 총체성과 메타서사의 일관성 거부는 근대성의 체제 아래 억압받아온 자들에게 목소리를 주거나 가시성을 제공하는 해방적 효과를 가진다. 한편 탈근대성이 고도 자본주의사회의 '문화

논리'라고 한다면, 그 논리는 당대의 자본주의 실천이 전 지구적으로 전개된 결과 전 세계로 확산된 것을 말한다. 따라서 악바르 아메드는 제3세계 근대성 체제를 대체하면서, 근대의 이성과 세속주의 신념을 가진 체제들이 억압한 자들의 해방을 발견했고, 그는 이것을 통속적인 '민중혁명(demotic revolution)'과 동등한 것으로 본다.[7] 한때 후진적인 것으로 보이던 전통과 종교적 신념은 새로운 경제적 실천에 병합되면서 권력을 장악하게 되었고, 그 자체가 심문의 대상인 근대성으로 복귀하게 만들었다. 이와 같은 신념들이 근대성의 형식으로 전 지구적 정당성을 획득한 것은 제1세계 그 자체에서 심각한 의문 대상이 되었다.

그럼에도 불구하고 우선 유럽중심주의와 진보에 대한 유럽중심주의 가정들과 결합된 조건에서 성찰되었으며, 자본의 전 지구화와 전 지구적 관계의 재조직에 관한 쟁점과는 분리된 것이 바로 근대성 개념이다. 그 과정에서 미처 지각하지 못한 것이 있다. 다름 아닌 근대성의 기초를 이루는 모든 것이 새로운 권력 체제라는 것이다. 예컨대 다문화주의는 처음에는 증가하는 국제적 노동력에 대한 경영 기술 탐구에서 초국적기업들의 후원을 받았다.[8] 그러나 그것의 본래 의도가 어떻든 이 다문화주의는 초국적 자본주의 문화에 수반되는 문화적 지향에서 다양성을 만들려는 노력과 분리할 수 없다. 그런 문화적 타협은, 자본의 전 지구화가 가져온 결과가 아니라 선행 조건이다. 이런 요점은 또한 전 지구화의 목적론적 조건보다는—무엇보다 근대성에 의해서 생산된 모순의 산물인—전 지구적 근대성의 조건에서 더 잘 파악할 수 있을 것이다. "문화적 전회"는 그 기원에서는, 문화를 우연적인 목적들을 위해 배치할 수 있는, 자유롭게 유동하는 기표로 만들려는 노력의 산물이었다. 이것은 국가적 문화들로 말미암아 제시된 많은 문제들 못지않게 유럽중심주의 관련 쟁점들의 경우에도 해당되었다.

전 지구화와 탈식민성의 관계는 심지어 더욱 직접적인데, 그 이유가 두 용어들이 1990년대 초부터 동시에 유행을 탔기 때문만은 결코 아니다. **탈식민**이란 용어 역시 하나의 역사를 가진다. 그것은 제2차 세계대전 이후 수십 년에 걸쳐 출현하면서 식민주의로부터 해방을 추구하는 체제와 운동을 가리켰다. 그것이 전달한 것은 가장 중요한 의미에서 식민주의에 반대하는 것이었다. 탈근대주의는 무엇보다 그들이 경제적·문화적 자율성을 보장할 사회혁명과 더불어 획득했던 정치적 독립을 지탱해주기를 추구한 1960년대 반식민적 민족해방운동에서 그러하듯, 의미심장한 사회적·경제적·문화적 의미를 함축한 정치적 용어였다. **탈식민**에서 **포스트** 역시, 식민 이후에 오는 반(反)식민을 언급하는 것 못지않게 식민 이후 사회를 형성하는 식민주의의 오래 지속되는 힘을 언급하는 이중 부호 의미를 가진다. 그러나 내게 이 후자의 의미는 압둘 잔모하메드가 만든 용어처럼, 식민주의와 반식민주의 사이의 이원론적 투쟁에서 배경으로 밀려난 것으로 보인다.[9]

1970년대 말부터 나타난 것은 바로 이런 후자의 의미였고 식민과 탈식민 모두를 언급하는 상당히 복잡한 개념이었다. 민족해방 체제가 그들의 약속 실행에 실패하여 반식민주의로부터 퇴각하게 되면서—그리고 심지어 식민주의자들의 습관을 복제하게 되면서—탈식민의 관념은 많은 정치적 의미, 심지어 식민주의에 대한 구체적 비판 준거를 상실하고 문화적 은유로 전환했다. 그 과정에서 탈식민은 식민주의의 끝이 아니라 시작과 일치로 재정의되었다. 그것은 근대식민주의 역사를 횡단할 뿐 아니라 어떤 경우에는, 일반적 의미에서 알려진 모든 역사를 횡단하여, 식민주의의 역사로 독해 가능한, 역사적 전망의 거대한 팽창으로 이끌었다.

탈식민의 의미 또한 그것이 문화적 은유로 전환함으로써, 특히 제1세계 장소에서는 식민의 관계는 물론이고 젠더와 종족 관계 서술에도 이용함으로써 특별히 식민과 다른 형식의 사회적 차이와 억압의 차이를 혼란스럽게 하면서 경계 범주가 흐릿해졌다.

끝으로 1960년대의 탈식민 관념은 마르크스주의적인 자본주의와 사회(계급)혁명의 분석들을 채용하여 명료화했지만 그들 또한 점차 탈근대주의와 비슷하게 후기구조주의 언어를 채용하게 되었다. 1980년대 말 그것은 후기구조주의의 관심과 지향을 밀접하게 반향했고, 세계시민주의 특히 탈식민 비평 사이의 경계를 더욱 희미하게 만들었다. 특별히 지난 10여 년 가장 널리 알려진 중요한 탈식민주의 목소리는 북미, 오스트레일리아 그리고 유럽에 자리 잡은 제3세계 지식인 가운데서 발견된다.

이러한 변환에 수반되는 가장 중요한 변화 가운데 하나는 식민과 그 뒤에 나타난 것 사이에서 역사적 구분이 희미해진 것이다. 그것은 식민 이후에 뒤따르는 '포스트'에 대한 식민의 지속적인 힘, 또한 탈식민을 식민주의의 시작으로 소급하여 확장하는 인식에 함축되어 있다. 그것의 즉각적인 결과(또는 아마도 동기)는 식민지적 과거와 더불어 깨트려진 민족주의의 주장에 의문을 제기하는 것이다. 만약 앞선 세대의 탈식민 지식인과 운동이 민족을 식민주의로부터 해방의 도구로 지각했다면, 현 세대의 탈식민 지식인들은 민족주의 자체로부터 벗어난 정치적·문화적 의제를 부가했다.

탈식민의 형성에 식민지적 과거의 힘의 작용에 관한 인식은 내가 나중에 취급할 근본적인 질문이다. 탈식민 비평에 내재한 역사주의는 식민자와 피식민자를 분리하는 경계에 관한 질문을 포함하고, 식민지의 근본적 본성에 관한 더 심화된 함축된 의미를 내포한다. 총체성과 메타서사에 관한 탈근대주의자의 질문과 마찬가지로, 현재 윤회를 거듭하며 재출현한 탈식민 비평은 로컬화한 조우자와 문화적 혼종화를 강조한다. 그리고 과거의 마르크스주의적 구조적 총체성과 이원론적 구분의 이력과는 등을 돌리고, 식민자와 피식민자의 관계를 훨씬 더 복잡하게 묘사하도록 진화했다. 전 지구적 현상으로서 근대 식민주의는 자본주의와 결합하여, 그 자체가 이러한 묘사(picture)에서 사라지고 로컬화된 식민화로 대체되었다. 이전의 탈식민 투쟁이 세계의 3분화된 구분을 고취시켰다면, 지금의 탈식민 비평은 제3세계와 일반화된 동일시를 거부한다. 끝으로 이들의 많은 고찰에서 피식민자는 과거의 탈식민 비평에서처럼 억압받는 외양으로 나타나는 것이 아니라—어떤 방식이든 완전히 억압받는 것은 아니라—식민자에게 일상의 저항으로 나타난다. 한편 일상의 저항 개념은 그들에게 부과된 상황의 힘이 피식민자와 타협의 필요성을 요구함으로써 과거 탈식민 비평의 전지전능해 보이던 설명력의 많은 것들을 박탈한다.

이와 같이 묘사된 것에 엄청난 역사적 진실이 있는 것은 분명하다. 그러나 탈식민주의는 로컬이 어떻게 로컬이 아닌 심지어 피식민자의 지리적 이해를 넘어선 장소로부터 나오는 힘들로 중층결정되는지 의문을 제기하지 않는다. 그 결과, 로컬과 특수한 것에 초점을 맞추는 모든 역사주의*가 제시한 문제들로 고통을 받는다. 또한 식민자와 피식민자들의 식민지적 조우에서 의미심장하게 다른 경험들을 낳는 계급·젠더 및 다른 차이들을 충분히 깨닫지 못하게 한다.

나는 다른 곳에서 탈식민 비평이 제시하는 이념적·분석적 문제들의 일부를 길게 논의했다. 여기서 나는 당대의 탈식민성이 전 지구화의 문제에서 그것에 직접 연관되는 두 가지 양상을 강조하기를 바란다. 먼저 탈식민 지식인들은 특별히 제1세계 제도 기관과 전 지구적 조직의 지적 활동에서 전략적 역할을 전 지구적으로 수행하는 지식인으로서 전 지구화 과정에 직접 기여했다. 나는 여기서 일반적으로 문화적/지적 작업으로 간주되는 능력을 발휘하는 지적 작업만이 아니라, 초국적기업과 다른 조직에서 전문기술적 인적자원의 지적 작업도 염두에 둔다.

둘째로 탈식민 지식인들의 지적/문화적 작업은 그들이 수행하는 국민국가와 국가적 정체성 비판에서 이념적 전 지구화에 직접적으로 기여한다. 좀 역설적으로 말하자면, 이들 지식인들은 그들의 유럽중심주의 비판과 동시에 살아남은 식민주의—아무리 그들이 그 과정에서 혼종적이라 하더라도—의 문화적 유산의 긍정에 일정한 역할을 한다. 그들이 이러한 고찰에 기여한 것은 보수적 복고주의와는 구분되어야 한다. 그러나 그들은 특히 제1세계의 장소에서, 다문화주의 개념과 비슷한 이념적 발

---

* 이것은 역사주의의 기본 원리로 알려진 (1) 개체성의 원리, (2) 발전의 원리, (3) 이해의 원리 가운데 '개체성의 원리'를 지목하는 것이다.

전을 촉진하면서 중요한 역할을 수행했다. 내가 앞에서 탈근대주의에서 관찰한 문화적 비일관성은 심지어, 적어도 이론적으로는 그것이 지적 및 문화적으로 전 지구화의 수용을 위한 근거를 준비했던 동양과 서양, 유럽과 타자들 또는 심지어 문명적 실체와 국민적 실체 사이의 차이 같은 그런 구분을 폐지하고자 많은 노력을 경주한 탈식민 비평의 더욱 내밀한 진실일 것이다. 전 지구화 하는 힘들의 생산물인, 탈식민주의적 지식인들은 전 지구화의 전개에서 중요한 역할을 자임할 만반의 준비태세를 갖추었다.[10]

한편 탈근대주의와 탈식민주의가 전통적으로 인문학과 결합된 분야에서 가장 가시적이라면, 전 지구화에 관한 이론화는 대부분 사회과학자들이 수행했다고 말하는 것이 상당히 공정한 평가일 것이다. 그러므로 이들이 수행한 각각의 방식은 자본주의 근대성의 토대 위에서 성립된 사회과학과 인문학 사이의 조잡한 구분에 의문을 제기한다. 한층 주목할 것은 여기서 제기된 문제, 관념 및 심지어 해석적 방법들은 하나의 개념적 영역에서 다른 개념적 영역으로 쉽게 전치시킬 수 있다는 것이다.

동등하게 중요했던 것은 우리의 세계 이해 방식에 새로이 근본적인 의문을 제기했던 당대 세계의 인식에 그들이 끼친 효과이다. 전 지구화의 효과는 놀랍게도 마치 탈근대주의자들과 탈식민주의자들—비록 그들이 주로 제1세계의 장소에서 발언하지만, 하나는 제1세계로부터 나온 전망, 다른 것은 제3세계로부터 나온 전망을 가진—이 근대성 이해의 개정을 추구했던 것과 같이 해체적 절차들의 전 지구적 성취로 보인다. 탈근대와 탈식민의 전망에서 부각시킨 문제들에 적응하는 능력은 탈식민을 점점 더 여분의 것으로 만들었고, 이는 그들이 1980년대 말과 1990년대 초에 지적 원료를 공급했던 열기가 엄청나게 식어버린 이유를 설명할 것이다. 전 지구 및 탈식민 개념을 명료화한 중요한 결과 가운데 하나는, 전 지구 안에서—정치경제적 특히 노동의 흐름 그리고 문화의 수준에서—식민지적 공간과 실천의 지속을 상기시키는 자로 봉사한 것이다. 나는 다음 장에서 이 의문에 관하여 좀 더 말할 것이다.

다수의/대안적 근대성

비록 너무 강조하기는 그렇지만, 우리 시대에 근본적 양상은 근대화 담론이 역사의 쓰레기통에 내던졌던 전통과 이념이 전 지구적 관계의 재구성으로 말미암아 지위가 향상되고 유럽중심주의 거부로 정당화되는 복수심에 가득 차서 귀환한 반전의 시기라는 것이다. 대표적인 사례는 당대 중국에서 공자(孔子)의 부활이다. 조지프 레벤슨(Joseph Levenson)은 1960년대 초에 발간된 중국의 근대성 관련 논의에 크게 영향력을 끼친 창의적 저술, 《유가 중국과 그것의 근대적 운명》에서 마르크스주의자의 역사주의는 근대 서구가 유가(儒家)의 가치를 보편주의적 지위에서 국민적 과거로 경계가 한정된 유산으로—게다가 근대성을 위한 투쟁과 일치하지 않는 유산으로—강제로 편협화하는 사태와 직면한 이래로 중국 지식인들을 감염시켰던 문제들을 해결했다고 주장했다. 레벤슨은 유교의 지적 타당성에 대한 신념의 상실에도 불구하고 계속되는 애착은 역사와 가치 사이에 내재하는 긴장의 표현으로 본다.[11] 유교는 비록 중국이 근대국가가 되려면 극복해야만 하는 대상이었지만, 중국의 국민적 정체성을 확인하는 역사적 자원으로 꼭 필요했다.

레벤슨은 마르크스주의가 가지는 호소력의 원천을 이해하기를 추구했고, 거기서 국가를 위해서는 공자를 구제하지만 유교를 박물관으로 내몰아 좌천시키고 현재의 삶에는 부적합한 것으로 묘사함으로써, 중국인의 지적 생활에서 근본 긴장을 해결하는 데서 마르크스주의적 역사주의의 숨은 능력을 발견했다. 그는 다음과 같이 말한다.

> 공자 (……) 상궤를 벗어나도록 우상화하는 (봉건) 계급과 그것을 파괴하는 이탈 계급(부르주아) 모두로부터 존경받는 공자는 예배받지 않는 그러나 분쇄되지 않는 국가적 기념물로 유지될 수 있었다. 결국 근대의 친-서구 **부르주아**들의 공자 경멸은, 변증법론자들에게는 봉건 계급의 전-근대적 헌신으로 간주되어 취소되었다. 대신 공산주의자들은 역사를 무계급의 종합적 성취로 몰고 가면서 공자를 박물관의 침묵 속으로 명예롭게 은퇴시켰다.[12]

레벤슨이 이런 분석을 제시한 뒤에 상황이 역전된 것은 심원한 역설 가운데 하나다. 공자는 박물관에서 또다시 걸어 나왔고, 한편 박물관화한 존재를 그 길에 나서도록 이끈 것은 봉건적인 공자 숭배자가 아니라, 한때 공자를 경멸했던 부르주아들과 혁명의 수혜자로서 권력의 지위에 남아 있는 공산당이었다. 혁명이 과거와 현재의 긴장 해소를 성취한 것에 대한 레벤슨의 분석과 평가는, 고대 문명의 가치 인정은 근대국가가 표현하는 근대성의 승리와 더불어 당연히 과거로 좌천시켜야 한다는 유럽중심주의적 목적론의 지식으로 구성되었다. 만일 그들 문명의 과거가 소생한다면, 그것은 혁명의 통과에서 기인하지 않는다. 더욱 중요하게는, 당대에 변화의 패러다임으로서 전 지구화가 근대화를 대체하는 양상을 가시화하는 이런 유럽중심주의 목적론에 대한 의문의 제기에서 비롯한다.

일반적으로 사회주의혁명으로서 중국혁명이 일시적인 통과 현상으로 끝나버린 것은 그것의 특수한 실패에 기인한다. 비슷하게 유가의 부활은 유교에 고유한 특수한 덕성의 부활에 기인한다고 옹호할 수도 있을 것이다. 물론 그런 관점도 가능하지만 내가 보건대, 과거로 좌천된 것은 사회주의혁명이 아니라, 혁명의 관념 자체이다. 거기서 쟁점은 유가 전통의 귀환이 아니라 억눌려온 일반적인 전통의 귀환이며, 그들을 힘들게 하는 것은 더 큰 역사적 맥락에서 고찰하는 역량을 약화시킨 편협성이다. 그런 관점들은 유교를 동아시아와 동남아시아나 아시아 대륙 전체의 가치로 표명하려는 시도를 설명한다. 상황을 더욱 복잡하게 만드는 것은 이들의 노력에 갈등이 불가피한 점이다. 과거 몇 년간 아시아와 아시아인의 가치에 관한 온갖 담화에도 불구하고, 아시아에 대한 관념은 여전히 불명료하고 문제를 제기하게 만든다. 그래서 아시아인의 가치가 파생되는 이념적이고 문화적 원천에 관한 문제가 제기되었다. 유가 부활에 가장 가시적 경쟁자는 역시 같은 시기에 부각된 이슬람의 부활이다. 그 시기에는 또한 인도에서 힌두교의 부활을 목격한다. 그리고 터키에서 우익 민족주의의 부활은 동아시아 민족주의자들과 그들을 부추기는 유로-아메리칸 격려자(cheerleader)들이 21세기는 다름 아닌 터키의 세기가 될 것이라고 주장해온 과거의 범-우랄알타이주의(Pan-Turanism)* 유토피아를 목격한다. 아시아의 다른 사회에서는 불교가 계속해서 지배적 지위를 차지했다. 일시적으로 일치하는 이 모든 부활들은 비록 그것들이 사회적 맥락과 이념적 주장에 의존하는 로컬적 활용(inflection)이긴 하지만, 동일한 세계 상황의 산물이라는 추론을 피해가기란 어렵다.

상황의 이런 역전들은 근대성의 지식 이해 방식에 대한 도전으로 말미암아 발생했다. 과거 20년간은 사회학의 '중국화'와 '이슬람화' 요구를 목격했다. 중화인민공화국에서는 고전 연구의 인식론뿐 아니라 방법론으로 귀환을 옹호하는 소위 국민 연구(national studies)가 부활했다. 반다나 시바, 아시스 난디(Ashis Nandy) 및 바인 들로리아 2세(Vine Deloria Jr.) 같은 사상가들의 역사와 과학에 대한 공격은 유로-아메리칸의 신성시되는 지식 기관과 제도에서조차도 발언할 기회를 얻었다. 한편 그런 비평의 효과

---

* 19세기 말 20세기 초에 아랍 민족주의가 격렬해지고 오스만투르크 제국 내부에서 터키인과 아랍인의 구별이 심화되면서 1908년 제2차 입헌 혁명 이후 청년 지식층으로 대표되는 연합진보회의(ittihat ve Terkki Cemiyeti, Committee of Union and Progress)를 비롯한 투르크 민족주의 세력도 제국 바깥에 거주하는 모든 투르크족의 규합을 전제로 한 운동을 전개했고 그것이 범투란주의(Pan-Turanism, Turancilik)이다. 여기서 투란이란 옥수스(Oxus)강 너머 옛 투르크인의 고향을 말하면서 이 일대에 거주하는 투르크족, 곧 오우즈(Oğuzlar)·타타르(Tatarlar)·크르그즈(Kirgizlar)·외즈벡(Özbekler)·야쿠트(Yakutlar)족 등을 포함하여 투란족(Turanlar, Turanian)이라 부르며 이들의 언어·문학·문화적 통일체 구상을 바탕으로 대투르크 민족주의 곧 범투르크주의를 표방했다. 제1차 세계대전을 계기로 청년투르크당 주전파들은 표면적으로 범이슬람주의, 내면으로는 범투란주의를 표방하며 참전하여 패배함으로써 투크르 대민족국가 건설은 불발되었고, 기존의 이슬람 통일체마저 상실하여 600년간 지켜오던 보스포루스 해협의 요새 아나돌루(Anadolu) 일대마저 연합국의 군정하에서 분할 위기를 맞았다.

는 심지어 수학 같은 추상적 분야조차 '종족수학(ethnomathmatics)'*을 정당한 연구 분야로 인정하라고 압력을 받는 상황에 처해 있는 것과 마찬가지로, 인문학과 사회과학에서 가장 깊이 느껴진다. 심지어 'U. S. 기금'은 서구의 지식 이해 방식과 근대성의 동등화하는 논리에 반대하는 비평의 합창에 후원자로 가담했다.[13]

가장 넓은 의미 수준에서 여기서 쟁점은 비록 근대성이 전 지구화되었음에도 근대성의 제도 및 지적 내용에 대한 합의가 상실된 것이다. 한 비평가는 그것을 다음과 같이 단호하게 말한다.

> 식민주의와 근대성은 산업자본주의 역사의 떼어놓을 수 없는 특징들이다. (……) 이를 세 가지로 요약하면 다음과 같다. 첫째 '근대성'은 사물 자체로 착각해서는 안 된다. 교활한 술책을 사용하는 날랜 솜씨는 정치경제학의 앞뒤 맥락을 망각하도록 이끌기 때문이다. 둘째는 한번 근대성이 식민주의에 앞서는 것으로 문법적으로 설명되면 모든 것은 역시 근대성으로부터 식민주의를 분리하는 어떤 원초적이고, 능가할 수 없는 시간적 지체의 존재를 쉽게 잘못 가정하게 된다. 그러므로 셋째 요점은 비유럽적 식민지의 근대성은 논쟁의 여지없이 유럽적 근대성의 식민지적 핵심과 동일하다는 것이다.[14]

---

* 종족수학은 문화와 수학의 관계를 특정 문화 집단, 흔히 쓰는 표현이 없는 문화 집단의 수학과 연결해 검토한다. 최근에는 다문화 수학 교육에서 종족에 따라 서로 구분되는 숫자와 수학적 체계에 관하여 성찰한다.

근대성은 사물이 아니라 관계성이다. 그 관계성의 부분이 되는 존재는 근대성의 궁극적 표시자이다. 여기서 표현된 관점은 1960년대에 발생한 근대성으로부터 시간과 공간의 거리화, 진보와 후진성 설명에서 문화의 배치, 저발전의 문제에서 발전 문제의 분열—이 모두가 식민주의와 더불어 기존의 근대성과 근대화 담론의 복잡성을 설명하는 데 기여한 것—에 도전한 근대성 비판을 탈식민주의적으로 개작한 것이다.[15] 이런 비판들은 또한 일반적으로 근대성의 평가 기준으로 삼는 유로-아메리칸 경험에서 파생된 제도와 가치들의 이용에서 방법론적 명료성에 의문을 제기한다. 대신 그들은 근대와 전근대를 결합하고 함께 형성하는 변화에 주목할 것을 요구한다. 그들의 목표는 이들 담론이 근대성을 자본주의 근대성과 은밀히 동등화하는 것을 폭로하여 근대성 담론의 이념적 본성을 폭로해 설명하는 데 있다. 그러므로 대안적 근대성은 어떤 종류 또는 다른 종류의 사회주의 근대성으로 생각할 수도 있다(그것의 퇴위를 알린 전조로서 사회주의의 역사화는, 전 지구화와 더불어 나타날 자본주의 역사화에 선행한다).

과거의 비평들은 근대성의 원천을 유럽인의 근대성에서 보는 관점을 유지했지만, 그것은 방금 위에서 인용한 진술에서 의문시된다. 가장 중요하게는 과거의 비평들이 근대화 담론의 문화주의에 대항하고자 관심을 정치경제학의 구조로 전환한 반면, 근대성에 대한 탈식민 비평은 문화를 자본주의 근대성의 로컬적 주관성과 로컬적 전유의 지속을 재긍정하려고 다시 채용한 것이다. 심지어 발로(Tani Barlow)의 비평과 같이 정치적·경제적으로 더욱 민감한 탈식민주의 비평 해설조차도 근대성의 관계성을 구성하는 부분들이며 그 근대성 정의를 도와주는 모든 사회들의 당대성에 관련된 주장에서부터 그런 사회들의 잠재적이거나 실제의 '현대풍(modernness)'으로까지 미끄러져 들어가는 위험이 있다. 그것은 아주 오도된 것이며 탈식민주의적인 문화적 인정과 평등을 요구한 산물인 어떤 의식을 과거에 부과한다.[16]

문화적 본질주의 주장을 해체하려는 촉구로 말미암아 추동되었던 탈식민주의 비평은 비록 그것의 지난 10여 년의 소란이 9·11 사건을 둘러싼 격론에서 정점에 도달했지만, '문화-대화'에 자기 몫 이상으로 기여했다. 탈식민주의 비평은 또한 탈식민주의 주장과는 정반대로 지난 20년간 작동한 것은 문화적 본질주의의 해체가 아니라 전 지구에서 문화적 근본주의의 부활에 수반되는 문화적 경계를 강화하는 것이라고 상당히 극화해 말하기도 한다. 확실히 문화적 경계는 소멸되기보다는 재구성되는 과정에 있었고(있고), 종족적·문화적 정체성에 대한 새로운 견해가 새로운 주권의 요구를 생산하는 것과 마찬가지로, 그들은 확산 과정에 있다. 실로, 그것이 구성주의라는 평판을 받지만, 탈식민주의 비평에서 이분법적 근대/전통 구분을 극복하려는 요구는 물화(reified)된 문화 개념을 은밀히 불러들였다. 급진적 탈식민주의 비평은 물화된 문화적 전통 관념을 영속화하면서, 새로 부활하는 근대화 담론과 당대의 지정학적 분석을 하나로 만들고, 그것들 자체가 실제로는 근대성의 정치적 상상력이 내놓은 정치적 단위와 문명적 단위를 동일시한다.

앞서 말한 발로의 주장과 같은 진술은 상황을 "급진적"으로 독해한 산물이다. 그것은 지정학적 지향성이 더욱 강한 새뮤얼 헌팅턴으로 하여금 사회주의가 역사 전개의 길에서 탈락한 현재 가장 주요한 문제는 국가 간의 갈등 문제가 아니라 '문명의 충돌'[17]이라는 결론을 촉발한 것과 같다. 헌팅턴의 주장에서 두 가지 양상은 직접적으로 적절한 연관 관계가 있다. 첫째 그가 언급한 문명은 비록 장기적인 문화적 전통을 표현하지만, 과거의 유물이 아니라 근대성에 관한 그들의 주장으로 말미암아 권리가 주어진 근대성의 산물이다. 둘째 근대 서구의 가치들을 이들 사회에 부과하는 것은 제대로 작동하지 않을 뿐 아니라 또 다른 종류의 제국주의에 불과하다.

헌팅턴의 주장은 많은 비서구 사회에서 근대성에 관한 당대의 문화적 견해를 반향한다. 또한 아주 신중한 주의 깊은 관찰과 더불어 제시되지는 않았지만, 근대화 담론을 개정하려는 최근의 노력을 반향한다. 최근 출간된 《다이달로스(Daedalus)》 특별호에 실린 소개문 "다수의 근대성"에서 저명한 근대성 분석가이며, 이 특별호 편집자인 슈무엘 노아 아이젠슈타트는 "다수의 근대성" 관념을 다음과 같이 사용했다.

> (다수의 근대성은) 오랫동안 학문적으로 그리고 일반적 담론에서 우세했던 관점에 맞선다. 그것은 1950년대에 우세했던 "고전적인" 근대화와 산업사회로 수렴 이론의 관점에 맞선다. 그리고 실로 (……) 유럽에서 발전된 것으로서 근대성의 문화적 프로그램과 거기서 출현한 기본적인 제도적 성좌들이 궁극적으로 모든 근대화와 근대사회들을 인수하게 될 것이라는 마르크스, 에밀 뒤르켐 그리고 (더 큰 범위에서는) 심지어 막스 베버의 고전적인 사회학적 분석에도 맞선다. (……) 근대화가 진행 중인 사회에서 실제의 발전은 이러한 서구의 근대화 프로그램의 동종화하고 패권적인 가정들을 논박했다. 그리고 이들 사회 대부

분에서 광범한 제도들을 횡단하여 발전된 구조적 차이화를 향한 일반적 경향들 (……) 이들 분야들이 엄청나게 다양한 방식으로 정의되고 조직되는 방식들은 (……) 다수의 개념적·이념적 패턴들을 발생시킨다. 이들 패턴들은 근대 시기에 각자 사회 전통의 단순한 연속을 구성하지는 않는다. 그런 패턴들은 비록 특수한 문화적 전제, 전통 및 역사적 경험들로 말미암아 크게 영향을 받긴 하지만 특징적으로 근대적이다. 그 경우 본래의 서구적 기획이 중요한 준거점(그리고 통상적으로 모호한)을 형성했고 모두 독특하게 근대적인 역동성과 이해 양식을 발전시켰다.[18]

아이젠슈타트의 논평은 또한, 이 책의 기고자 비에른 비트로크(Björn Wittrock)가 근대성을 공통의 조건으로 재긍정하지만 그 기원에서는 유럽에서조차도 그것의 근본적 균일성은 이미 배설되어버리고 없는 것이라고 주장하며, 전 근대 및 비근대를 근대성을 구성하는 요소들이 지속적으로 유지된 것으로 인정하는 데서 반향된다. 비트로크가 제기한 의문은 심지어 기만적으로 보일 정도로 매우 단순하다. 우리가 근대성을 한 시대, 곧 인간사의 한 시기 또는 "주어진 시기에 주어진 사회에서 구별되는 현상과 진보들"과 연관시킬 수 있는지 여부를 묻는 것이다. 그는 말한다. "첫째 전망은 출발 장소를 어디로 삼는가. 그리고 근대의 마지막이 어디가 될 것인가의 문제를 제기한다. 그러나 한번 이것이 결정되면 우리가 하나의 근대성에서 사는지 아니면 다수의 근대성에서 사는지 여부는 사소한 문제가 될 것이다."[19] 근대성을 구체화하려면, 그것을 어떤 제도나 사고양식에 자리매김할 필요가 있다. 이것이 비트로크의 선택이다(앤서니 기든스가 "성찰성(reflexivity)"을 근대성의 특징적 양상으로 본 것처럼].[20] 여기서 중요한 의문은 근대성의 장소를 국가·지역 및 문명(그 자체가 유럽중심주의 근대성의 창조물)으로부터 제도와 사고방식, 다른 말로 언어적이고 제도적 용어로 생각하는 담론들로 이동한 것이다. 이런 전망에서 비트로크가 말한 것처럼 서구, 유럽 혹은 아메리칸 근대성과 같은 것은 이들 모두가 근대·전근대 또는 비근대적 요소의 서로 다른 혼합을 표현하므로 존재하지 않는다. 다만 그들 자체가 단순히 모든 종류의 로컬 다양성을 표현하므로 전근대 담론과 비근대 담론이 공존하는 근대 담론이 있을 뿐이다. 게다가 근대성은 그것의 공간적 결사로부터 탈영토화되므로 전 지구화되고, 기원이 무엇이든, 그 담론은 지리적·문화적 경계선들을 가로질러 운송할 수 있다. 비트로크의 결론은 인용할 만한 가치가 있다.

> 심지어 서구 및 중앙 유럽의 맥락에서조차도, 근대의 사회적 제도들의 기원에서부터, 경험적으로 부인할 수 없고 쉽게 관찰이 가능한 다양한 제도적 및 문화적 형식들이 있다. 이는 본래 유럽에서 생각되었던 제도적 기획들이 한번 세계의 다른 지역으로 퍼져 나가면서 더욱 명백하게 되었다. 이러한 다중형태성은 우리가 제도들의 기원과 우주론적 사고의 뿌리는 세계의 서로 다른 부분에서 크게 다르다는 의미에서 여전히 서로 다른 문명의 다양성을 말할 수 있음을 의미한다. 이 모든 차이들이 금방 사라지고, 모든 것을 포괄하는 전 세계적 문명으로 대체될 것이라고 가정할 이유가 없다. 그러나 근대성은 모든 국가들을 횡단하여, 어떤 문명적 뿌리를 우리가 가질 수 있는지, 또는 그렇다고 주장할 수 있는지 여부와 무관하게 모두의 행동, 해석 및 습관에 영향을 끼치는 전 지

구적 조건이다. 이런 의미에서 우리가 전 지구적 공간 규모 안에서 더불어 살고, 그것에 관한 대화에 참여하며, 그것을 파악하고자 접근해야 하는 것은 우리가 직면한 공통적 조건이다.[21]

한편 근대성에 대한 전 지구적 불확실성의 원인은 아니지만, 이런 불확실성을 창조하는 데 자본주의에 대한 대안으로 사회주의자의 소멸이 가지는 중요성은 충분히 평가되지 않았다. 근대성의 문제에 관한 합리적 해결 가능성을 약속한 사회주의의 몰락은 그 자체 근대성을 보증하던 합리주의의 신념을 뒤흔들었다. 한 세기 이상 사회주의는 또한 자본주의에 대한 저항에서 으뜸가는 저항 양식을 제공했고, 지금은 사회주의 이후 세계에서 대안적 근대성으로서 토착 전통의 부활에서 같은 표현을 발견한다. 동시에, 사회주의의 소멸은 우리 의식의 표면에 자본주의 내부의 비일관성을 강요하는 과정에서, 자본주의에 외부가 존재할 가능성을 제거했다. 우리는 앞서 인용한 장-마리 게노의 냉전 종식 이후 세계의 파편화에 관한 진술을 상기시킬 수 있다. 과거에 전 지구화 의식과 세계에 관하여 가졌던 전망의 파편화는, 전 지구화를 근대성을 형성했던 보편주의의 종말로 이해하는 지그문트 바우만이 가장 강력하게 진술했다.

지금 유행하는 **전 지구화** 개념에서 (지적 명료성에 별로 도움이 안 되도록) 표명된 것은 이와 같이 "무슨 일이 일어나도 몰라요" 하는 새롭고도 불편한 생각이다. 전 지구화 관념에서 비롯하여 널리 전달된 가장 깊은 의미가 있다면 그것은 세상사란 비결정적이며, 제어하기 어렵고, 자체 추진력을 가진다는 것이다. 곧 중심, 통제 데스크, 이사회, 경영 직책의 부재이다. 전 지구화는 다른 이름 아래 "새로운 세계질서"이다. 이와 같이 전 지구화의 심상과 떼어놓을 수 없는 이러한 특징은 그것이 외관상 대체했던 또 다른 관념인 "보편화"의 관념과 급진적으로 분리되어 있다.[22]

다수의 근대성: 전 지구적 다문화주의

대안적 근대성을 주장하는 목소리는 역설적으로, 자본주의 경제의 성공으로 위상이 상승한 사회에서 가장 크게 들린다. 그와 같은 도전에 힘을 실어주는 데 중요한 것은(그리고 역설적인 것은) 전 지구적으로 토착의 문화와 지식 체계를 재주장하면서 과거의 형식적인 정치적 해방에도 불구하고 잔존된 "정신의 식민화"와 전투를 벌일 수단을 발견하는 탈식민 지식인들이 목격된다는 사실이다. 여기서 문화는 정치적 탈식민화를 도모하는 과정에서 겪은 여러 실패가, 자본주의의 외관상의 불가피성과 결합하여, 모두 정치로부터 도피처를 제공하고 다른 수단으로 정치를 지휘하는 방도를 제공하는 데 중요한 역할을 한다. 그렇다고 당대의 탈식민 지식인들이 토착의 과거 문화와 지식을 예찬하며 접근하는 것은 결코 과거의 문화와 지식으로 귀환을 일컫지는 않는다. 지금 부활하는 과거는 이미 한 세기 또는 그 이상의 시기에 걸친 사회적·정치적 변환이 생성시킨 의식이 재조직한 과거이다. 달리 말하면 문화적 논쟁과 경쟁은 그 자체가 불확실한 전 지구성을 미리 전제하는 영토에서 작용하므로 탈식민이나 탈민족을 넘어, 심지어 포스트글로벌(postglobal)하다. 그러나 식민주의의 문화적 유산에 도전을 감행하는 것은 엄청나게 상이한 정치적 소속감과 동기들이 정보의 획득에 작용하여 전개된다. 그러나 그들의 도전이 도전 대상보다 반드시 더 진보적인 것은 아니다. 물론 그런 판단도 역사 자체가 의문의 대상이 되었기에 유지하기가 점점 더 난관을 겪는 것도 사실이다. 심지어 어떤 경우에 그런 도전들은 거꾸로 그들이 도전하려는 식민지 근대성의 명제를 뒷받침해주는가 하면, 다른 도전들은 그들의 반식민주의 명제를 상상된 과거의 가장 반동적 부활에 의존하여 유지시키는 모습도 보인다. 그럼에도 그것들이 각자 다른 방식으로 유럽중심주의의 보편주의적 견해를 손상시키는 데 기여하는 것은 동일하다.

한편 보편지식의 담지자라는 주장은 전 지구화를 정당화하고자 당대의 논증들을 계속 주입하려는 패권적 가정을 표현하고, 그것이 기존의 권력 구조에 결속되어 있음을 드러낸다. 한편 그런 견해를 포기하는 것은 모든 지식의 편협함—그리고 따라서 상대성—에 굴복하는 것이다. 또한 전 지구적 상호 행동의 시대에 탄생한 공유성들을 폐기 처분할 뿐 아니라, 사회적 경계들(어떤 시간이나 장소에서 경계를 그을 수 있는 곳이든)을 횡단하여 의사소통할 가능성을 미리 배제한다.

나는 앞으로 내가 일찍이 언급했던 그런 모순들이 근대성에 관한 새로운 대화에 참여하는 이들에게 상이하게 출현하는 방식을 질문할 뿐 아니라 문화적 관점에서 추동하는 근대성론에는 유럽중심주의적 근대성의 위상 하락이 수반되는지에 관한 문제를 길게 설명할 예정이다. 그러나 유럽중심주의나 식민주의 논의에 과도하게 몰두할 경우 소위 문화적 구분을 횡단하여, 특히 근대성과 문화의 장소가 그들 자체로 경제적·정치적 조직의 전 지구적 재구성에 의문을 제기함으로써 소위 문화적 분열을 횡단하는 우리 시대 근대성의 근본적 질문들을 숨길 위험이 있다.

"다수의 근대성" 관념에 대한 질문을 즉각 자극하는 것은, 우리 시대의 세계에서 권력의 재구성 파악에 새로운 패러다임으로 등장한 전 지구화의 동시적 부각이다. 비록 전 지구화는 문화적 쟁점을 둘러싸고 견해가 분열되지만, 우리의 세계는 무엇인가 공유할 수밖에 없음을 의미한다. 그것은 아이젠슈타트가 인용한 전 지구적 "준거점"이며 "본래적으로 서구적 기획"의 준거 또는 비트로크가 서술한 "전 지구적 조건"으로서 근대성을 인정한다. 전 지구화가 근대화와 다른 점은 서로 다른 근대성이 가능한 역사적 궤적들에 적응하고자 유럽중심주의 목적론을 포기한 것이다. 그러나 그 견해가 과거에 상상 가능하던 어떤 것보다 더 강력한 공통성을 이 세계에 제공하는 점에서는 여전히 많은 의문을 제기할 여지가 있다.

지적 환원주의나 지적 기능주의 또는 단순히 마르크스주의가 불신받는 때에 마르크스주의자의 목소리처럼 들리는 것에 대한 공포는, 당대의 자본주의 정치경제학에서 근대성을 두고 전개되는 논의의 맥락을 마지못해 강조하도록 만들 수 있다. 그러나 이런 맥락은 전 지구화를 위한 논증뿐 아니라 문화적 차이에 관한 주장에 허용된 듣기의 이해에 매우 중요하다. 나는 여기서 잠깐, 문화적 차이는 처음부터 존재해왔지만, 우리의 시간을 과거 시간과 구분하는 것은 근대성에 대한 반동적 대응이 아니라, 바로 전 지구적 근대성의 조건으로서 문화적 유산들에 대한 호소를 들으려는 열망이라고 판단하고 바로 그것의 "듣기"를 강조할 참이다. 특별히 적절한 것은 1970년대 말부터 새로운 자본가 권력의 중심으로 동아시아 사회의 출현과 더불어 들게 된 유럽중심주의적 자본주의 개념에 대한 도전이다. 그것은 자본주의 지리 지도를 재작성할 뿐 아니라 자본주의의 탈중심화에서 전 지구적 자본주의의 도래를 널리 알렸다. 이런 전망에서 "다수의 근대성"은 (그것의 다수성에서) 근대성의 확산 또는 (공통 담론의 로컬적 굴절뿐만 아니라 그것의 행위자로서 다수성과 더불어) 그것의 보편화를 알릴 것이다.

그러나 둘째 문제는 전 지구화 논증과 갈등하고 다른 차원에 주목하는 세계에 관한 지도를 작성하는 것을 가리킨다. "다수의 근대성"은 운영 가능한 문화적·정치적 비일관성—말하자면 전 지구적 공간 규모에서 다양성 운영—을 가져오고자 문화들을 물화하는 전 지구적 다문화주의를 제시한다. 우리는 그런 분석에서 기술되는 실체들의 내부적 비일관성을 인정하기보다는, 국가의 언어와 문명의 언어로 연속적인 일탈을 과연 어떻게 설명할 수 있을까를 고민해야 한다. 다수의 근대성 논증은 전 지구화 논증 못지않게, 그들 자체가 근대화의 산물이다. 국가·문화·문명 그리고 종족성의 공간성을 따라 배열된 문화적 차이들의 조건에서 그들에게 적합한 경우를 진술한다. 국가·문화·문명 그리고 종족성의 경계를 비롯하여 "다수성"을 확인하면서, 다수의 근대성 관념은 문화적으로 서로 다른 근대의 존재 방식들이 가능함을 인정함으로써 근대성에 도전을 포함하기를 추구한다. 이것은 과거의 유럽중심주의 근대화 담론의 개선인 한편 근대화 담론의 문화주의자적 편향을 영속시킨다. 그 결과 과거의 유산이 아니라 근대성의 유산이며, 국가적 경계선, 문명적 경계선을 횡단하여 출현한 사회적 차이와 정치적 차이들을 배경으로 밀어내고 소홀히 취급한다.

근대성의 구조틀은 물화된 문화적 실체들이 만들어낸 경계선 안에서 만들어지고, 그다음에는 근대성에 대한 가장 보수적인 문화적 견해들을 정당화하기에 이른다.

다수의 근대성 관념이 소홀히 한 것은, 근대성의 문제는 그것의 분석 단위로 받아들이는 문화, 문명, 국가 또는 종족적 공간 안에서 전개되는 논쟁에 필연적으로 종속되고 만다는 점이다. 유럽중심주의 문제, 역동적 힘으로서 자본주의에서 그것의 토대, 근대성에 수반되는 부수적인 문제는 단순히 국가와 문명 사이의 문제가 아니라 그들의 구성 내부의 문제이다. 지금과 그때의 가장 중요한 차이는 서로 다른 문화적 전망에서 유럽중심주의에 도전하는 외양이 아니다. 근대성은 비(非)유로-아메리카 사회들의 문제이듯 유로-아메리칸 사회들의 문제라는 인식이 제기된 것이다. 문화적 근대성의 문제가 오랫동안 다른 근대성들의 문제로 여겨졌던 유럽중심주의적 유로-아메리칸 지배에 의문을 제기하는 것은, 우리가 근대성이라고 생각하는 것—다른 말로 근대성의 바로 그 위치들—의 조건에서 설정된 경계들에 의문을 제기하도록 이끈다.

이들 의문들에 대한 고찰은 전 지구화와 보편주의의 관계성에 관한 의문에 좀 더 복잡한 접근을 시도하도록 요구한다. 전 지구화는 한편으로는 보편주의에 환멸하고 그다음에는 대안적 지식을 재사고할 공간들을 열어준 측면에서 일치한다. 다른 한편 전 지구화에 대한 열광이나 절망은, 전 지구화가 자본주의가 전 지구화되듯 점진적으로 추진력을 획득한다는 유럽중심주의의 인식론적 전제를 널리 확산시키는 행위자로 봉사하는 점을, 너무 손쉽게 간과하는 경향이다. 우리가 알아온 사회과학과 인문학은 단순히 "유럽인"이나 "아메리카인"의 사회과학과 인문학이 아니고, 자본주의가 역동적인 사회구성체적 계기를 작동시킨 사회체계와 연관된다. 자본주의 전 지구화는 발전의 이념 또는 "발전주의"에 부가적인 힘을 제공했고, 소멸의 위험에 직면한 모든 사회들이 이런 목적에 공헌하는 지식의 기술학 획득을 강요한다. 이들 지식은 더 이상 "유럽인"의 지식이나, "아메리카인"의 지식이 아니라, 자본의 전 지구적 제도들에 인적자원(personnel)을 제공하는 전 세계 사회들 내부의 지식이다.

이것은 타자로 취급받는, 비-유럽인 전통들이 근대의 가치와 지식을 수정하고 풍부하게 만드는 저장소로서 봉사할 수 없다는 말은 아니다. 그렇다고 좋든 나쁘건 자신들의 소위 문화적 전통들의 대표자들로 봉사하기보다는, 자신들이 받은 교육 탓에 유로-아메리칸의 근대성 관련 대화에 참여할 준비가 매우 미흡한 지식인들의 의지 행위로 잘못 짚은 근대성 이해와 같다는 말도 아니다.[23] 우리는 지금 전통의 부활을 목격하는 것이 아니라, 전 지구적 엘리트들이 기술공학적 근대성의 약속들을 열광적으로 포용하는 것을 목격하고 있다. 심지어 전통의 재천명조차도 전 지구적 자본주의의 요구에 따라서 그러한 전통들을 끌어내어 표명하는 형식을 취한다. 따라서 저명한 중국인 학자와 '국민 연구' 운동에서 한 지도자는 중국의 전통은 그 자체 시대의 요구에 따라서 재해석되어야 하지만, 거기에는 우리 시대의 근본 문제들의 해결에 기여할 수 있는 근본 관념들을 포함한다고 기술한다. 그의 의견에 따르면, 만일 문명의 출현이 기원전 첫 밀레니엄의 첫 번째 기축시대의 시작을 표시한다면, '문명들'의 협력은 두 번째 기축시대의 시작을 알린다. 반면에, 예컨대 아프가니

스탄의 탈레반이나 더 극단적 단계에서 이란 혁명처럼 근대성의 요구에 맞서 상상의 전통에 완강하게 집착하는 곳에서는 오직 고립 말고는 선택의 여지가 없다. 한편 "중국화" 혹은 "이슬람화" 사회학을 추구하는 순진한 학자들은 그런 목표들을 중국인의 가치 또는 이슬람의 가치를 동시에 "사회학화(sociologization)"하지 않고는 성취할 수 없음을 깨달았다.[24] 토착화의 과정 자체는 이미 근대성의 영향으로 변질되었고, 서로 다른 사회적 이익과 근대에 대한 서로 다른 예측 사이에서 가장 두드러지는 갈등의 장으로 출현하므로 물화된 전일적 전통 개념은 더 이상 유지할 수 없음을 드러낸다.

그렇다고 이 발전들이 전 지구화의 종말과 함께 근대성의 종말을 가리키는 것은 아니다. 위와 같은 견해에 관하여 가장 중요한 것은 근대성에 관한 견해들의 확산이다. 이전에 유로-아메리칸 근대성 기획의 식민지적 '주체들'은 탈식민적 세계에서 자신들의 근대성을 주장할 권리를 부여받았다. 그렇게 하는 데 가장 성공한 자들은 전 지구적 자본의 세계에서 필요불가결한 제휴 역량을 획득한 자들과, 전 지구적 근대성의 형성에서, 발명품이든 아니든, 자신들의 문화적 주체성을 인정받고자 하는 자들이다.

현재 시급히 관심을 기울일 필요가 있는 것은, 정치적 질문들을 문화 영역의 질문으로 전위하여 문화와 지식을 탈정치화하려는 일치된 노력에 맞서 인식론에 관한 문화주의자의 주장들에 내포한 정치적 의미를 지적하는 일이다. 문화적 차이의 주장은 그것이 진보정치 못지않게 반동정치에도 기여하므로, 반드시 좋은 정치 또는 바람직한 정치를 만들어내는 것은 아니다. 어떤 차이 선언의 액면 가치를 받아들이는 것은 우리로 하여금, 차이를 정의하고자 모색하는 협력적 조작 못지않게 윤리적·정치적 상대주의의 처분에 맡겨지게 한다.

지난 10년 동안 전 지구화와 탈식민주의 담론은 현재는 물론 과거에 대한 우리의 이해에서 식민주의 개념의 가치를 손상시켰다. 지난 500년간 식민주의의 과거사는 탈근대성을 향한 행진으로 재가공되었다. 그리고 전 지구적 역사를 형성했던 권력관계는 과거의 역사 서술에서 그들에게 할당되었던 구조적 중심성 자리를 박탈당하고 로컬화한 우연성들로 변하여 사라졌다.

나는 다음 장에서 현재를 형성하는 데 과거의 전 지구화하는 힘들을 유지하는 것의 중요성뿐 아니라, 식민지적 과거의 근본적 중요성을 다룰 예정이다. 나는 다수의 근대성 또는 대안적 근대성 담론들이 함축하는 바에 동의하지 않는다. 그러나 중요한 것은 그들이 제기한 것에 의문을 표명하는 것, 특히 가장 중요하게는 유로-아메리칸 자본주의와 제국주의가 근대세계를 일방적으로 구성하는 과정에서 피식민자의 행동과 주체성을 소거한 것, 곧 과거에 **식민주의**라는 용어를 사용해온 양상을 고찰하는 것이다. 전 지구적 근대성은, 비록 오직 형식에서지만 자본주의 근대성에 의한 세계의 식민화로 연구된 이들 목소리가 얼마나 중요하고 또한 중요했는지를 잘 드러낸다. **식민지 근대성**이란 용어는 그것이 오늘날 우리가 직면하듯 지구를 형성해온 권력관계를 전 지구화나 탈식민으로 희미하게 만들어 날려버리지 않고 피식민자의 목소리를 인정하므로 가장 중요하다.

식민지 과거는 근대성의 장애물이 아니라 그들 자신의 정체성 형성, 곧 그들이 말하는 대안적 근대성에 중요하다는 식으로 식민주의 이해와 표상이 변화된 것은 우연적인 사건이 아니다. 식민주의의 산물인 집단들과 계급들에게 유리한 국가들 사이에서, 국가들 내부에서 권력의 전 지구적 변화와 연관되어 있다. 한편 우리 시대의 세계는 이와 같은 변화를 가능하게 하면서 의미심장한 방식으로 과거와 단절되었지만, 그것 자체가 과거의 산물인 식민지 근대성의 세계—다른 말로 근대 세계—의 표시를 유지한다. 우리는 관심과 설명의 요점을 식민지 근대성의 역사적 성취로서 전 지구적 근대성의 조건을 기술하는 것으로 확장할 수도 있다. 식민지 근대성의 전망들은 그것이 지적 가능한 현재와 미래에 관하여 우리가 제기할 수 있는 의문들에서 새로운 출발이 가능할 것이다. 그것은 최소한 전 지구화 대(對) 제국주의의 문제에 관하여 식민지 근대성이 수행한 과거와 현재의 관계에 대한 이해를 광범하고도 모호하게 고찰하고, 제국의 중앙집권화된 세계 대(vs.) 갈등하는 문명들의 탈중심화된 세계, 그리고 이 세계에서 지배와 패권에 관한 쟁점을 설명하는 데 제법 도움이 될 것이다. 식민지 근대성의 전 지구화는 어떤 의미에서, 당대의 전 지구적 근대성에서 우리 가운데 일부가 공유하는 파시즘의 내재를 고찰하는 데 도움을 줄 것이다.

4

유산들: 전 지구적 및 식민지적 유산들

전 지구적 근대성 개념은 단순히 과거 역사에 대한 더 발전된 해설판에 그치지 않고, 근대성과 그것의 미래에 대한 견해들이 확장되는 과정에서 과거와 단절된 작금의 현실을 포착하려는 의도에서 비롯된 어휘이다. 그러나 바로 이 현재란 것도 근대성의 불가피한 부분이었던 식민지 과거로 말미암아 인도되고 구조화되었다. 대안적 근대성 또는 자치의 역사들에 관한 주장은 이미 과거에 형식적 탈식민화를 거쳤지만 여전히 식민지적 관계를 영속하고 있는 유럽과 북미가 전 지구적으로 형성시킨 근대성의 산물이다. 심지어 이것은 근대성을 식민지 현지에 토착화하려는 노력에도 해당되는 경우이다. 이 장은 전 지구성과 그것이 식민지적 과거와 맺고 있는 관계를 세심히 공들여 논하고자 한다. 그 과정에서 식민주의를 전 지구화에 종속시키는 작금의 경향, 즉 식민주의를 전 지구화의 한 단계로 보는 경향을 뒤집고자 한다. 다시 말하면 전 지구화를 단순 명료하게 설명하는 단계에서 그 자체를 식민지적 과거의 시각에서 보려 한다. 그것이 함축한 의미는 단순히 지적인 것에서 그치지 않고 동시에 심원하게 정치적이다. 나는 6장에서 후자에 관하여 재차 논의할 것이다.

전 지구적 근대성

나는 **전 지구적 근대성**을 프레더릭 제임슨의 문구를 사용해 "단일의 근대성"이며 유일한 것으로 이해한다. 동시에 그럼에도 그 단일성은 온갖 갈등의 장으로 작용하는 근대성에 대한 온갖 모순적 견해들의 생산물로 이해한다.[1] 내가 **전 지구적 근대성**의 특이성을 강조하는 관점은 전 지구화와 그것이 함축하는 전 지구적 공유성(commonalities) 주장에 내포된 일정한 실증성을 인식한 산물이다. 동시에 개념으로서 전 지구적 근대성은 **전 지구화**라는 용어에 내장된 전 지구적 공유성과 동종성을 위한 목적론적(그리고 이념적) 편향의 극복을 의도한다. 또한 그 공유성과 동종성을 전 지구적 무대에 투사하면서 과장된 표현을 발견하는 전 지구화와, 과거의 역사적 유산들의 생산물인 파편화와 모순을 동등하게 근본적 경향들이라고 인식하는 것이다. 이런 전망에서 전 지구화는 지구촌의 어떤 유토피아화된 순진한 기대나, 정반대로, 바람직하지 않은 전 지구적 패권과 같은 전망에 의존하는 것이 아니다. 근대성이 전 지구화하듯 이미 존재하는 경계선에 새로운 경계선들을 부가하는 경계선들의 전 지구적 확산을 함축한다. 다수의 근대성 또는 대안적 근대성 개념들은 마치 그것들 자체가 바로 근대성의 산물인 근대성 전통들의 단위 요소인 듯 연출하면서, 근대성의 견해들을 복잡다단한 과거들의 또 다른 자연적 속성인 듯 전유하여 보편화시킨다.[2] 이 견해들은 또한 흔히 현재의 역사성을 망각하고 현재의 차이 또는 공유성을 미래로 추정하여 읽어낼 수 있다는 문제 제기에 가까운 가정을 받아들인다. 식민주의와 그것이 초래한 불균등한 권력관계에 맞서는 오랜 역사적 투쟁은 지난 20년 비록 국가와 문명들의 위상이, 팽창하는 초국적 자본주의가 전 지구화를 추동하는 압력 탓에 빈약해지기는 했지만, 전 지구성 내부에 현존하는 국가적이거나 문명적인 문화를 강조하면서 근대성의 성격을 둘러싸고 갈등을 벌이는 양상에 자리를 양보했다. 이는 또한 과거의 식민지 근대성을, 오늘날 우리가 직면한 세계를 형성했던 권력관계를 재구성하려는 투쟁을 강화하면서 현재의 이해에 아주 적합하도록 재구성하는 것이다.

근대성의 전 지구화는 전 지구화의 이데올로기적 배치에서 나타나는 것처럼, 비록 그것의 혜택에서 배제된 자들조차 모두 도달하고 접촉하는 기원적 근대성이란 그런 사소한 의미가 아니라, 근대성에 관한 견해의 확산이란 더욱 중요한 의미로 이해할 필요가 있다. 소위 전통이란 것도, 근대화 담론에서 그러했듯이 더 이상 근대성과 대비되지 않는다. 대안적 근대성론자들은 아프가니스탄의 탈레반과 같은 극히 예외적인 경우를 제외하고는 과거 지향의 보수주의자도 아니다. 그들은 점차 대안적 근대성에 대한 견해를 확립하기를 호소했다(그러나 막상 근대성에 대한 대안 제시는 극히 드물다). 그들은 과거가 아니라 과거를 통하여 우회적으로 대안적 미래를 지목한다. 자본주의 근대성으로부터 억압받거나 방치된 자들을 대변하고 미래를 위한 다른 가능성을 지적하는 과제를, 지금은 현존하지 않는 사회주의—심지어 공식적으로는 중화인민공화국과 같은 '사회주의' 사회들—로부터 인계받아 접수하기도 한다.

문제는 진보와 발전에 관한 가정들이 대부분 공통적으로 발전의 물신화(즉 발전주의)를 전제로 삼는다는 점이다. 이와 같이 차이를 표방하는 주장들의 유일한 모델이 고작 어느 정도 로컬적 차원에서 수정을 가한 자본주의 발전—그것도 미래가 고도로 불확실한—이라는 것은 참으로 역설적이다. 그들에게 현존하는 모순은 문화적·정치적으로 매우 현실적이고 의미심장하다. 발전의 성공으로 밑받침되고, 문화적 차이를 긍정하는 주장이 확산되면서 보편주의자들이 표방해온 유럽중심주의적 근대성 모델들의 전제가 붕괴되고 있다. 그러나 차이를 논증하는 견해에 내포된 문화적 가정들은 그들 자체가 발전의 명분에, 그들 자체의 동원화에, 그리고 해체적 힘들에 종속된다. 그 발전은 상상된 문화적 도가니 안에 손쉬운 수용이 가능하지 않은 세계시민적 계급을 비롯하여, 사회문화적 힘들을 생산하기 때문이다. 이는 내가, 사회들 사이가 아니라 더 중요하게는 사회들 안에서 자본주의 근대성이 내포한 모순의 보편화를 언급할 때 염두에 둔 것이다. 만일 이것이 사실이라면, 보편주의 대 특수주의, 동종화 대 이종화 및 심지어 혼종화, 제3공간 등의 탈식민주의적 개념과 관련한 당대의 논증들은 대부분 표적을 한참 빗나간 생뚱맞은 것이고, 몇 개의 원인들을 분석하는 데 도움이 되기는커녕 도리어 은폐에 기여한다.[3] 첫째 그런 논증들은 이 두 경향들을 어느 정도 손쉽게 혼종화 과정으로 규정하거나 본질화된 낡은 공간을 혼종 공간으로 대체하지 않는다. 차라리 전 지구적으로 공간의 확산과 현존하는 모순에서 그런 경향들이 작동할 매우 가시적인 가능성을 회피하면서 이들 의문에 양자택일 방식으로 접근하는 경향이다.

둘째로 자본주의에 관한 의문을 회피하는 그런 논증에서 유럽중심주의에 초점을 맞추는 것은, 비록 유럽의 로컬화로 수정할 필요가 있다 해도, 분석을 문화적·국가적·문명적 가치의 추상 수준으로 제한하고, 자본주의의 보편화와 매우 밀접한 기술공학적 가치와 그에 수반되는 문화적 실천에 작용하는 매우 의미심장한 변환을 소홀히 취급할 위험이 있다. 자본주의의 보편성을 강조하는 유럽중심주의적 견해는 점차 사라질 것이다. 물론 우리는 지금 세계를 지배하는 유럽과 북미의 역사적 창조물이었던 자본주의 문명과 동일한 것이, 그 기원들이 망각되거나 무시될 수 있었던 곳에서조차도 존재한다고 말하기란 그리 쉽지 않다. 우리는 게노와 같은 이들이 근대성의 체제 아래 억압받은 "역사들의 부활"을 인지하면서 서로 다른 과거와 미래를 구별한 견해를 심중히 받아들일 필요가 있다. 그러나 우리 누구도, 유럽과 북미가 근대성의 발명과 선전에서 여전히 중요한 역할을 하는, 자본가 사회의 특성인 일상의 생산과 소비의 가치가 철저하게 주입된 것을 정당화하는 문화적 속성을 무시할 수는 없다. 그 가운데서, 여전히 대부분 유럽과 북미에 기반을 두는 초국적기업들은 가장 중요한 초국적 행위자들을 통한 생산과 소비의 전 지구화를 통해서, 비슷한 직업뿐 아니라 비슷한 교육과 생활양식까지도 공유하는 "초국적 자본가 계급"을 창조하는 과정에 있다.[4] 최근 지난 몇 해 동안에 가장 중요한 발전은 대학 교육의 초국적화이다. 그것은 제3세계로부터 제1세계 엘리트 대학에 출석하는 학생의 증가가 아니라, 제1세계로부터 제3세계로 교육과 실제 대학 교정의 수출이다.[5] 그것의 관련성 자체는 지난 시기 한때 기독교 선교 활동으로서 수행된 대학 교정 수출의 전례가 있었기에 아주 새롭지는 않다. 그러나 지금은 기업의 직접 영향력 아래에 있을 뿐 아니라 그 모델 자체가 점차로 기업 경영을 따르고 교육 자체의 기술공학화와 시장화에서 전략적 부분을 담당하는 교육기구들(교육제도, 교육 컨설턴트 회사, 출판사들)이 직접 경영을 지휘하기에 의미심장하다.[6] 이런 전망에서 다문화주의 자체는 초국적기업이 발명한 것이며 공유성의 맥락에서(그것 없이는 차이는 무의미해질 것) 차이를 경영하는 방식으로 나타난다.

셋째로 문화의 쟁점들에 관한 토론에서 논쟁 단위를 국가·문명 또는 소위 문화라고 일컫는 것들을 채택하면 점차 논쟁의 의미가 무의미해진다. 초국적 자본가 계급의 증가하는 가시성은 서로 다른 문화의 위치를 제시할 것이다. 이 계급은 로컬의 특성 형성에도 참여하겠지만, 그들 자신의 '제3공간'뿐 아니라 당면 환경으로부터 거리를 제공하며 때로는 아메리카인의 생활양식과 대등해지려는 경쟁에 가담하여 외부에는 문 걸어 잠그고 정치경제학의 공통 조직, 공통 교육과 공통 생활양식에 참여함으로써 통합된다.[7] 마찬가지 것을 다른 사회 집단에도 적용하여 말할 수 있다. 젠더 개념은 계급에 따라, 점차 여성으로 전 지구화되며 비슷한 문화적 실천에 전 지구적으로 참여하거나 전 지구화의 약탈 행위에 대항하고자 함께 어깨를 걸고 결합한다. 사회적 공간 규모의 다른 끝자락에는 이주민 공장 운영 하청업자 및 이주 노동자들이 국경선과 대륙 경계선을 횡단하며, 전 지구화의 외양 형성에 기여한다. 또한 출발과 기원에서 심원한 변환을 겪는 사회에 공헌하며 공통 문화에 참가하게 된다. 이 모든 것의 요점은 전 지구적 동종화나 전 지구적 역할에 대한 동화가 아니라, 이들 전 지구화 과정의 산물인 동시에, 새로운 종류의 균열은 물론 통합성을 창조하며, 새로운 방향에서 사회들을 시작하는 물질적 맥락 및 문화적 맥락 문제에 주목하는 것이다. 당대의 전 지구화 과정을 어떤 식으로 탐험하든, 호미 바바의 표현에서 적절한 용어를(그의 실제 의도와는 정반대로) 빌리자면 이러한 "문화의 위치"[8] 문제에 주목할 필요가 있다. 그것은 소위 기독교도·이슬람교도, 유가 및 다른 문명과 국가 사이의 갈등 같은 분명한 현재적 증거에도 불구하고, 더 이상 국가나 문명과는 연관되지 않는다. 문화의 위치는 그렇게 묘사된 사회들의 일상 수준에서 삶의 기술보다는 유동하는 관념으로서 더욱 기여한다. 이동하는 관념들은 중요한 역사적 힘으로 작용하기에 그런 갈등을 심각하게 취급할 필요가 있다. 그러나 그것들은 한편 우리가 전 지구적 공통성을 만드는 동시적 힘들이 제시하는 복잡성을, 다른 한편으로는 다른 차원의 많은 전 지구적 균열을 못 본 척 짐짓 눈감게 만들어서는 안 된다. 나는 여기에 부가해서, 전 지구화는 많은 다른 차원들을 가진 역사적 과정에 오직 하나의 차원으로 나타나고—이들 힘을 재구성할 권력을 가진, 그러나 그 자체가 이 과정에서 재구성되는—많은 로컬화된 차원의 기존 힘들에 추가된 또 하나의 힘일 뿐이라고 말할 수 있다. 나는 이것이야말로 전 지구적 근대성의 모순이라고 생각한다.

내가 여기서 전 지구적 근대성의 탁월한 특징이라고 생각하는 것을 간

단히 요약하면, 그것은 근대성의 출현기와 전 지구화의 초기부터 하나의 개념으로 구분되는 네 가지 양상을 가진다. 첫째, 전 지구적 근대성은 많은 방식에서 당대에 전개되는 전 지구화의 층계참인바, 달리 말하면 우리가 지금까지 알아온 것으로서—자본주의의 추동을 받는—그것에 관한 약속을 수행해야 하는 어떤 것 또는 발생하는 것에 관한 어떤 진술이 아니다. 그것은 이미 발생했고 그 결과는 전 지구적 근대성으로 나타났다. 마이클 하트와 안토니오 네그리가 이미 정확하게 확인했듯 진정 "제국"은 비록 수시로 자신들의 국가 주권을 내세우지만, 실제로는 전 지구적 주권을 표방하는 초군사강대국 미국이라는 것은 전 지구적 근대성의 명명백백한 사실이다. 그러나 이 제국은 무척 많은 모순을 안고 있으며, 그것의 지배에 대한 대안을 추구할 공간을 열어두고 있다. 이들 공간에서 근대의 민주주의·정의·인민주권 관념뿐 아니라, 단순히 과거의 잔여물로 그치지 않고 근대성에 의해서 평가 작업이 끝난 유산들을 표상하는 제국에 대한 도전자들이 출현하고, 과거 유산들의 부활로 말미암아 정당화된다. 달리 말하면 그들은 탈근대적이다. 이들 유산들 사이의 갈등은 대안적 근대성에 대한 견해들의 갈등이고, 대안을 둘러싼 주장들과 갈등하는 이해관계들로 분열됨으로써, 그 유산들 또한 전 지구화된 자본주의가 설정해준 공통의 지형에 근거하게 된다.

둘째로 권력이란 측면에서 거대한 차이에도 불구하고 물질적 발전의 수준, 전 지구적 자본주의 경제로 합병, 그리고 전 지구적 근대성은 일시적 당대성으로 특징 지워지고, 이는 과거의 유럽중심주의적 근대성과는 구분된다. 요하네스 파비안이, 타자들과의 공재성(coevalness)*을 부인하는 것은 유럽중심주의적 근대성에 내포된 목적론의 근본적 토대라고 주장한 고전적인 인류학 비판서 《시간과 타자》를 발간한 지 겨우 20년도 지나지 않았다.[9] 이미 1980년대 초에 유럽의 동아시아인 "타자들"은 자본주의 발전에서 우월성을 담지할 가능성을 주장했다. 근대화 담론은 전통과 근대성 사이에 분명한 선을 그었고, 그 관계성을 제로섬 관계로, 다시 말해 근대적이면 근대적일수록, 덜 전통적인 것으로 표현했다. 동아시아의 소위 호랑이들은 그들이 의지하는 "유가" 전통이 (그전에 이미 말해왔듯) 후진성이 아니라 도리어 성공의 힘이라는 주장으로 자본주의 경제에서 그들의 성공에 권리를 부여할 자격을 느꼈고, 그 주장은 유럽과 북미에서 분위기를 띄우는 자들의 호응과 후원을 받았다. 거의 동시에 발생한 1979년 이란 혁명은 이슬람의 근대성 관련 주장을 낳았다. 사회들은 하나씩 하나씩 전 지구적으로 그들의 전통(또는 유산들)과 근대성의 양립 가능성을 소생시키거나 선언했다. 그리고 그것을 대안적 근대성을 주장하기 위한 기초로 만들었다. 그럼에도 사회의 진보와 퇴보를 구분하는 것은 국가·"문화"·"문명" 사이의 상호 인지에서 사라지지 않았으며, 전 지구적 자본주의의 오솔길에 서 있는 자들과 그렇지 못한 자들 사이의 근본적인 구조적 차이를 포함하여, 같은 주민 내부에서 현존하는 차이로 말미암아 점차 중층결정되었다. 전 지구적 근대성은 결코 국민국가 혹은 민족주

* 공재성은 자아와 타자의 상호 열림과 노출로서 동시대를 살아가는 것을 의미한다. 유럽중심주의는 진보 관념의 탄생과 더불어 자신들이 정한 기준에 따라서 문화의 차이들을 연대기적 서열로 배치했다는 것을 비판하는 말이다.

의의 "죽음"을 상징하지 않는다. 정반대로 지난 몇 년간은 민족주의의 확산과, 국민 권력과 대비되는 국가 권력의 강화를 목격했다. 전 지구화와 연관된 그러한 국가의 변환들은 국가가 그들 주민의 가장 큰 부문에 대한 책임을 포기하는 측면에서, 그리고 사회발전의 추구에서 국가적 표면으로부터 전 지구적 결절지로 관심의 전환(국가적 경계선들의 망각과 혼동하지 말 것)이라는 측면에서, 기존과는 전혀 다른 종류의 변환이었다. 나는 이 점과 관련시켜 중화인민공화국에서 공중보건에 대한 최근의 논의를 소개하면서 상세히 설명할 것이다.

셋째로 자본주의 전 지구화는 전 지구적 관계를 재구성했다. 냉전기의 산물인 세계의 3분 공간화는 근대화 담론에서 내면화되었다. 그러나 사회주의 제2세계의 몰락과 1960년대부터 출현한 자본주의의 새로운 중심지는 깔끔하게 정돈되었던 지리적 공간화를 뒤섞이게 만들고, 그 과정에서 경제·정치·문화의 생육 가능한 단위로서 국가에 관한 의문을 제기하며 끝나고 말았다. 전 지구화라는 것은 실제로는 전 지구의 지역, 국가, 국제 및 로컬에 이르기까지 서로 다른 공간 규모에서 발생한다. 이러한 공간화는 토착화 공간 못지않게 앞서 기술한 식민지 공간 같은 과거에 생겨난 공간화 역시 지속됨으로써 내용이 더욱 복잡해진다. 제3세계에 제1세계(예컨대 상하이), 제1세계에 제3세계(예컨대 뉴올리언스)가 현존한다. 전 지구적 자본주의는 네트워크를 따라서 그것의 결절지에 전 지구적 도시와 더불어 움직인다. 이는 또한 경제활동이 지구 표면에서 네트워크로 전환한 것을 의미한다. 나는 이 전환을 나중에 전 지구화에서 공중보건에 관한 논의에서 정치하게 설명할 것이다. 여기서는 자본(그리고 연관된)

조직들이 네트워크를 따라 움직이면서, 네트워크 위에 있지 않거나 네트워크 경제의 바깥에 있는 자들—오직 자신들의 생계에 대한 귀납적인 효과로만 전 지구적 경제의 영향을 느끼는 자들—은 균열을 통하여 추락시킨다. 세계 주민의 대다수는 지금 주변화되고 일부 인류학자들이 심지어 더욱 강도 높게 말하듯 전 지구화로부터 버려져 내던져진 "영락물"이 되었다.[10]

넷째로 전 지구적 경제(전 지구화의 이념적 기초를 유창하게 폭로하는)로부터 제외되는 것은 전체 공간은 물론 국가적 경계선들을 횡단하는 사람들의 집단 전체에도 역시 해당한다. 다른 말로 계급 구조화는 "초국적 자본가 계급"과 서로 다른 공간 규모에서 비교 가능한 계급, 젠더 및 종족적 구성체의 출현과 더불어 전 지구적으로 진행된다. 이런 분석은 국가와 문명을 설명 단위로 계속 수용하는 그런 논증들이 경제적·사회적·문화적 구성체의 (전 지구화와는 구별되는) 초국적화와 트랜스로컬화(translocalization)를 무시한 점을 지적한다. 국가와 문명 간의 차이로 이해된 바로 그 차이는, 대개는 초점이 국가와 문명의 경계선들 안/밖에 주어질 때 시야에 숨겨져 잘 드러나지 않는 사회에서 나타나는 차이와 같다. 비정부기구로부터 초국적기업에서 전문직 조직들에 이르는 어떤 종류의 조직적 구성체 못지않게 계급, 젠더 그리고 종족성은 국가와 문명과 마찬가지로 많은 "문화의 위치"를 가지며, 사회적 구성체와 문화 형상들을 복잡하게 만든다. 제국주의나 문화적 동종화나 이종화에 관하여 말하기 어렵게 만드는 것은 바로 이들 복잡성들이다. 이 모든 것이 끝나는 곳은 과연 어디인가? 자본 그 자체가(국가를 말하는 것은 아니다) 당면한 권력과 이익을 목표로 기존 차이들을 조종하는 것을 넘어서, 모든 미래 전망을 상실하게 만드는 상황에서 그 지점을 예견하기란 무척 어렵다. 같은 이유로 마치 현재의 문화적 상대주의가 목적론적 미래로 읽힐 수 있는 것처럼 "대안적 근대성들"에 관하여 말하는 것은 무의미하다. 전 지구적 근대성 개념이 포착하려는 것은 바로 이와 같이 미래가 결손 상태인 역사의 과잉 사태이다. 우리 시대에 "포스트"에 관한 어휘 대부분이 미래를 명명하려는 용기나 희망도 없이 과거를 우선 언급하는 것도 같은 이유에서 비롯한다.

전 지구적 근대성의 모순 또한 식민주의—바로 현재의 식민주의가 아니라 현재가 그 자신의 복잡하고 다방면의 변환을 전개한 산물인 역사라는 함축된 의미에 따른—에 관하여 말하기 어렵게 만든다. 개념으로서의 식민주의 또한 식민주의자에 대한 급진 비평이 그것에 관한 정보 소유를 자극한 것은 물론 오직 한 세대 전에 진보주의자와 유럽중심주의 근대화 담론이 정당화해온 근대성과 전통 사이의 시간적 간격이 폐지됨과 함께 비판적 힘을 상실했다. 이 말은 그러한 자극이 전 지구적 정치에서 소멸되었다는 뜻은 아니다. 도리어 이전에 그들이 역사적 설명 또는 동원되는 정치적 관념으로 기여하는 식민주의의 능력을 깎아내렸던 것보다 훨씬 더 복잡한 외양으로 출현했음을 의미한다.

전 지구적 근대성은 어떤 수준에서는 과거의 식민주의 근대성의 대안으로 급격하게 위상을 높인 탈식민화의 산물인 식민주의의 종언으로 나타난다. 또 다른 수준에서는 식민주의에 깊이 얽혀든 자본주의 근대성의 명제들을 전 지구적인 온갖 사회들로 내면화함으로써, 지금은 마땅한 대안이 없는 식민주의의 보편화와 심화로 보일 수도 있을 것이다. 이러한 모호성은 자본의 초국적화로부터 문화적 갈등을 빚을 때 인간의 행동에 이르기까지 우리가 지금 목격하는 것은 탈식민주의가 아니라 식민주의의 재형상화라는 것을 말한다. 거기서 자본은 전 지구화를 창조하는 계급들을 대변하는 목소리 못지않게, 그러한 경영에 필요한 인적 자원의 제공자들이 전 지구적 경영에 중요한 새로운 국가들의 활동에 병합될 가능성을 열어준다. 최근 식민주의의 종언이 아니라 과거 식민성 체제의 탈구조화와 탈영토화를 말한 한 저술이 "다수의 전 지구화"라는 구호로 표현된 식민지적 갈등—그것은 지금 전 지구성에 대한 갈등으로 재구호화되었다—을 강조한 것은 주목할 만하다.[11] 우리는 물리적 세계와 사회적 세계의 재구조화를 포함해서 과거에 전개된 식민지 권력 재구조화를 여전히 전 지구적 지정학의 양피지에서 볼 수 있다. 그것들은 심지어 과거에 주변화된 국가들과 식민지 자본주의 체제의 희생자인 하위주체(subaltern)들이 격한 설전에 가담하는 전 지구적 정치의 맥락과 지평을 제공한다.

식민주의의 종언?

1990년대 초에 비판적 담론의 중심으로 옮겨간 용어인 식민주의가 이제는 그에 관해서 말하는 것조차도 듣기 어렵게 된 것은 참으로 역설적 현상이다. 식민주의를 비판적 담론의 중심으로 가져간 데 책임이 있는 탈식민주의 비판 또한 그것을 심히 문제 제기적인 것으로 만든 개념의 인플레

이션 조장에 일정한 책임이 있다. 그 개념은 엄격한 의미에서 식민주의와 그다지 관련이 없는 젠더, 인종, 종족성 같은 사회적 구분을 위한 패러다임에 입각한 탈식민적 개념(혼종성, 경계 등)의 전유로 말미암아 심지어 더욱 일관성 없게 되었다. 이 개념의 폭이 그것의 범위 안에서 넓어지면 질수록, 비일관성은 더욱 커지고, 초기의 탈식민 개념과의 관계는 더욱 멀어졌다. 그 비일관성은 또한 현재에 대한 우리의 이해를 함축한다. 에드워드 사이드, 스튜어트 홀 또는 가야트리 스피박 같은 탈식민주의 비평의 출현과 (옳든 그르든) 그와 연관된 이론가들의 작업에서, 탈식민은 우리 시대의 이해에 식민주의 개념의 적합성 **때문에** 중요성을 가진다.〔post는 "이후(after)"를 포함하는 것이 아니라 "무엇에 의해 생산된다(produced by)"는 것과 더 가깝다.〕 이것은 자신의 파괴적 노력이 그 용어를 무의미하게 만드는 데 의미심장하게 공헌한 호미 바바의 저작에서조차 볼 수 있다. 호미 바바는 1994년에 탈식민성은 '새로운' 세계질서와 노동의 다-국가적 분업 안에서 '새로운 식민' 관계의 지속에 관한 유익한 상기자라고 썼다. 그럼에도 1990년대부터 점차로, 탈식민주의 담론은 식민지와 아무런 관련이 없는 지역으로까지도 무절제하게 확산되었고, 주로 호미 바바와 같은 인물들의 영향력 아래서 사회정치적 개념보다는 문학적 독해 전략으로 바뀌어 버렸다.[12]

현재 식민주의와 제국주의를 취급하는 데 난관은 마이클 하트와 안토니오 네그리의 저술 《제국》이 촉발시킨 논쟁과 연관 있다. 거기서 이들은 기존의 제국주의 개념은 분명히 확인 가능한 중심이나 경계선 영역이 없고, 제국은 외부가 없음을 인식하는 합법적 질서로서 일상생활과 같은 것이라는 추상적 제국 개념에 지위를 양보했다고 논증한다.[13] 그 명제는 실천적 권력과 세계의 기업적 식민화를 제외하고는 경계가 없다는 것을 존중하는 미국 제국주의의 배경에 맞서는 충격적 도전이다. 그러나 나는, 우리 모두 과거에는 없었던 무엇인가가 작동하는 것을 모호하게 알고 있다고 생각하기에, 네그리와 하트가 말하는 제국주의가 멋진 구식의 제국주의 시대보다는 다른 세계질서의 부여를 전제로 삼는다는 주장을 단호하게 거부한다. 따라서 두 저자는 현재와 과거의 연속성을 주장하지만, 그럼에도 다음과 같이 쓰도록 강요당했다고 느낀다.

> 이 개념들을 사용하면서, 새로운 전 지구적 경제체제의 구조를 정의하는 제도의 네트워크는 구조적 조건에서가 아니라, 새로운 국제 자본가 계급의 이익, 진보를 표상하고 추구하는 개인들의 통제에 종속되는 의도적이거나 우연적인 조건으로 보인다. 이 계급은 전 지구적 자본주의의 작동 단위이고, 자본과 기술공학의 보유자이고 새로운 제국 질서의 주요 행위자인 약 3만 7000개의 초국적기업의 복합체(TNCs)를 포함하는 제도들의 기초 위에서 형성되었다고 주장된다. 이들 복합체들은 이 질서의 유일한 조직적 기초가 아니라 세계은행, 국제통화기금 등을 포함한다. 덧붙여 새로운 세계질서는 전 지구적인 전략적 계획 및 정책 포럼의 개최로 만들어진다. 이 모든 제도들은 신제국주의―새로운 전 지구적 협치 체계의 통합적 부분을 형성한다.[14]

네그리와 하트는 왜 제국주의는 적어도 제국주의의 주체와 객체의 구분을 어느 정도 흐릿하게 만든 “새로운 국제 자본가 계급”의 현존이, 그런 모습으로 보여야 하는지에 관한 의문을 생략하고 숨긴다. 제국주의가 초청받아서 도착하면, 그것도 여전히 제국주의라고 말할 수 있는가? 다른 한편 "새로운 국제 자본가 계급"은 항상 공통 교육, 따라서 공통 문화를 가시적으로 공유할지라도 구성에서는 갈수록 전 지구적이게 된다. 비슷하게 "합작 투자"는 빈번히 기업 자본의 초국적화를 가져오고, 고등교육 제도를 초국적화하는 공통 문화와 그것의 뒤얽힘을 최고도로 표현하는 양상 가운데 하나이다. 만일 이것을 제국주의라고 한다면 그것은 의미심장할 정도로 자해(自害)하는 제국주의이다![15]

제국주의에 관한 당대의 모호성은 또한 과거 식민주의에 관한 우리 이해의 모호성을 함축한다. 일찍이 20년 전 전 지구적 의미 부여의 한 보기로서, 중국 근대사에서 제국주의에 관하여 그리고 유로-아메리칸의 생산과 합병에서 가장 의미심장한 매체 가운데 하나로서 외국인들—가장 중요하게는 선교 사절—이 지도한 광범한 교육 활동에 관하여 말하는 것은 전혀 문제가 없어 보인다. 선교사들의 수중에서 전개된 교육은 군함으로 시작된 직무를 완성시키고자 고안한 것으로 보인다. 다른 곳과 마찬가지로 중국 민족주의자들에게 국가가 지도하는 교육에 대한 이념적 투자는 동종의 문화와 충성스런 시민들을 창조하는 가장 효과적인 도구로 간주되었고, 그 교육에 외국인의 개입은 이념적 굴종 그리고 국가 주권의 손상을 의미했다.

지난 10년간 교육을 제국주의의 도구로 보는 이러한 관점이 얼마나 문제 제기의 성격을 띠게 되었는지는 주목할 만하다. 외국의 후원을 받는 교육에 대한 민족주의자들의 반대가 사라진 것은 아니고, 역사가들이 민족주의와 제국주의(또는 식민주의)의 대립으로 말미암아 부상한 쟁점들에 더 이상 무관심한 것도 아니다. "정신의 탈식민화"는 여전히 끝나지 않은 국가적 기획에 집착하는 급진적 탈식민주의 지식인들 못지않게 보수주의자들의 긴급한 과제로도 나타난다. 그리고 보수주의자들은 전 지구적(미국을 포함해서)으로 국가의 역사 서술에 더 큰 사회적·종족적 복잡성을 도입하려는 어떤 노력에도 노골적인 적대감을 보이고, 만일 그렇지 않으면 그것이 국가를 이념적으로 약화시킬 것으로 생각한다. 중화인민공화국 자체에서도 애국 교육은 시대의 명령이고, 탈사회주의 체제는 그 정당화의 원천으로서 중화 문명의 가치를 재긍정하며 거기서 지금은 왜소해진 사회주의 신념의 대체물을 발견한다.

그럼에도 불구하고, 최근에 제국주의와 민족주의의 역사적 지위에 관한 의문이 확산되었다. 내가 여기서 강조하고 싶은 최근의 가장 핵심적 변환은 지난 세기에는 국가와 식민지(또는 제국주의자) 사이에서 양립할 수 없었던 것으로 보였던 것들의 유지에 중요했던 구분이 점차 퇴색함으로써 비롯된 도전이다. 이런 구분이 희미해진 원인은 이념적이기보다는 매우 의미심장하게 사회적이다. 전 지구적 관계에서 구조적 변환은 2세기 동안의 식민자와 피식민자 사이에 전 지구적 상호작용의 산물인 새롭게 깊은 의미를 내포한 사회적 집단, 곧 오랫동안 민족주의 이념에서 의심의 대상이었으나 그들이 점차 전 지구적 경제에서 전략적 입지를 차지하여 그들 자신을 용기 있게 만드는 새로운 방식을 발견한 집단을 연합시킨다. 이들 집단을 산출한 교육이 재평가 대상인 것은 결코 놀랍지 않다. 우리는 중화인민공화국에서 전 지구적 자본주의에 병합되기 위한 강력한 욕망이 공산당 정책인 급진 반제국주의적 마오주의에 입각한 혁명적 사회주의를 대체하면서, 근대 중국사와 교육을 포함하여 제국주의와 그것의 문화적 유산의 역할에 비슷한 재평가를 진행하는 데 크게 놀라지는 않는다.

존 톰린슨은 1990년 초에 발간된 도발적인 문화제국주의 연구에서 근대성 관련 쟁점에 문화제국주의의 얽힘을 논의했고, 문화적 지배의 나쁜 질병을 "비난"하면서, "근대성의 비판적 담론과 문화제국주의의 다른 담론" 사이에 구분을 촉구했다.

> 후자에서, **현재의** 명백한 지배 행위자는 어느 정도 확인이 된다. 대중 매체, 아메리카, 다국적 자본가들이 바로 그것들이다. 이런 행위자가 문화제국주의에 책임이 있다는 관념이 있다. 그러나 그런 방식의 비평은 기껏해야 문턱에서 변죽이나 올리면서 비난하는 것을 의미한다. 여기서 우리는 문화제국주의를 비난을 하게 된 **상황**을 생각해야 하지만 이것은 비판적 정신을 만족시키기에는 미흡하다. 근대성의 조건에서 사고한다는 것은 문화제국주의에서 채용된 것과는 좀 다른 양식의 비판적 사고를 수행하는 것을 의미한다. 예컨대 우리의 문화적 불만은 오랜 시간에 걸쳐 발생했고 따라서 **현재** 어떤 완벽한 의미에서 책임 있는 행위자는 없고, 복잡한 다수의 결정 요인을 가진다는 것을 의미하는 것으로 보인다.[16]

톰린슨이 근대성("상황")을 문화제국주의("행위자")로 대체한 것은, 그가 대강 1970년대에 시작하여 제국주의 시기를 거쳐 현재의 전 지구화 조건까지 이르는 근대성의 전개에 관하여 만든 심화된 구분으로 잘 알려져 있다.

> 전 지구화는, 아마도 일관성이 훨씬 덜하고 혹은 문화적으로 지도 관리되는 과정인 제국주의와는 구분될 것이다. (……) 제국주의 관념은 적어도, 한 권력의 중심으로부터 전 지구를 횡단하여 **의도된** 확산을 포함하는 목적 지향적 기획의 개념을 포함할 것이다. 반면에 전 지구화 관념은 목적 지향적 방식이 훨씬 덜한 데서 발생한 모든 전 지구적 지역의 상호 연관성과 상호 의존성을 제시한다.[17]

나는 여기서 잠깐 톰린슨이 제기한, 사회주의 몰락과 자본주의의 전 지구적 승리의 순간에 "문화제국주의"에 관한 의문은 1990년대의 특징적 성격인 비제국적 전 지구성에 대한 또 하나의 열광에 불과한 점은 잠시 괄호 안에 묶어두고 논의를 유보하고자 한다. 그것은 그 시기부터 "한 권력의 중심부로부터 전 세계를 횡단하는 하나의 사회체계 확산"을 자극한 전례 없이 강화된 미국 제국주의에는 적합하지 않다고 보기 때문이다. 1990년대 말에 네그리와 하트가 《제국》에서 중심이나 경계, 곧 행위자 없는 제국의 관념을 더욱 강력하게 주장한 것은 바로 이런 배경에서 비롯한다. "제국주의"에 대한 이러한 질문은 가장 중요하게는 탈식민주의 비평이 현재는 물론 과거의 식민주의와 제국주의 개념들의 유용성에 한층 심화된 의문을 제기한 결과물이었다. 일부 당대 저술에서—그 가운데 톰린슨의 저작은 하나의 본보기를 제공한다—식민지 및 제국의 과거는, 현재 단순히 근대세계의 발전을 이해하는 패러다임에 불과했다고 평가받는 근대화 담론을 대체하고, 거침없는 전 지구화의 전 단계로 나타난다.[18]

여기서 내가 뒤에 제시하듯이, 그 관계를 역전시키는 것도 가능하다. 식민주의 역사가 전 지구화의 새로운 목적론 안에서 소멸되기보다는, 전 지구화 자체가 식민주의와 제국주의의 구성 요소였던 순간들의 근대성 곧 식민지 근대성의 수행으로 이해될 것이다. 게다가 톰린슨의 관점과는 정반대로 근대성은 다름 아닌 그것을 역동화하고 자신의 행위자들을 가진 "바로" 그 자본주의 상황이다. 식민주의는 근대성의 전 지구화 과정에서 가장 탁월한 대리 행위자였다. 만일 우리가 오늘날 식민주의가 전 지구적 근대성에 의해 능가된 세계, 거기서 과거에 식민화되고 지배된 자들이 근대성에 대한 그들 자신의 정치적·문화적 견해를 재주장하는 세계에 살고 있다면, 이러한 전 지구적 근대성은 식민주의적 기원이 지워지지 않게 표시된 근대성이다. 이러한 성질은 근대 식민주의와 제국주의의 유산들인 경제적·사회적·정치적·문화적 권력의 불균등 배분 못지않게, 자본주의와 국민국가에서 기원한 탓에 식민주의와 제국주의 유산과는 역사적으로 구별되는 유산도 불균등 배분되는 현실에서 전적으로 명백하게 나타난다.

결정적으로 중요한 것은 전 지구화의 목적론이다. 제2차 세계대전의 여파가 직접 미치는 상황에서 민족 해방을 목표로 추동된 탈식민 담론은, 과거의 식민지 또는 "반식민지" 사회의 공간들이 탈식민화의 중요한 기회를 맞으려면 반드시 자본주의 세계체제 외부에 확립돼야 한다는 결론에 도달했다. 반면 지금은 우리가 전 지구화를 새로운 종류의 제국주의로 생각하든 탈제국주의 근대성의 단계로 생각하든 막론하고, 세계체제로 병합되는 것이 아니라 그것에서 제외되는 것을 도리어 위험해하는 것으로 보인다. 이런 변화는 그때의 탈식민 담론과 지금의 탈식민 담론 사이에서 차이를 고찰하는 데 기여한다. 그 차이의 고찰에서 가장 중요한 것은 현재의 탈식민 시각에서 초기의 식민주의는 어떤 인민들이 다른 인민에게 종속되는 것으로 보는 게 아니라, 전 지구성에 병합되는 도중에 더 심화된 한 단계로 나타나는 점이다. 더 정확히 말하면 식민주의자들이 피식민자들의 상품이나 관념의 개명된 교환에 개입의 불가피함을 알게 되었을 때 자행한 것을 보는 시각에서 차이가 드러난다. 그 결과 지금의 탈식민 시각에서는 식민주의자들이 추진한 것은 수용이 가능하게 되었다. 그러나 차이를 인정하고서 수용 가능하게 된 것으로 보인다. 한편 지금 전 지구화에 가입을 바라는 과거의 피식민자들은 식민 권력의 종속자로 속수무책으로 끌려가지 않고 자신들의 조건에 바탕을 두고서 평가하며 진행하기를 주장한다. 한편 우리 시대의 근본주의 가운데서도 문화적 근대성을 손상시키지 않고 살아남은 토착의 주체성들, 곧 식민지와 전 지구화의 결합을 위한 가장 효과적인 수단을 제공하는 식민지적 조우에서 혼종화된 주체성들에 대한 다양한 주장이 적지 않다. 오늘날 제3세계에서 전 지구성의 현존에 관한 가장 중요한 두 가지 탁월한 표현은 첫째는 지식인, 특히 소위 디아스포라적 지식인들의 탈식민주의 비평이고, 둘째는 견해 자체는 아주 지적이지만, 지식인들을 넘어서 광범한 인기를 누리는 토착주의자의 전통주의이다. 다른 대안들은 이들 두 가지 대안의 탁월함으로 말미암아 위상이 눌리거나 주변화한다. 무엇보다 가장 중요한 것은 이들 두 대안들이 식민주의의 쟁점들을 복잡하게 만드는 방식을 강조하는 것이다.

근대 식민주의의 새로움과 그것이 식민자나 피식민자에게 끼친 영향은 오랫동안 논쟁해온 주제이다. 자유주의자와 보수주의자의 발전 담론, 특히 근대화 담론은 대부분 식민주의를 근대성의 중요한 양상으로 보기를 거부하고 일축했다. 반면 그것의 중요성을 인식한 곳에서는 식민주의에 진보적인 역사적 역할을 할당했다.[19] 마르크스주의자들은 이 문제에 더욱 모호한 태도를 보였다. 식민주의가 자본주의에 필수불가결한 단계라는 레닌의 해석은 전 지구적으로 식민주의를 급진 정치의 중심에 끌어들이는 데 중요한 역할을 했다. 한편 여전히 주류 마르크스주의는 식민주의가 피식민자를 억압하고 착취한다며 비난하고, 또한 빈번히 마르크스의 말을 빌려, 사회를 "시간의 이빨로 증식하며" 근대성으로 이끄는 진보적 기능과 동일시했다.[20] 제3세계 마르크스주의자들은 이러한 모호성을 공유했다.[21]

그럼에도, 비록 일찍부터 역사적 현상으로서 식민주의가 항상 논쟁거리였지만, **식민주의**의 의미에 대하여 약간의 합의가 있었다.[22] 1970년경, 엄격한 의미에서 **식민주의**는 한 국가가 다른 국가 또는 국가가 되고자 노력하는 한 사회에 대한 정치적 통제 장악을 가리켰다. 그리고 한 식민지가 이미 형식적인 정치적 독립을 성취했으나 여전히 우선적으로 경제적 이유뿐 아니라 이념적인 이유로 완전한 자율성을 주장할 수 없는 곳에서 선호된 용어가 바로 **신식민주의**였다. 이들 용어는 제1세계에 대한 제3세계의 식민지 혹은 신식민지적 예속으로서, 또한 "지역들" 사이의 관계 언급으로 전망을 확장시킬 수 있었다. 비록 식민주의는 "사회주의" 국가들도 역시 실천 가능하기 때문에 자본주의의 독점물은 아니지만, 식민지 형성의 궁극적 원인은 사회주의 자체가 대응하고자 했던, 자본주의에 의한 지구의 구조화로 말미암아 설치된 점은 어느 정도 인정되었다. 그 결과 식민주의 유산들로부터 탈출구는 어떤 형식의 사회주의에 놓여 있다는 것이 공통 가정이었다. 그것은 실제로는 선진 자본주의사회들에 구조적 종속을 회피할 수 있고, 그들 자신의 발전 의제를 설정하는 자율성과 주권 경제의 창조를 의미했다.

다른 말로 식민주의에 관한 쟁점은 주로 자본주의에 관한 쟁점을 둘러싸고 전개되었으며 많은 방식에서 후자에 보조적이었다. 확실히 1960년대에 식민주의와 인종주의 사이의 관계에 관한 질문은 탈식민주의 담론의 의제에도 실려 있었다. 이러한 제3세계주의는 당대 탈식민주의 비평의 가장 중요한 원천이 될 것이었다. 그러나 당면한 민족해방 투쟁의 맥락에서 보면 그것들은 자주 고유성의 측면에서 출현한 문제이기보다는, 식민주의 환경에서(말하자면, 계급 관계가 식민지 자본주의에서 발생하는 형식) 특징적인 자본주의 양상으로 출현했기에, 오직 장기적으로 자본주의의 폐지로만 해결 가능한 것이었다. 우선 역사적 의미에서 그들의 반식민 투쟁들은 자본주의와 사회주의 사이의 장기적 투쟁에 대한 그들의 공헌에서 파생되었다. 자본주의와 식민주의 사이의 관계에 관한 이런 관점에서 레닌은 마르크스보다 훨씬 더 배후의 영감으로 작용했다.

억압과 착취가 식민자와 피식민자들 사이의 정치 및 경제적 관계를 나타냄으로써, 문화적으로 둘의 관계는 "이원론적" 대립으로 나타났다.[23] 식민자와 피식민자 사이에는 처음부터 구조적 변증법의 인식이 있었다. 구조적으로, 경제적, 정치적 식민주의는 계급 구성체를 포함하여 새로운 실천과 사회적 구성체를 생산하고, 그것이 둘을 결합한다. 식민주의가 그것의 생존을 식민자로부터 끌어내는 새로운 토착 계급을 창조한 것처럼, 식민화의 과제는 식민자들과 이들 계급의 협력으로 말미암아 훨씬 더 쉬워지게 된다. 심지어 식민지의 '접촉 지대'에서 식민자와 피식민자가 공유하는 공통 문화를 거론할 수 있는 곳에서[24] 이들 공통 문화는 둘 사이의 "이원론적" 대립을 완화하기보다는 도리어 촉진한다. 가장 중요하게는 각자가 경제적·정치적·문화적 소속 여부에 다른 질문을 할 여지가 전혀 없는 인종에 관한 언어에서 표현되는 대립을 촉진한다. 민족 해방 이데올로기들에서 경제적 및 문화적으로 식민주의와 얽혀든 토착민 집단과 계급들은 국민의 구성에 통합적 요소가 아니라, 국민 주권과 자율성의 실현에서는 제거되어야 할 낯선 국민적 요소들이며 침입 행위자로 간주하게 된다. 이들 관념은 여러모로 급진적·비판적·정치적 탈식민주의 논의의 기원에 해당하는 프란츠 파농의 저작에서 가장 강력하게 설명되고 있다.[25]

만일 우리가 식민주의 담론이 후대에게 얼마나 모호하게 나타날 것인가 상상한다면, 우리는 지난 10년 또는 그 이상의 시기 동안 전개된, 식민주의에 대한 과거 담론에서 근본적 모순을 공론화한 탈식민주의 비평보다 더 모호한 것은 볼 수 없다고 감히 말할 수 있다.[26] 당대의 탈식민주의 비평은 식민지 경험의 중심성을 재확인하는 데서 이전 담론의 상속자이지만 아주 의미심장한 방식으로 이전 담론과는 나누어지고, 역설적으로 식민주의의 의미 자체에 심각한 의문을 제기한다. 이미 처음부터 제3세계에서는 자본주의의 범주 안에 식민지 경험을 포함시키는 데 만족하지 못하고, 거기에서 가장 근본적인 의미를 가진 것이 인종주의였던 식민주의의 심리적·문화적 차원을 밝혀내어 듣기를 요구하는 목소리가 있었다.[27] 이들 목소리는 탈식민주의 담론들이 경제적이고 정치적인 것으로부터 문화적이며 개인적 경험으로 뚜렷이 전환된 시기인 지난 20년 동안에 나타났다.

그 결과 식민주의가 관련되는 곳은 아주 모순적인 현상으로 나타났다. 탈식민주의 담론에서 문화적 정체성 문제로 관심이 전환된 것은 마르크스주의자 사고에서는 적어도 경제적이고 정치적 삶의 영역으로부터 문화의 부분적 자율성 인식을 향한 더 일반적인 방향 재정립의 계기인 동시에 수혜자가 되는 기회였다. 식민지 맥락으로 도입된 이러한 전환은 자본주의의 구조로부터 문화와 문화 정체성의 문제를 분리시키는 결과를 가져왔다. 그 결과, 탈식민 담론의 근거를 그들이 일찍이 포섭했던 정치경제학의 구조에 의해서 매개되지 않는 식민자와 피식민자 사이의 조우로 이동시키고 있다. 식민주의를 자본주의의 문제와 거리를 둔 것은 어떤 측면에서는 근대사의 중심 자료들로서, 자본주의보다는 식민주의를 전면에 내세우는 것이 가능하도록 만들었다.

그러나 이러한 식민주의의 임시 거푸집(centering)은 그 용어를 점차 모호하게 만들고 특별히 근대 식민주의에 관한 심각한 의문을 제기했다. 여러 방식에서 당대의 탈식민주의 비평은 탈식민주의 담론의 역사(다른 말로, 담론의 자기-비평)에서 그리고 자본주의, 사회주의, 국가 그러나 무엇보다 그것의 실패가 이들 모순에 관한 지식의 탐구를 자극하는 데 많은 역할을 했던 식민주의에 맞선 모든 혁명적 민족해방운동에 근본적으로 목적론적 가정을 제공한다. 그 결과 일찍이 거의 검증되지 않아서 비가시적이게 된 모순을 표면에 드러낸 성찰로서 가장 중요하다. 이런 모순의 인정은 또한 식민주의 개념을 매우 문제제기적 성격을 띠게 만들었다. 로버트 영은 장-폴 사르트르와 앨버트 메미(Albert Memmi)에 대한 언급에서 다음과 같이 말했다.

> 인종주의와 식민주의의 이원론적 체제는 식민자와 피식민자를 명백히 분열시킨다는 사르트르의 통찰은 실제로는 그들을 식민지 현실의 드라마에 결합시켜 식민자와 피식민자들 사이에 역동적인 상호 심리적 관계를 발생시킨다. 그 변증법은 헤겔이 말한 "배제된 중간", 다시 말해 두 개의 지배적인 반명제들 사이를 미끄러지는 역공간(liminal space, 閾空間)*에 하위주체적 인물들의 유령과 같은 현존이라고 부른 것을 포함한다는 앨버트 메미의 증명으로 더욱 정교화했다. 사르트르의 대응은 자신이 고찰한 변증법적 양상을 강조하고, 메미 역시 자신이 하나의 체계라고 판단한 지점에서 하나의 상황을 본다는 것을 시사한다.[28]

영이 지적한 사르트르와 메미의 견해 차이는 메미의 마지막 말과 더불어—비록 우리 시대의 탈식민 비평은 아마도 메미의 저작이 체계적인 식민주의 이해를 분명히 거부하고 개인의 경험을 통해서 개념을 성격 규정

---

* 역공간은 현대 도시 공공 공간의 혼성적 특성을 강조하는 용어로서, 모든 사람에게 열려 있지만 어떤 지침이 없이는 쉽게 이해되지 않고 어느 누구의 영역도 아닌 공간, 사적 영역과 공적 영역의 구분이 모호하고 공간 속성이 불투명한 공간을 말한다.

하고 세련화시킨 것을 능가한다고 장담할 수는 있지만—지난 20년간 탈식민 비평에서 발생한 전환을 상징하는 말이 될 것이다. 식민주의가 자본주의와 분리되었다는 점에서, 그것은 곧 체계로서 식민주의 이해가 체계적 총체성이 아니라 우연성과 차이의 가치를 인정하는 상황적 접근으로 퇴각한 것을 말한다.

나는 여기서 식민주의와 그것이 18세기에서 19세기 말까지 창조한 세계에 대한 우리 이해의 재구성에서 발생한 세 가지 결과들을 강조할 것이다. 첫째, 식민주의의 혼종화는 이전의 민족주의 사고에서는 돌이킬 수 없는 분열로 표상되던 식민자와 피식민자들 사이에 새로운 문화가 벼리어지고, 파트너가 되는—비록 동등한 파트너는 아니지만—"접촉 지대"로 관심이 전환했다. 이러한 전환은 반(反)식민국가 건설 자체가 식민화 활동의 일환이 아닌가라는 의문을 수반한다. 식민화 활동으로서 국가 건설은 일반적인 민족주의 역사라고 성격을 규정할 수 있을 것이다.[29] 그것은 특히 국가가 식민자로부터 도입한 수입물의 양상을 보이는 식민지 사회와 제3세계 전반에 특별히 적합성을 가진다. 그것은 많은 경우에 식민자들로부터 상속한 정책들의 재현물, 때로는 잔인한 패러디물이라고 말할 수도 있다. 어찌되었든 간에 국가-형식의 보편화는 그 자체가 지구의 식민지적 재구조화의 신호이다. 국가를 식민주의의 행위자뿐만 아니라 한 생산물로서 인정하는 것은 식민주의 관념 자체에 관한 심각한 의문을 제기하게 만들고, 식민주의의 혼종화로 말미암아 더욱 악화되고 나아가 역사에서 식민주의에 관한 전제들을 더욱 흐릿하게 만든다.

둘째로, 많은 민족해방운동에서 반식민지 민족주의에 관한 정보를 제공했던 사회주의자들이 고취한 영감을 불신하는 것 못지않게 식민주의에 대한 과거의 개념을 불신하는 것은 식민주의 역사를 점점 더 과거에 투사하여, 식민지 과거를 전 지구화의 한 단계로 삼고서 전 지구화의 목적론을 만드는 경향이 쉽게 출현하게 만들었다. 과거 "세계사"의 유럽중심주의를 극복하고자 전 지구화가 제공한 세련된 역사적 수정주의를 지향한 많은 노력에는 경탄할 만한 숨은 의도가 있었다. 그럼에도 불구하고 근대 세계의 형성에서 다른 사회들로 확장된 역사적 행위자의 활동은 그 행위자들이 이 세계 형성에 공모한 것으로 만들고, 이 과정에서 그 세계에 정의(定義)를 부여한 권력의 관계를 지워버린다. 우리는 그것이 지구를 둘러싼 세계 지도를 단순히 관찰함으로써 명백해야 한다고 생각할 수 있다. 현재 자본주의에 외부가 존재할 어떤 명백한 가능성이 없고, 외부자들은 또한 과거로부터 사라지는 과정에 있다. 그리고 일찍이 식민주의가 정의한 공간들과 식민주의에 대한 투쟁(즉 이전의 탈식민 담론에서 제3세계)은 역사를 전 지구화와 자본주의에 의해 정의된 전 지구적 근대성 출현의 패러다임 조건에서 생각하도록 "자연화"한다. 비록 전 지구적 근대성에서 자본주의는 기껏해야 대부분의 그런 분석에서 오직 하나의 "부재하는 현전"이긴 하지만 말이다.[30] 대안 공간을 향한 관심이 지속적으로 제기되는 곳에서 그것은 대부분 문화주의적인 "대안적 근대성들"의 주장들을 생각한다. 내게는 그것이 자본주의와 민족주의라는 쌍둥이 힘에 의해서 세계를 구조화하며 형성적 역할을 하는(그리고 역할을 계속하는) 권력관계에 대하여 그러한 재명명을 시작하는 핑계를 말하는 것이 아니라, 사실을 추구하며 모호한 역사적 발전에 이름을 붙임으로써 제시된 가장 기본적인 목적론의 문제를 망각하게 될 것으로 보인다. 20년 전까지도 중국의 마르크스주의 역사가들이 명말 청초 시기에서 포착한 자율적인 "자본주의 맹아" 이론은 유럽과 북미의 대부분의 중국 사가들 가운데서 회의적인 태도를 내포한 떠들썩한 소동과 직면했다. 지금 그러한 견해는 자유주의 역사가들에게는 전 지구화의 원인으로 수용되어 정통설이 되어가는 길을 걷고 있다. 그러한 차이는—다름 아닌 전 지구적 정치의 실재계에서 역사를 기술하는 불가사의한 세계에서—변화하는 권력관계의 조건에서 심사숙고할 가치가 있다.

식민주의의 쇠약화라는 최종 결과에 직면하여 여기서 적합한 말은 다름 아닌 혁명들의 몰락이다. 혁명들은 그것이 법을 위반하는 것이기 때문에 명백히 더 이상 정치적 사건으로 즐길 수 없다. 과거 혁명에 대한 역사적 이해는 지금은 선례를 따라서 역사의 실패들로 또는 훨씬 더 나쁜 것으로 읽힌다. 세계 질서를 지배하는 단일 질서는 그 질서에 대한 어떤 봉기 행위든 테러리즘이라는 이름을 다시 갖다 붙인다. 이는 또한 세계를 미국에 근거를 둔 초국적기업의 이익 못지않게, 미국의 제국주의적 심상에서 세계의 재형성을 자극하도록 추동하는 식민지적 항수를 감추고 있다. 그러나 과거에 식민지 또는 제3세계의 혁명은 이미 그것들을 만든 이들이 스스로 포기했다. 전 지구적 자본의 바깥에 혁명적 공간 확보를 내세운 그들의 주장은 점차 1970년대에 들어서면서 혁명의 유토피아적 약속의 성취로서가 아니라 영원한 후진성에 감금된 것으로 나타났다. 그때부터 발전을 위한 주도권은 민족 혁명의 순수성 변호자들로부터, 식민지 혼종성에 더욱 개방적인 자들로 넘어갔다. 그들에게는 바로 그 혼종성이야말로 전 지구적 근대성에서 국가 설립의 지도자 자질을 특징짓는다. 나는 감히 식민주의가 창조한 경제적·정치적·문화적 불평등의 구조가 당대 세계에서 사라졌다고 주장할 사람은 거의 없다고 생각한다. 그러나 제2차 세계대전 이래로 이들 불평등 구조에 대한 참여에서 가장 심각한 변화가 있었다는 것은 분명하다. 가장 중요한 것은 아마도 전 지구적 권력의 3극적 재형성에서 동아시아와 남아시아의 출현에 있을 것이다. 지상, 곧 현실에 더 가까운 수준에서 가장 의미심장한 것은 전 지구적 권력의 인적 자원에서 발생한 변화이며, 그것은 이제 경영과 노동의 수준에서 의미 깊은 결과들인, 자본의 운영에서 식민자와 피식민자의 구분에 맞서 그것을 넘어서는 것이다. 전 지구적 자본의 운영과 식민주의의 공간적 유산 사이에서 복잡한 관계들은 쉽게 풀어낼 수 없고 더욱 세밀한 주목이 필요하다. 그런 주목이 가능한 출발점은 현재 세계체제의 '건축학'과 '기하학' 사이의 구분에 진행 중인 전환 못지않게 그것이 지속되는 구조들을 고찰한 마누엘 카스텔이 제시한 것이다.[31] 어떻게 하면 이것을 더욱 관심을 쏟기를 요청하는 구체적 권력 분석으로 번역할 수 있을까.

나는 우리의 사고에서 세 종류 변환이 1979년까지는 이와 같은 문제의 분석에서는 전적으로 부재했던, 전 지구적 수준에서 피식민자 목소리 듣기의 열망에서 주요한 부분 역할을 감당했다고 생각한다. 근본주의적 전통의 재주장으로부터 혼종성의 탈식민지적 가치 증식에 이르기까지, 과거의 피식민자는 현재, 식민주의자든 식민주의에 맞서는 혁명가들이든 막론하고 이전과는 다른 방식으로 근대성에 관한 전 지구적 대화의 현재적 부분을 감당한다는 데 거의 의문의 여지가 없다. 권력, 문화 그리고 발전 담론의 결과들은 아주 의미심장했다. 대안적 발전을 모색할 권리의 주장은 즉각 발언 기회를 얻었고(적어도 부분적으로는 대안으로서의 대안이 여전히 지금은 전 지구화된 발전 신앙을 긍정하기 때문에) 동시에 전 지구적 근대성으로서 근대성의 재개념화를 정당화한다. 동시에 우리 자신은 지금 이들 대안적 목소리들이 어떠하든 자본주의 근대성의 생산물에 관해서 근대 담론으로 말하고 있다는 것을 상기하는 것이 필요하다.

사실 그런 목소리들은 그 자체가 식민주의의 생산물이고 식민자들이 식민주의 문화 형성에 유일한 요소는 아니었다는 것을 인정했던 "식민지 근대성"의 관념에 포획된 데서 볼 수 있듯이, 이전의 식민주의 세계에서 전적으로 부재했던 것은 아니다. 이런 변증법의 인정은 세계를 재형성한 유로-아메리카로부터 발산되는 역사적 힘인 식민주의의 약화를 향해 나아갈 수도 있다. 우리는 또한 다른 방향에서 접근하여 다음과 같이 말할 수도 있다. 곧 그 자체가 명백히 저항 불가능한 자본의 전 지구화 요구를 충족시킨다고 인정받는 우리 시대의 전 지구적 세계는 그 자체가 자본주의의 전 지구적 팽창과 더 효율적인 작동에 필요한 확장된 식민지 근대성을 표현한다. 식민지 근대성은 그 담론에 참여하는 자들의 변환에 맞서 독자적 생명력을 가질 수도 있다. 그것은 식민주의와 식민지 근대성의 다른 표현인 자본의 역동성과 전적으로 관련된 일을 수행할 수 있다. 다음 장에서는 내가 최근의 몇몇 저술에서 전개된 것과는 좀 다르게 이해하는 "식민지 근대성" 개념을 간단히 설명하고자 노력할 것이다.

식민지 근대성

현재를 기술하기 위해 어떤 이름을 채용한다 해도 근대성이 잘못되어가고 있다는 느낌을 극복하기는 어렵다. 그것은 불가피하게 처음부터 무엇이 잘못되었는지 궁금해하도록 만든다. 한편 이런 느낌은 우리가 어디서 보든, 지역별로 큰 차이가 있을 것이다. 근대성으로부터 후퇴든 진보든 막론하고 더 이상의 피난처는 없다. 그것은 식민지 근대성을 전 지구화한 산물이다.

식민지 근대성의 관념은 지난 몇 년간 약간 규칙적으로 주로 탈식민주의 비평의 결과로서 나타났다. 이들 저술에서 그 관념은 근대와 식민, 곧 전자는 유로-아메리카와 진보의 추구에 집중했고, 후자는 제3세계—이 용어는 제2차 세계대전 이후 식민지와 반식민지 지역을 가리키고자 나타났다—의 많은 부분을 포함하는 것으로서 후진성과 동일시된 양분법을 극복하고자 의도된 개념으로서 나타났다. 식민지 근대성은 근대와 식민의 당대성과 복잡성을 긍정하고, 이 용어를 하나의 관계성에서 2개의 불가분의 구성요소로 만든다.[32] 피식민자는 피식민 존재인 탓에 역사에서 배제되기보다는[33] 식민지 역사와 탈식민주의적 민족주의 역사학에서 모두 사고되는 존재로서, 이제는 식민지 근대성의 작업들에 참여와 더불어, 그들이 형식을 만드는 데 기여한 식민지 근대성 안의 행위자로서 하나의 역사를 획득했다. 그렇다고 이러한 전망이 틀리거나 불합리한 것은 아니다. 그러나 식민지 근대성 관념은 그것이 대체했던 이전의 관념들과 마찬가지로 편파적이다. 식민주의의 혼종적 산물에 가치를 부여하지 않고, 곧 식민지적 조우의 산물로서 식민주의와 적응 가능성을 거부하고, 반식민주의 투쟁을 통한 전반적 대안의 모색에서 부르주아 근대성 극복, 곧 근대성 전반이 아닌 부르주아 근대성 극복을 추구한 혁명적 주체만을 인정한 과거의 식민지 해방론과 마찬가지로 편파적이다. 지금도 그들 자신이 유로-아메리칸 근대성 패러다임에 맞선다고 주장하는 대안적 근대성론은 특정 식민주의와 전(前) 식민적 토착의 유산들이 상호작용한 산물이고, 식민지 근대성의 주체들이 로컬화한 근대성으로 형성된다. 이들은 지금 그들 자신 또한 근대성의 미래에 대한 끈질긴 협상에서 "지방화한" 유로-아메리카가 공백으로 만든 이데올로기 공간에서 전 지구적 무대에 대한 권리를 주장하면서도, 실제로는 빈번히 과거 식민지적 실천들의 재주장으로 전락하고 마는 전 지구적 근대성의 주체들이기도 하다.

한편 우리 시대의 이러한 많은 탈식민적 저술에서 식민지 근대성은 피식민자의 근대성을 재확인하는 한편 식민주의와 분리시켜 사고 가능한 유럽중심주의적 근대성에 관한 견해를 손상시킨다. 나는 이런 자극들의 역사적 명백성이나 정치적 명백성에 의문을 제기하지 않는다. 그럼에도 역사에서 피식민자의 구조(rescue)를 촉구하는 것은 또한 근대와 식민을 환원주의적으로 동등화하는 경향의 표현이라는 데 약간의 의문을 요청한다. 이 둘은 비록 불가피하게 뒤얽혀 있지만 단순히 상호적인 것이라는 말로 축소할 수는 없다. 또한 문제 제기적인 것은 총체성 개념을 거부한 작업의 결과 근대성을 무한수의 근대성으로 분산시켜, 근대성의 제유적(synecdochal)인 통합성조차도 박탈하는 것은 그것의 모든 의미를 박탈하는 것과 같다. 식민자와 피식민자의 근대성을 동등화하는 것은 또한 전 지구적으로 형성된 식민지 근대성과 구조적 불평등을 과소평가하고, 식민지 근대성의 행위자들 사이의 변증법적 상호작용을, 경계선과 그들의 사회적·정치적·문화적 산물을 형성하는 권력관계의 필연적 고찰이 필요 없는 흩어진 경계지대 혼종성으로 해체시킨다.

나는 도리어 두 용어의 붕괴를 제안한다. 그것이 근대에서 식민과 식민에서 근대를 지적하고 정치적으로 확인하는 데 더욱 생산적일 것으로 본다. 그런 접근은 근대화의 목적론과 근대를 극복하려는 제3세계주의자의 좀 순진한 반식민주의 촉구라는 두 가지 양상을 회피할 수 있을 것이다. 물론 반동적 근본주의자들이 전 지구적으로 급증하는 이 시기에, 근대를 식민의 감옥으로 밀어 넣으려면 정치적으로 약간의 주의가 필요하다. 동시에 식민을 근대와 무조건 동등시하는 것은—그것의 관계성의 조건에서 위치를 부여한다는 매우 특수한 역사적 의미의 경우를 제외하고는—식민지 그들 자체 가운데서 근대성에 대한 갈등을 불명료하게 만든다. 그러나 그것은 또한 지금 근대로 성격 규정되는 모든 것을 역사적 장소 바깥에 내버려둠으로써, 마치 근대 자체를 그런 관계성에서 벗어나면 근본적 내용을 가질 수 없는 것으로 성격 규정하여, 과거 식민지 사회의 반동적인 요소들에 대한 비판 능력을 박탈하거나 종식시킬 것이다.

식민지 근대성은 기껏해야 유로-아메리카로부터 발산된, 전망과 도달에서 전 지구적이었던(그러나 보편적이거나 동종적인 전 지구적 존재가 되지는 않은) 자본주의의 구조화하는 힘들과, 이들 힘들을 변환시킨 많은 로컬의 힘들로 생각할 수 있다. 또한 그들을 많은 로컬적 외관을 지닌 것으로 변환시키고 있는 바로 그것이 그들 자신에게 변환적인 효과를 유로-아메리카 사회에 되돌려 재차 작동하도록 만드는 자본주의로 말미암아 역동화한 구조적 관계성으로 판단할 수 있다. 과거 식민지 시기의 본래적 배치에서 식민지 근대성이라는 용어는, 지금 상기하기에는 유용할 수 있는 권력관계란 의미가 부여되었다. 로버트 라이델은 그가 "'식민지 근대' 감수성"이라고 기술한 것을 20세기 초의 보편적 명제들로 삼아 다음과 같이 말했다.

> 세계대전 전에 유럽인 동료들이 계발한 "타자"의 이국적 매혹에 뿌리를 둔, 식민지 근대(coloniale moderne) 개념—식민자와 피식민자 모두에게 식민주의의 혜택을 강조한 근대주의적 건축 스타일과 제국주의적 정책들의 표상을 결합한—은 제국주의의 오랜 포도주를 전간기에 근대주의적 디자인을 한 새 술병에 따라 붓고자 한 유럽의 제국주의적 당국들의 욕망에서 발전했다. 더욱 특수하게는 식민지 근대성의 실천—**아비투스**가 더 나은 표현일 듯—은 공정한 관점에서는 제국의 유지와 확장과 분리시켜 생각할 수 없는 대량 소비라는 근대주의적 꿈의 세계를 수립하려는 정부의 노력을 둘러싸고 결정화되었다.[34]

다른 말로 식민지 근대성은 구조적으로 권력의 불평등뿐 아니라, 식민지 근대성의 접촉 지대 거주자들의 불평등 "혼종화"로 표시된다. **식민지 근대성**이라는 용어는 특별히 식민지적 상황에서 전개되었지만, 전반적으로 근대성을 정의하는 성격 규정이라는 측면에서 볼 때 이면적으로는 생산적일 수 있다. 심지어 기교적으로 말하자면 식민주의가 존재하지 않는 곳에서조차도(예컨대 중국이나 터키) 그렇다. 이들 사회의 일부는 그들 자신의 고유한 식민지적 야심을 가졌다. 그러나 이들 세계 제국 식민주의와 그 중심에 국민국가를 가진 자본주의 근대성 또는 현실에 존재하는 사회주의와 결합한 종류의 사회주의 근대성의 식민주의 사이에 어떤 종류의 동등성을 발견하려는 노력은 큰 신뢰를 얻지는 못했다.[35] 이들은 형식적 탈식민화를 따라서, 제3세계로 명명되는 사회들이다. 지금 제3세계 자체는 의미를 많이 상실했지만, 그 용어의 배치가 제공한 전 지구적 불평등에 관한 정보는, 비록 그 용어가 포함했던 과거 국가들과 지역들의 경계선 긋기에 새로운 지도 작성 임무가 부과되긴 했지만, 여전히 많은 것을 우리와 함께하고 있다.

유로-아메리칸 권력이 생산한 패권적 관계들과는 별도로, 근대에 식민주의의 가장 중요한 도구는 내가 앞서 주장했듯, 그 자체가 근대화의 행위 기관으로서 식민화하는 힘이었던 국민국가이다. 심지어 국민국가의 식민주의는 국민국가 자체가 근대성을 자신의 정체성이라고 주장하며 주민에게 문명화 사명을 수행한다고 주장하는 제3세계 상황에서는 더욱 뚜렷하다. 우리가 국가를 계급·젠더·종족 혹은 도시-시골 및 지역적 조건, 국가 건설—그들 자신을 사회에서 가장 근대화된 요소로 자부하는 자들의 요구를 표현하는—에서 보는지 여부는, 근대성의 명분 아래 세계의 식민화에 가장 철저한 도구로 봉사했다. 그것은 팽창적인 동시에 집중적 강도가 높은, 물리적 공간 못지않게 일상생활 공간들과 개인들의 내부 공간들의 식민화로 귀결되었다.

또한 중요한 것은 식민주의 역시 세계의 식민지적 침입과 전환의 과정에서 진화된 실천으로 말미암아 그것의 모국에서 근대성 형성에 주목하는 것이다. 가우리 비스와나탄(Gauri Viswanathan)은 잉글랜드에서 영어 교육을 포함한 문학 교육에, 인도에서 식민지 신민 교육에 크게 성공하며 발전된 방법론들의 놀라운 효과를 보여주었다.[36] 수전 손은 19세기 잉글랜드의 문화적 형성에서 식민지에서 진화된 선교 태도와 실천의 중요성을 조명했다.[37] 프랑스 식민지 관료들은 식민지에 가장 근대적인 통치 방법을 가져가면서 "식민지에 배치된 (……) 통치술은 프랑스에도 적용 가능하다"고 믿었다.[38] 우리는 이미 에드워드 사이드의 《오리엔탈리즘》과 《문화와 제국주의》가 중요한 영향력을 행사한 본보기로 꼽히는 제3세계 학자들로부터, 세계의 정복이 근대 유로-아메리카의 지식과 조직—그것의 모든 실천적 목적들은 근대적 지식이다—을 형성했던 방식, 이런 지식들 자체가 세계에 관한 지식 형성을 위해 전유된 방식, 제국주의 견해와 부합하지 않는 그런 진실에 관련된 지식은 폐기 처분하는 방식을 잘 알고 있다. 가장 근본적으로는 자본주의 자체는 식민주의에 대한 참고 준거 없이는 이해가 불가능할 것이다. 자본주의 역사는 많은 방식에서 마치 페르낭 브로델이 주장하듯, 지중해에서 전 지구로 팽창해나간 세계경제에 의한 유럽 자체의 식민화를 포함하는 식민주의 역사와 마찬가지로 오래된 것이다. 좀 환원주의적인 말이기는 하지만 가야트리 스피박은 강고한 목소리로 다음과 같이 말한다.

> 산업자본주의의 초기 단계에, 식민화하는 국가들은 식민지가 제공하는 원료를 이용해서 그들의 제조 산업 기반을 발전시킬 수 있었다. 그 결과 토착의 생산

은 위축되고 파괴되었다. 자본의 순환 시간을 축소하고자 자본주의는 적절한 행정 절차와 그리고 철도, 우편 서비스와 균일적 등급화된 교육 체계 같은 문명화하는 도구를 확립할 필요가 있었다. 이는 제1세계의 노동운동과 복지국가의 메커니즘과 함께 점차 제조업 자체를, 노동의 요구 사항을 더욱 적게 하며 정부가 담보를 제공하는, 제3세계의 대지 위에서 실행하는 것을 의무적 명령으로 부과했다.[39]

우리는 국민국가(이곳은 자본, 일용품, 인간과 문화가 다시 근대성에 대한 국민 및 문명화된 견해들이 작동하게 만들고, 전 지구적 근대성에 그것의 유연한 외양을 제공하는 곳이다)로부터 자본의 탈영토화에서 식민지 과거가 발생시킨 구조와 파괴—물질은 물론 문화적인 구조와 파괴—를 말할 수 있는 지금 현재로 완전히 한 바퀴 순환시켜 제자리로 돌아오게 할 수도 있을 것이다. 식민지 근대성은 여전히 세계에 대한 정적인 지도 그리기에서 나타나듯 근대성의 불균등뿐 아니라, 전 지구적 흐름을 지도하는 식민지 공간들과 권력관계를 지속하고 있다는 점에서 여전히 가시적이다. 자본과 생산은 제3세계로 수출되는 과정에서, 지금은 발전과 전 지구화의 이름으로 경제적 식민화라는 과제를 완성한다. 이 과정에서 제1세계, 제2세계, 제3세계의 국가적·지역적 혹은 다른 경계선을 가로지르는 전 지구적 엘리트의 수중에 경제적 부의 동시적 집중 못지않게 노동하는 주민들 가운데서 재분배도 명백히 존재한다. 블루칼라 또는 화이트칼라 노동자들의 직업은 제1세계에서 제3세계로 수출되었고, 심지어 과거의 식민자들은 전 지구화 관련 담화와 함께 소멸되기를 거부하고 강고하게 존재하는 식민지 공간들로 귀향한다. 비록 소위 전 지구화가 구식 식민주의와 같지는 않지만, 식민주의가 전 지구적으로 창조한 불균등과 불평등이 국가로부터 탈영토화함으로써, 부와 권력이 전 지구적 엘리트 수중에 집중되었다. 보수주의적 해설가인 폴 크레이그 로버츠는, 미국은 20년 내에 불균등과 불평등이 극심한 제3세계가 될 것이라고 예견했다! 나아가 그런 현상의 일부분은 이미 나타났다고 말했다. 우리는 이런 고찰에서 식민지인들에 대한 19세기 식민주의자들의 경멸은 노동하는 주민과 여성을 포함하여 국내에서 억압받고 주변화된 자들에게까지도 확장된 것을 상기할 수 있다. 또한 우리는 인도와 중화인민공화국 같은 나라들에서 국가는 현재 발전을 위한 새로운 기회를 제공할 뿐 아니라, 내외부적으로 자신의 식민 기획을 관철할 수단을 제공하는 자본의 식민 활동에 공모하고 있다는 사실에 주목해야 한다.[40]

식민주의의 유산은 문화적·정치적 정체성에 대한 갈등에서도 명백하다. 오늘날 분리된 정체성을 요구하고 전통의 다양성을 촉구하는 상식적인 경향에도 불구하고, 이들 전통들은 식민주의가 재가공한(비록 창조되지는 않았지만) 형식으로 나타난다. 그 차이는 지금 피식민자와 식민자 사이가 아니라, 식민지 과거로 말미암아 상이한 방식으로 형성되었던 자들과 동등한—동일하게가 아니라—식민주의의 산물이나, 또는 여전히 과거의 유산들인 불평등한 문화적 권력에 종속되는 상호 간에 맞서 정체성들을 동원하는 자들 사이에 자리 잡고 있다. 내가 여기서 내심에 두는 것은 식민지인들이 아니라 지금 영국에서 시민권 제공을 두고 갈등하는 견해들에서 볼 수 있듯, 영국 식민주의가 생산한 문화를 연구한 울프 헤데토프트(Ulf Hedetoft)*가 설득력 있게 표현한 내용이다.

> 그러나 식민지 과거가 그것의 현존을 느끼게 만드는 것은 근대 영국인의 성격의 정체성과 정체성-위기만이 아니다. 스펙트럼의 다른 끝에서는 영국 식민주의의 다른 형식들이 그들 세계의 자기-심상과 개념들이 충만하게 영국인과 대면한 산물인 다양한 식민 주체들과 정체성을 생산했다. 영국인의 우월한 성격에 관한 느낌은 식민지 "야만인"들과 충돌하고 억압한 결과였다. 흥미롭게도, 그러나 이 모든 것은 (그리고 영국인들에게는 당황스럽게도), 이 식민지 생산물은 단순히 그들 "제3세계" 국가들의 잇따른 탈식민화 사태에서 그들 자신이 대처하다가 남긴 것이 아니다. 도리어 그들 일부는 식민지 이주 운동을 역전시키거나, 탈식민화 형식이라고 상정된 결과로서〔영국은 과거의 제국주의 국가 대영제국(British Empire)의 구성원들로 영연방(Commonwealth of Nations)의 건설을 통해서 제국의 분쇄 시도의 거부에 집착한다〕, 영국 무대에 이주민으로 재출현하여 장차 거주민이 되고 드디어 영국 국민이 될 것이다.[41]

어떤 의미에서 그것은 우리가 **근대성**이라는 용어 아래 봉입된 과정에 얽힘을 인식하는 한편 그것들과 분석적 분리를 유지하면서 다른 사물들 가운데서 자본주의, 식민주의, 국민국가와 문화적 근대성의 관계를 표명하게 만든다. 하찮은 의미에서는 식민주의가 인류 역사만큼 오래되었다

* Uif Riber Hedetoft, Director and Professor of The SAXO Institute, Faculty of Humanities University of Copenhagen.

고 주장할 수도 있다. 근대 식민주의를 앞선 시기의 식민주의와 구분하는 요소는 그것이 자본주의 및 민족주의와 관계 맺는 양상이고, 또한 국제관계의 형식적 체제로서 식민주의가 종식된 후에도—식민주의의 지속을 지속적으로 상기하는 자로서 봉사하는 중요한 예외로서 전 세계 토착민과 더불어—그것의 지속을 보장하는 것이다.[42] 근대성의 문화는 또한 그것의 형성과 전 세계적 확산 과정의 부분이자 몫인, 식민주의를 언급하지 않고는 이해가 불가능할 것이다.

이들 관계들로 말미암아 창조된 총체성은 식민주의에 대한 어떤 심각한 비평에서든 내심으로 유지할 필요가 있다. 내가 이해하듯 근대성은 우리가 이들 관계성의 산물인 역사적으로 변화하는 총체성에 부여한 이름이다. 그것의 제조에 착수한 다양한 순간의 분석적 분리는 그럼에도 불구하고 이들 관계들을—대립의 관계 못지않게 통합의 관계성—모순으로 파악하는 데 중요하다. 비록 식민주의가 계몽주의 유토피아니즘의 최고 관념—세계시민주의적 공존의 이상을 포함하여—을 세계 정복에 봉사하도록 동원하여 가치를 손상시켰지만, 우리가 근대성의 이해에서 소생시킨 비판적 전망을 말하지 않으면서도, 계몽의 이상은 국내와 해외에서 식민주의에 맞서는 투쟁을 고취시켰다. 이들 투쟁 역시 지금은 근대성 전개의 한 부분이다.[43]

(민족주의 역사 서술에서처럼) 지하로 내려간 역사로서가 아니라, 식민주의를 단순히 자본주의나 민족주의처럼 구조적인 동시 발생 조건이 아닌 일상의 조건으로 이해하는 데 중요한 역사로서 식민지 역사를 인식하려면 엄청나게 많은 말을 해야 할 것이다. 필요한 것은 식민 지배와 토착 사회

의 조우는 대안의 근대성 자체는 물론이고, 비록 오직 국민국가 형식이기는 하지만, 그들 자신의 식민주의를 생산했던 대안적 근대성을 생산한 방식을 인정하는 것이다. 국민국가의 "야누스 얼굴"은 국가가 어떤 종류의 식민주의를 피하는 데 필요불가결한 한편, 로컬 차이들을 식민지적으로 전유하여 저항의 가능성을 모색하는 식민지 국가들에서 가장 명백하게 가시적으로 나타난다.[44] 달리 말하면 국민국가는 식민지 역사를 종식시키지 않았고, 그것의 전 지구화에서 중요한 역할을 하면서 그 안에서 중요한 단계로 진전을 개시했다. 그것은 내가 이미 언급했듯, 식민 활동에 참여자의 확산은, 비록 그들이 초국적 계급을 형성하지 않는다고는 해도, 민주주의와 사회정의를 축소시키려는 "테러" 사용의 급속한 전 지구적 확산에서 지각할 수 있는 것처럼, 세계에 대한 어떤 외양의 공통적 공유를 뜻한다.[45]

계급의 개념은 오늘날 부분적으로는 계급정치의 실패 탓에 그 개념이 보수주의적 사회집단들뿐 아니라 젠더와 인종 같은 다른 관심에 몰두하는 급진주의자들 가운데서도 체계적인 망각의 대상이 된 탓에 유행에서 벗어났다. 전 지구성의 조건들 또한 국가 정치와 국가적으로 지향하는 사회과학의 맥락에서 표현된 모든 비슷한 개념들에 그들이 도전하듯 계급 관념에 도전한다. 그러나 우리는 그것의 본래적 공식화에서, 적어도 마르크스주의 이론에서 계급은 국제적 또는 초국적 개념이 되기를 의도한 것을 기억할 수 있다. 나는 국가적 수준이든 초국적 수준이든 막론하고 어떤 다른 개념처럼 우리가 기억하는 동안 계급 이익의 초국적화에 더 밀접한 관심을 쏟는 것이 중요하다고 생각한다. 계급은 이종성과 모순으로 표시되고, 계급과 젠더의 사회적 범주로부터 장소와 국가의 공간적 범주까지 다른 범주들에 의한 그것의 중층결정을 표현한다. 국가적 지도 권력, 달리 말하면 서로 사이가 좋지 않은 이 국가의 지도 권력들은 내부 식민지를 정당화하거나 심각한 정치적 반대편을 불온한 "테러" 집단이라고 딱지를 붙이는 데 공통 이해를 공유한다. 그들의 활동과 이념에서 국민국가와 사이가 별로 좋지 않은 초국적 엘리트들은 전 지구화 이념의 촉진이라는 점에서는 실제로는 국가적 지도력과 이익을 공유한다. 신(新)초국적 계급들이 식민주의와 신식민주의에 대한 급진적 반대로부터 식민지적 실천에 적응으로 입장을 바꾼 것은, 지난 10년간 식민주의가 제시한 역사적 문제들을 다루는 비판적 노력을 이들이 자기 방식으로 전유한 상황을 표현한 것이다. 이것은 불평등, 불의 및 파괴적 억압의 문제를 다루면서 어떤 용례에서는 피억압자로부터 식민자를 구분하는 능력조차도 폐기하는 것처럼, 식민주의를 텍스트적 모호함으로 해체하는 결과를 가져온다.[46] 이들은 탈식민주의 비평의 추상적인 국경 지대보다는 실제 국경들에서 인종·젠더·계급 그리고 "제3세계성"에 바탕을 둔 억압과 차별을 피하기를 거부한다. 실로 초국적 자본주의 분위기에서는 계급과 제3세계 기원이라는 것은 어느 때보다도 더 의미심장하게 될 것이다. 한 저자는 미국-캐나다 국경과 미국-멕시코 국경을 비교한 최근 연구에서 다음과 같이 말한다.

미국의 입국 조건은 세계의 다른 부분에서 전개된 발전 양상과 비슷하게, 당대의 이주민을 점점 더 여러 가지 계서제로 정의된 집단으로 구분하는 시민권을 기준으로 형식화되었다. 전체 민중 집단을 배제하면서 이주민을 종족 및 국민적 기원을 기초로 삼고 공개적으로 배척했던 19세기 미국 법률과 비교하면, 오늘날의 이주민 정책은(어떤 예외는 있지만) 이주민들이 미국에서 종국적으로 끼어들게 될 등급이 분류된 지위 못지않게 계급, 교육, 사회적 배경에 따라서 계층화한다.[47]

현실 국경들 및 민중의 전 지구적 이동에서 계급 불평등과 차별이라는 매우 실제적인 문제가, 어떤 탈식민주의 비평의 상표들에서는 억압받고 취급되지도 않는다. 그것은 식민 체제 혹은 탈식민 체제의 조건 아래서 근대성에 대한 특권적 접근 덕분에, 누구보다도 초국적 자본주의 아래서 평등한 특권을 지닌 세계시민주의 공간으로 재배치에 더 적합한 자들의 경험과 이념을 부각시킨다. 이것은 아지즈 아마드가 말하듯,

> 이주에 관한 이들 언어적 수사에서 이념적 모호함은 문제의 이주민이 국가-내부 관계의 제국주의 체제에 굴복된 **국민**(nation)으로부터 오고, 동시에 대개는 국가 내부의 지배적인 **계급**으로부터 온다는 핵심적 사실에 있다. 이것은 다시 말하면 노동계급이 아니라 전문직업적 중간층에 가입하고자 대도시 국가(metropolitan country)에 도달할 수 있게 만드는, 따라서 계급 문제를 매몰시키고 이주 문제를 적건 많건 존재론적 조건으로 말하는 일종의 수사학을 주조해내는 것을 말한다.[48]

우리는 식민지 교육—그것이 반드시 아지즈 아마드가 말한 상층계급

으로만 한정되는 것은 아니다—에 접근하는 것은 그 자체 식민주의나 신식민주의의 분위기 아래서 계급 특권의 표시가 되는 것이라고 덧붙일 수 있다. 식민주의의 도가니에서 주조된 자들, 그리고 식민지 과거뿐 아니라 현재에 직무를 맡은 자들이 제1세계 권력 제도에서 무조건적인 환영과 축하를 받아야 한다는 것은 그다지 놀랍지 않다. 전 지구적 근대성이 식민지 근대성의 가장 솔직한 성취로 나타나는 지점이 바로 여기이다.[49]

시간에서의 일종의 탈선이기보다는 역사로서 식민지 근대성의 인식은 사회정의와 민주주의를 위한 계속된 투쟁에 중요할 것이다. 오늘날 전 세계적 국가와 자본의 식민주의에 맞서는 투쟁이 확산되고 있다. 그러나 우리 시대의 학술 및 지적 세계에서는 많은 이들이 이 투쟁을 추동하는 공포와 희망을 파악할 수 없고 그것들을 반식민주의적 투쟁으로 이해하는 데 실패할 것이다. 이유는 우리 자신의 지적·제도적 맥락들 자체가 식민지 근대성의 수혜자이고 구성 요소이기 때문이다. 우리에게는 시간적 다선성과 사회적 다양성을 위한 관용이란 측면에서 식민주의에 교정 수단으로 보이는 탈식민 전 지구화와 디아스포라적 혼종화의 전망은 실제로는 그것 자체가 식민주의의 유산을 크게 전제로 삼는다. 그 결과 전 지구적인 정치적·이념적 쟁점으로서 식민지 근대성과 대적할 필요성에는 관심이 더욱 멀어지게 만든다.

다른 한편 식민지 근대성에 의해 구조화된 세계는, 마치 이라크에서 나타나는 소위 자발적 동맹처럼, 개인, 기업 혹은 국가를 이용하여 과거 피식민자들을 식민자 가운데 포함시킨다고 해서 종식되는 것도 아니다. 한 실체로서는 환상이지만, 모든 대륙과 피부색의 사람들, 과거의 식민지인들뿐 아니라 식민자들을 그 안에 포함하는 덕분에 전 지구적 정당성을 주장하는 것과 같기 때문이다. 다른 한편 정치적 의미로나 이념적 의미에서 탈식민화는 국민국가가 식민지 제도로 인식될 때는 그다지 큰 의미를 가지지 않는다. 완벽을 기하고자 신중하게 달리 말하면 탈식민화는 단순히 유로-아메리카인 식민주의에서 어떤 상상된 국가 문화로의 도피로만 한정될 수는 없다. 그것은 국민국가의 권력이 후원하여 민족문화 관념을 식민화하는 영향력에 의문을 제기하도록 한층 더 나아가야 한다. 이 의문의 긴급성은 특별히 현재 더욱 명백해야 한다. 초국적 자본과의 동맹에서—미국에서가 아니라 중화인민공화국 같은 과거의 사회주의국가에서 특별히 명백하다—국가는 정당성의 원천이며 사회에 대한 책임을 최소화하고, 대신에 자본의 작동(재정, 생산, 노동 및 시장)을 위한 전 지구적 공간의 창조를 추구한다. 그것은 옷깃 색깔과 무관하게, 곧 화이트칼라든 블루칼라든 구분하지 않고 노동하는 주민을 통제받지 않는 변덕스런 전 지구적 시장으로 내몰아버린다. 시민들은 머지않아 다시 한 번 노동예비군에 지나지 않게 되고 자본의 이익 안에서 영구적인 전쟁이 일어나게 된다.

그러한 사실의 인정은 식민지 근대성을 극복하는 과제가 한 세대 전의 반식민지 투쟁보다도 훨씬 더 힘든 과제를 수행하도록 만들었다. 그런 투쟁을 위한 요구 자체는 과거의 반식민 투쟁보다도 매력이 훨씬 더 떨어지게 만들고, 전 지구적 시장과 전 지구적 소비사회의 유혹 가운데로 무모하게 돌진하게 만든다. 전 지구적 시장과 전 지구적 소비사회는 민주주의와 사회정의라는 수사뿐 아니라, 삶과 생계 조건 자체를 위한 파멸적인 결과로서 발전과 민주주의 이름으로 수많은 사람들에게 일상적 위해를 가하는 경제적·문화적·정치적 폭력을 필요로 한다. 그러한 식민지 근대성을 극복하는 조건들을 복원하는 과정에서 최우선 과제는, 문제 해결에 착수한 과제들을 영속화시키는 당대의 정치적·문화적 정체성에 대한 몰두에 맞서는 것이다. 만일 우리가 지금은 이미 전 지구화한 식민지 근대성을 벗어나는 길을 발견하려면 먼저 그것이 우리에게 역사적으로 주어진 출발점이라는 인식이 필요하다.

5

대안들?: 중화인민공화국과 전 지구적 남반부

중화인민공화국이 지난 10여 년간 전 지구적 자본주의의 동력기관으로 출현하면서 그것이 신자유주의 전 지구화로 표현된 전 지구화에 대안적 양식을 제공해줄 가능성을 기대하는 약간의 담화가 있었다. 그 견해는 비록 사회주의 유산이 실제로는 거의 치유 불가능하게 자본주의와 타협했지만, 공산당 지도부가 사회주의 과거와 완전한 단절을 거부하는 데서 약간의 개연성을 끌어낸다. 가장 중요하게는 그것이 "전 지구적 남반부"에 호소력을 가졌고, "전 지구적 북반부"로부터 합주된(orchestrated) 전 지구화에 맞서는 사회정치적 활동이 번성하는 것을 재차 목격하게 만든 사실이다. 전 지구적 자본주의에 중화인민공화국의 매우 결정적 병합은 전 지구화의 진전에 기여하기보다는 그것의 약화에 대하여 재차 발송하는 신호일 수 있을 것이다. 어찌되었든 이전의 식민지 또는 신식민지적 사회의 관심들을 고찰하는 것으로 가정될 수 있을 전 지구화의 대안적 방식에 관련된 주장을 검증하는 것이 중요하다.

나는 여기서 지난 몇 년간 서로 다르지만 결코 무관하지는 않는 맥락에서 약간의 인기를 얻었던 두 관념들 사이에 가능한 반향들을 탐색할 것이다. 하나는 "베이징 컨센서스" 또는 "중국식 발전 모델"의 관념으로 중국 지식인들과 정치 이론가들 사이에 상당한 주목을 끌었을 뿐 아니라, 중화인민공화국 바깥의 전 지구적 남반부 지도자들에게도 어느 정도 관심을 불러일으켰던 관념이다. 다른 것은 "전 지구적 남반부" 관념으로, 그 자체가 특히 과거의 용어인 **제3세계**를 대체하는 관계에 관련된 것이다. 중국식 발전 모델 관념은 마오쩌둥 통치 아래서 전개된 혁명 정책들에 준거가 되면서 1950년대에 인기를 얻었고, 당시의 자본가들뿐 아니라 소비에트의 발전 모델에도 대안을 제공하는 것으로 보였다. **제3세계**라는 용어는 1950년대 초기에 출현했다. 1955년 4월 아시아와 아프리카의 비동맹 국가들이 세계 현안을 논의하고자 개최한 반둥회의(Bandung Conference) 이래로 더욱더 큰 가시성을 획득했고, 패권적 자본주의와 사회주의 모델에 맞서 제3의 발전 모델을 제공하는 것으로 비슷하게 지적되었다. 이 과거의 결사 조직들은 점차 오늘날 미국이 주도하는 신자유주의의 당대적 지배에 맞서는 발전 경로의 자율성 추구에 하나의 준거로서 자극을 제공한다. 현재와 과거 사이에 존재하는 차이의 이해는 중국식 발전 모델과 전 지구적 남반부 사회들의 자율적 발전 경로의 모색 사이에서 반향을 일으킨 주장들의 비판적 이해에 중요하다.

전 지구적 남반부라는 용어—적어도 그것의 구성 요소인 "남반부"라는 용어—는 1970년대까지로 소급되고, 그것이 함축된 의미는 다른 용어들과 더불어, 제2차 세계대전 이후 근대화 담론과 혁명 운동이 자본주의 근대성이나 사회주의 근대성의 경제적·정치적 목표들을 성취하는 데 난관에 직면한 것으로 보이는 사회들에 관한 서술을 창출한 것과 깊이 얽혀 있다. 1950년대와 1960년대에 그런 사회들을 위한 인기 있는 명칭은 비록 그들이 내포한 모순 관계가 모두 동일하지는 않지만 크게 보면 포괄적으로 해당되는 제3세계라는 용어이다.[1] 그것은 제목에서 "북반부–남반부"를 모두 포함한 1980년과 1983년 발간한 브란트위원회 보고서 덕분에 인기를 더욱 끌었다. 그 보고서는 남반부의 근대화가 가능하도록 북반부에서 남반부로 자본의 대규모 투입을 변호했다.[2] 사실 나는 당대의 복합어 형성에 **전 지구적**이란 용어를 **남반부**에 부착시켰을 때 확신이 서지 않았다. 그러한 단언은 1990년대에 출현하고 있었던 전 지구화 담론에 약간의 관계를 제시한다. 2003년 유엔개발계획(United Nations Development Program, UNDP) 기획, "전 지구적 남반부 구상하기"[3]는 "남반부"의 사회들 가운데서 발전 의제들을 탐색하면서 그들 자신의 주도권을 확립하는 쌍방향성을 가졌기에, 그 개념에 관심을 끌어내는 데 중요한 부분으로 역할을 했다.

이 용어의 변화하는 용례와 그들이 포함하는 서로 다른 의제는 지난 반세기간 전 지구적 정치에서 남반부에 할당된 이념적·정치적 역할 못지않게 전 지구적 위치 부여에서 연속성과 단속성에 대한 실마리를 제공했다. 그 용어의 사용은 어느 정도 지리적으로 설명된다. 두 예외 사례인 오스트레일리아와 뉴질랜드를 제외하고는 세계의 선진국은 개발도상국, 저개발국 또는 최소로 발전된 나라들의 북쪽에 놓여 있다.[4] 한편 그 말을 만든 사람들은 분명히 축자적인 물리적-지리적 의미에서 받아들이기를 의도하지는 않았지만, 그럼에도 불구하고 그것이 이념적이고 정치적인 공간과 기획(**전 지구화**를 내심에 두고)을 위해 모두 지리적인 칭호가 같다는 것은 지적할 가치가 있다. 그것의 지리학은 용어가 가리키는 것보다 훨씬 더 복잡하고, 시간에 따라서 변화하는 대상이다. 그러므로 당대 세계의 "남반부"는 구성과 영토적 넓이가 1970년대의 남반부나 또는 제2차 세계대전 직후 식민지 남반부와는 현저하게 다르다. 이누이트들은 실제로는 북극권에 산다. 한편 일부의 과거 식민지 또는 신식민지 중심 도시들은 생성 맥락은 다르지만, 활동성과 외양에서 자본의 중심본부에 소재하는 대도시들과 규모가 필적한다. 사회주의 대안의 소멸은 하나의 패권적 권력과 하나의 패권적 이념인 신자유주의만 뒤에 남겼다. 이런 상황은 여러 방식으로 남반부에 신자유주의가 직면한 문제들과 전 지구적 문제들의 해결에 그것이 작용할 수 있는 역할에 부담을 가중시켰다. 남반부의 문제와 그것이 제시하는 정치적 기획들은 모두 그런 내부/외부 및 물질적/이념적 변화들과 일치하여 시간의 경과에 따른 변수에 종속된다.

1952년 알프레드 소비가 만들고 과거의 피식민 또는 신식민화한 세계를 자본주의나 사회주의의 근대화가 진행 중인 세계들과 구분하려는 의도로 만든 **제3세계**라는 용어가 1960년대에 급진 좌파의 중심적인 정치적 슬로건이 된 것은 구태여 정교하게 설명할 필요는 없다. 그 용어는 기원에서 제3세계 사회들이 근대성을 향한 머나먼 장도에 올라 자본주의와 사회주의라는 두 경로 가운데 하나를 선택한 것을 제시한다. 그 안에 함축된 것은, 사회주의 경로 자체는 일시적 일탈이고, 궁극적으로 성취해야 할 것은 자본주의에 할당한 근대화 담론의 궁극의 목적론적 과제인 역사의 종언을 가져오리라는 오래된 가정이었다.[5] 그럼에도 제국주의와 자본주의의 밀접한 결합에 따라, 사회주의의 사례는 민족해방운동에 밀접한 영향을 끼쳐 제3세계 관념을 산란시켰다.

그러나 제3세계는 제3의 근대성 노선으로 생각할 수 있었고, 1955년 반둥회의에 참여한 남반부 사회들도 그와 같이 생각했다. 이러한 개념은 북반부와 남반부 모두에게서 스탈린주의 사회주의로 전락하지 않고도 식민주의와 제국주의의 종말과 함께 닥쳐온 운명인 자본주의로부터 벗어나는 방도로서 제3세계 민족해방운동에 부여한 높은 가치에서 중요한 적합성을 내포했다. 1968년은 제3세계의 해였다. 제3세계는 그때 단순한 경험적 용어를 넘어섰다. 또한 자본주의와 현실에서 존재하는 사회주의가 제시한 난관에서 벗어나는 혁명적 길을 표상했다. 남반부는 역사의 첨예한 모서리에 과감하게 설 자세가 된 듯이 보였다.

오직 10년 뒤, 상황은 급변한 것으로 보였다. 브란트위원회는 1977년에 설립되었고 그때 베트남에서 명성을 얻은 로버트 맥나마라는 세계은행 총재로서 자신을 베트남에서 미군의 전쟁 행위에 대한 공식적 책임을 가진 관계자에서 제3세계에 동정적인 후원자로 재변신했다. 〔오늘날의 폴 울포위츠(Paul Wolfowitz)*와 비슷한 데 주목하시오.〕 녹색당 성향의 사회민주당

---

* 폴 울포위츠(1943~)는 1989~1993년 미국 국방부차관, 2000~2005년 국방부부장관으로 신보수주의(neo-conservative)에 입각하여 조지 부시 대통령 시기 이라크 강경 정책을

원으로서 전직 베를린 시장이며 독일 총리 빌리 브란트가 이끈 그 위원회는 임박한 경제적·환경적 위기가 지평선에 떠오른 것을 자각하고 인류의 파국을 막는 중요한 방법의 하나로 남반부를 점차 구조자로 보게 되었다. 그러나 10년이 채 경과하지 않아서 남반부는 세계의 구원자라는 역할로부터 세계 자체를 구제(salvation)하려면 구제해야 할 동정의 대상으로 극적으로 전환되었다. 지금 그 구제는 과거에 제3세계 해방론자들이 세계 혁명 운동의 원동력으로 묘사한 것과는 전혀 다른 경로를 가리키고 있다. 1981년 브란트위원회의 최초의 출판물은 소위 로널드 레이건-마거릿 대처 혁명과 북반부의 경쟁자로서 동아시아 및 동남아시아 자본주의의 출현 그리고 1978년 중화인민공화국에서 시작하는 사회주의의 퇴각 시작과 일치한다. 브란트위원회의 전 지구적 신케인스주의는 1980년대에 들어와서 미국이 지배하는 세계은행과 국제통화기금이 강화한 신자유주의 경제 정책들로의 급속한 대체로 유산되고 말았다. 그러한 변화는 궁극적으로 1990년에 우선 라틴아메리카에서 미국 정책의 준거로서 주조되었던 용어로서 전 지구화 과정을 특징짓는, 정부 보조에서 시장화로 전환과 신속하게 결합된 용어인 워싱턴 컨센서스(그것은 1990년대에 두드러진 우위를 획득했다)에서 적절한 표현을 발견했다. 배후에는 당대의 조건에서, 국가 경제 발전은 전체 국가의 발전을 더 이상 의미하지 않고, 도리어 경제와 전 지구적 경제에 성공적 참여가 가능한 주민들의 발전, 곧 통상 전 지구적 네트

주도했고 2005~2007년 세계은행 총재로 취임해 개발도상국 지원에 앞장서는 이중적인 모습도 보여주었다.

워크 사회의 구성 요소들인 도시 네트워크에 사는 주민들의 발전을 의미했다.

1990년대의 소위 전 지구화와 더불어 발전의 지리학은 재구성되었고, 과거의 제3세계 관념뿐 아니라 북반부/남반부 구분의 가시적 유효성에 의문을 던지게 되었다. 현재 이 둘 사이의 경계선은 남반부의 일부가 북반부에 놓이고 그것의 역(逆)도 작용하는 다양한 종류의 네트워크로 교차한다. 나는 여기서 다양한 발전적 성공의 경계선을 넘어가는 이주뿐 아니라, 북반부에서 바로 그것이 남반부의 잔재인 "원주민" 빈민 구역(pocket) 창조에 관해서 언급한다. 나는 북반부와 남반부의 나라들이 같은 종류의 박탈과 질병으로 고통받고 있다는 의미를 함축하기를 바라지는 않는다. 그럼에도 뉴올리언스의 허리케인 카트리나 재앙, 남아시아의 쓰나미 쓰레기 비극의 도래는 북반부와 남반부 사이의 구분은(이전 시기의 제3세계들 사이의 구분들처럼) 절대적이지 않다는 점을 상기시켰다. 그 결과, 점차 전 지구화가 계급, 젠더 및 종족적 불평등의 관계를 국가 및 지역적 경계선들을 넘어 재구성하게 되면서 그것을 희미하게 만들었다. 가난한 자들에게 일어나는 일은 부자들에게도 일어났다. 남반부는 이제 초국적 자본의 순환 위에서, 초국적 자본주의에서 활동가들인 지배계급 못지않게 전 지구적 도시들을 보유한다. 영토에 기반을 둔 차이들은 출현 중인 사회적 불평등에 의해서 중층결정되고, 남반부를 약간의 제도적 억압이 없지는 않지만 크게 보면 북반부와 동일한 국제적 모순과 갈등의 장으로 이끌고 간다.

중요한 것은 남반부 문제의 해결은 전 지구적 해결의 한 부분이어야 한다는 것, 또는 적어도 국가적 경계선들을 넘어서는 지역적 해결들이어야 한다는 것이다. 2003년 유엔개발계획(UNDP) 기획 "전 지구적 남반부 구상하기"는 "새로운 발전 패러다임"으로 기술되었다. 그 기획은 남반부가 자신의 미래를 명령하도록 의도되었다. 남반부의 나라들은 북반부로부터 구조자를 기다리기보다는 남반부의 전반적 발전을 증진하면서 서로 협력해야 한다. 페러다임의 구조틀 제조자가 말하듯 "남-남 협력"해야 한다. 남-남 협력은 "탈중심화한 협력"으로 기술되고 "삼각 협력"이라고 이름 붙여진 남반부 바깥의 나라들과 협력에 개방되어야 한다.[6] 여기서 가장 의미심장한 것은 남반부는 그 자체를 창안해야 하고 전 지구적 무대에서 자신의 자율성을 얻어내야 한다. 적어도 부분적 자율성의 주장으로 가시성을 획득해야 한다. 한편 그것은 자기정체성 주장에서 제3세계 관념과 약간의 친족 유사 관계를 가진다. 다른 한편 전혀 다른 역사적 상황의 소산물이기도 하다. 사회주의 세계인 제2세계의 소멸과 함께 군사력에서 거의 단극성을 가진 한편, 다른 편으로는 경제, 정치, 문화적 배치에서 아주 혼돈스런 세계가 뒤에 남겨졌다. 그 자신을 발명한 존재로서 남반부는 지평선에 떠오른 유일하게 유용한 선택 대안인 전 지구적 자본주의가 부과하는 제한선 안에서 자율적 발전을 성취하려면 신자유주의의 한계 안에서 경제적 대안을 발명해야 했다. 이 목표는 과연 성취 가능한가?

그러한 성취는, 역설적으로 어느 정도는 이전의 경제적·정치적 배치, 세계를 "세 개의 세계"로 공간화하는 귀환에 의존해야 했다. 동시에 남반부와 북반부의 서로 얽힘과 자본의 전 지구화와 초국적화, 그리고 그것이 요구하는 제도들을 통한 공간 관계의 재형상화를 고찰해야 한다. 자조

(self-help)의 철학은 멋지기는 하지만 그것의 실천은 국가와 지역의 자율성을 요구하고, 그것은 또다시 보편적인 신자유주의 시장 원리의 전복에 종속되기보다는 그러한 자율성을 존중하고 지지하는 제도의 전 지구적 배치를 요구한다. 남반부의 자율적 발전에 장애는 외부에만 놓여 있지 않다는 것, 특히 대부분의 남반부 사회에서는 이미 초국적 경제와 그것으로 이루어진 사회구성체의 부분들로서 그것의 영속화와 팽창에 중요한 지분을 가진 집단과 계급들이 있다는 사실을 기억하는 것이 중요하다.

그럼에도 불구하고 이들 사회에는 식민주의와 신식민주의의 역사적 경험, 곧 끝나지 않은 경제적·정치적·사회적(인종적) 주변화의 역사와, 어떤 경우에는 과거의 해방운동에서 전 지구적 정의를 위한 투쟁에서 협력 또는 공통 명분을 추구한 기억을 상호 인정하는 조건에서 어떤 유사성이 있다. 유엔개발계획의 전 지구적 남반부 프로젝트는 세계사회포럼에서부터 2003년에 성립된 중국·인도·브라질과 같은 강력한 남반부들을 대표하는 G-20(Group of 20)에 이르기까지 남반부 사회들이 주도권을 장악한 쇄신 활동과 일치한다. 남반부는 북반부의 급진 세력들과 협력하여 세계무역기구(WTO) 체제에 대한 항의에서부터 이라크전쟁 항의까지 전 지구적 정치활동에서 점차 가시적 부분의 역할을 한다.[7]

그러나 우리는 제3세계의 유사성에 너무 낭만적인 기대는 하지 않아야 하고, 전 지구적 권력에 관한 쟁점들은 논의가 한창 진행 중이라는 것을 알아야 한다. 발전의 성공—중국과 인도가 최우선의 보기들—덕분에 북반부와 남반부 사이에 놓여서 남반부에서 지도자 역할을 하고 전 지구적 무대에서 자신들의 권력을 촉진하는 역할에서 혜택을 받는 사회들이 있다. 마찬가지 이유로 중화인민공화국에서 인도, 브라질 및 남아프리카공화국에 이르기까지 약간의 증거는 전 지구적 남반부에서 지도력을 인정받는 사회들은 이미 그들 스스로 (일찍이 반둥회의의 경우에서 보듯) 권력 경쟁에 참여하여 외부—가장 중요하게는 어떠한 식으로든 남반부의 재기 신호에도 공개적으로 적대적인 미국에 의한 조종을 초대하는 것—에 대한 단결의 약속을 손상시킨다.[8]

더 심화된 난관은 이들 사회는 남반부 자체가, 그것들의 수혜자이며 동시에 전 지구적 자본주의의 구조적 특성인 불균등 개발의 결과로 고통받는다는 점이다. 다시 말해 현재 출현 중인 심각한 사회적 불평등 못지않게, 영토적 기초 위에서 불평등 발전의 결과로 고통받는 신자유주의 전지구화의 압력을 받고 있다는 사실이다. 외부적 힘들 못지않게 내부적 힘들은 이 사회들을 신자유주의적 자본주의의 더 큰 전 지구화와 그것에의 동화 방향으로 떠밀어가고, 그러한 힘들은 더 큰 형평과 사회정의(그리고 환경 악화의 점차적 감소를 추가할 수 있다)를 지닌 자율적 발전의 자극에 유리하게 작용한다. 이들 힘들 가운데 어느 것이 더 우세한지는 아직 알 수 없고 그것은 국제적 환경에 크게 의존한다.

나는 세계경제와 정치에서 점점 더 중요한 역할을 수행하는 중화인민공화국의 전망에서 남반부 동맹의 가능성과 곤경의 일부를 설명하고자 한다. 지난 2년간 신자유주의 워싱턴 컨센서스에 대안으로서 "베이징 컨센서스"가 자주 언급되었다. 베이징 컨센서스 관념은 과거 〈타임〉지 외국 뉴스 편집자이면서 현재는 베이징에서 유명한 투자자문 은행 골드만삭스(Goldman and Sachs) 고용 사장으로 있는 조슈아 쿠퍼 라모가 부각시켰다. 그것의 기초는 국가적 자율성과 목표를 손상시키지 않고도 전 지구적 경제에서 의미심장한 성공을 기록한 중국 발전 모델을 긍정적으로 주장하는 아주 단순한 논리이다.[9] 중국의 발전 모델이 관련되는 한에서 라모의 베이징 컨센서스 논의는 순진하게 이념적이고 모순으로 가득 차 있다. 그럼에도 불구하고 한편 라모의 특별한 접근과 주장에 비판적인 공산당의 일부를 포함해서 중화인민공화국 지식인들은, 베이징 컨센서스의 개념에서 자신의 성향을 반향하는 요소를 발견했다.[10] 그리고 전 지구적 자본주의 구조들에서 자율적 발전의 가능성을 강조하는 것은 제3세계에서 많은 이들의 관심을 사로잡았다. 라모에 따르면,

> 중국은 단일의 거대하고 강력한 인력 중심지를 가진 세계에서 그들의 삶의 방식과 정치적 선택들을 보호하고자, 단순히 그들의 나라들을 어떻게 하면 발전시킬 것인가를 질문하는 게 아니다. 어떻게 하면 국제질서를 그들이 진정 독립적이 되도록 허용하는 방식에 부합토록 할 것인가를 염두에 두고 해결을 시도하는 전 세계 다른 국가들을 위한 발전 경로를 표시하고 있다. 나는 이 새로운 중심과 권력의 물리학과 발전을 베이징 컨센서스라고 부른다.

라모에 따르면 이 새로운 "권력의 물리학"은 세 가지 "공리" 안에 봉입될 수 있을 것이다. 첫째 공리는 "혁신 가치의 재배치"이다. "발전 중인 국가는 남의 발걸음을 밟는(trail-edge) 기술공학의 발전과 더불어 시작해야 한다는 구식 물리학보다는 (……) 문제들이 창조물을 변화시키기보다 더 빠르게 움직이는 변화를 창조하고자 최첨단(bleeding-edge) 혁신의 필요성

을 (……) 강조한다." 둘째 공리는 사치가 아니라 지속 가능성과 평등이 제일 먼저 고찰되는 발전 모델을 요구한다. 끝으로 "베이징 컨센서스는 자주적-결정 이론을 포함한다. 예컨대 당신의 발가락을 밟을 수도 있는 크고, 패권적인 권력을 움직이는 데 지렛대 사용을 강조하는 이론이다."[11]

라모의 개념에서 이들 세 가지 "공리들"은 단일의 발전 구조를 형성하고자 결합하고, 정확하게 바로 그러하다. 문제는 그 분석에 무엇이 제외된 것인가, 저자가 모순을 대면하는 데 실패한 것이 무엇인가 하는 것이다. 라모는 마치 그러한 모순들이 중국의 발전 성공을 고찰하는 경제발전 과정에 포함되지 않았던 것처럼 오직 슬쩍 지나치면서 인식한다. 이는 특별히 "공리" 1과 2의 논의에서 분명하다. 여러 가지 분석들에 따르면, 중국 경제가 자급자족적 혁신성의 수준에 도달했는지 의문이 생기는 성격을 갖고 있음에도 불구하고, 라모는 중국의 발전에 확고한 약속을 거의 전적으로 "혁신"에 귀속시킨다. 그가 표현하는 용어에서 "혁신"은 한 유토피아의 한 유형이 되고, 대부분의 유토피아처럼, 그 메시지는 본질적인 증명보다는 수사학적으로 지나친 과장을 더 전달한다. 그는 다음과 같이 쓴다.

> 혁신은 중국 사회의 밀도를 증가시키는 방식이다. 그것은 사람들을 연계망을 통해 결합한다. 개선해야 할 시간을 줄이고, 의사소통을 더 손쉽고 빠르게 한다. 혁신이 더 나아질수록 밀도도 커지고 성장도 빨라진다. 당신은 이것이 중국의 전역에서 작동하는 것을 볼 것이다. 당신은 또한 이것이 신뢰의 결핍, 부패 또는 다른 문제들로 말미암아 내부가 텅 빈 실린더 같은 문화의 부분들에서

는, 작동하지 않는 것도 보게 될 것이다. 이는 베이징 컨센서스의 첫째 공리로 이끈다. 변화의 문제에서 유일한 치유는 더 많은 변화, 더 많은 혁신을 가져오고 혁신 밀도를 확보하는 것이다.[12]

혁신의 유토피아화는 일찍이 내가 실리콘밸리 발전 모델을 언급할 때 내심에 담아두었던 것이다. 사실 무어와 메트칼리프의 법칙〔인터넷 발전에서 중요한 두 인물, 고든 무어(Gorden Moore)와 로버트 메트칼리프(Robert Metcalif)〕에 대한 분명한 언급은 라모가 당대의 삶을 전반적으로 사이버 공간의 작업들로서 성립된 "규칙들"의 조건에서 생각한 것을 제시한다. 그의 분석에는 초국적기업 투자로 말미암아 작용하는 부분들, 최초의 장소에 투자를 가져오는 책임이 있는 가장 복종적인 노동력의 값싼 공급 그리고 인구의 4분의 1 미만을 포함하고 프랑스, 독일 및 일본을 결합한 것보다 더 많은 소비자를 약속하는 중간계급을 가진 중국 시장의 유혹에 관해서는 언급하지 않는다.

그러나 혁신에 관한 라모의 이해에서 다른 문제가 있는바, 이는 혁신을 사회적·정치적 목표들로 감염시키는 것에서 벗어나, 자체의 생명을 가진 맹목적 숭배 대상으로 만든 것이다. 중국인의 사회가 정치적·경제적 변환의 도전에 직면하여 새로운 거버넌스 형식을 추구하며 작동하는 엄청난 혁신성이 있다. 그러나 내가 보기에 그런 추구는 아무런 목표가 없는 것과 다름없다. 정반대로 "정치적 형식"의 추구는 모든 것을 혁명적 사회주의의 역사적 유산을 완전히 포기하지 않고 그것의 혁명적 과거로부터 벗어나기를 모색하는 한 사회의 이념적 불확실성과 긴장에 종속시킨다. 이런 특별한 의미에서 현재는 과거와 더불어 연속된다. 중국이 지난 세기에는 어떤 실험적 사회였고 그 실험은 현재에도 계속된다는 것을 관찰하는 것은 너무 많은 과장은 아니다. 실리콘밸리 발전 모델은 하나의 혁신 모델을 물신화하고 은밀하게 특정 양식에 호의적인 사회 세력들을 특권화하며, 한편으로는 서로 다른 사회 세력들의 형상화를 탐색하는 것을 가리키는 대안적이고 정치적으로 의미심장한 혁신을 우리의 관심사에서 지워버린다.[13]

라모의 저작에서 더욱 독특한 것은 새로운 발전 정책에서 배제되거나 주변화된 자들에 대한 관심의 부재이다. 중국이 지난 10년에서 15년 사이에 맹렬한 속도로 발전했지만, 모든 중국인이 동등하게 발전의 산물을 공유한 것은 아니다. 라모도 그 발전이 주민의 거의 4분의 1을 혐오스런 1달러 수준 빈곤선으로 내몰았음을 인정한다. 그러나 사회의 시장화와 더불어 도시-시골의 계급 차이가 날카로워지고, 인구의 75퍼센트(주로 시골 지역)가 의료 치료와 교육 같은 기본 수요에 접근하기 어려운 사정에 주목하는 데 실패했다. 하나의 자료가 최근 관찰된다. "비록 중국은 수억 인민이 하루 1달러로 살아가지만, 그럼에도 인류사에서 유례없는 규모와 속도로 중간계급의 풍요를 창조하고 있다."[14]

라모는 소위 혁신이 창조한 문제들을 인식하고 있다는 것을 단호하게 가리키려는 듯 "작동하지 않는(not working)"에 대한 그의 언급을 강조한다. 그는 비록 시론의 한 부분에서 자기가 말한 것을 다른 곳으로 이동하면서 깜빡 잊은 것으로 보이지만, 그렇게 말한다. 예컨대 그는 이렇게 쓴다.

중국의 시장 역동성은 온갖 종류의 문제를 초래했다. 거시적 수준에서 이들 문제는 환경오염, 사회적 불안정성, 정부와 고용에 대한 불신을 포함한다. 개인적 수준에서는 거의 대부분의 중국 젊은이들은 적어도 자신들의 삶의 급속한 변화로 어느 정도 방향을 상실한 것을 발견한다. (……) 지난 25년간 중국 경제는 수입 배분의 조건에서 세계에서 가장 형평을 실현하는 국가에서 가장 불공평한 국가로 나아갔다.[15]

그런 문제들을 인식하는 저자가 입장을 선회하여 진단한 중국식 모델이 다른 이들에게 경쟁에 유용하다고 말한 것은 주목할 만하다. 혁신에 의하여 창조된 문제들을 해결하려는 혁신의 약속은 이들 문제를 우연의 산물들이 아니라 신자유주의 수출 지향 경제의 구조적 생산물로서 인식할 필요를 제거해버린다. 그것은 둘째 "공리"—"사치가 아니라 지속 가능성과 평등이 최초의 고려 대상"—의 명백성에 의문을 제기한다.

한편 (적어도 외양으로는) 차별 없는 발전이, 현재로는 그런 발전이 현실이기보다 동경하는 사고에 그치는 제3세계 지도자들 가운데 중국 모델의 호소력이 가지는 중요한 원천이었다는 것은 흥미롭다. 비록 중국은 한두 개 대도시에 발전이 집중된 많은 다른 제3세계 국가들과는 꼭 같지는 않겠지만, 해안 도시들과 거대한 배후지 사이에 발전 간격의 증가는 정부가 당면한 거대한 관심사이다. 라모 자신은 "〈인민일보〉의 첫 면이 해안 도시들에서 공항을 개장하는 최고 지도자들의 이미지로 특징 지워지곤 하는 곳에서, 그 신문은 지금은 일부 빈곤한 시골 지역에서 개혁을 촉구하는 최고 지도자에 관한 보고서를 더 많이 전달하는 것처럼 보인다"[16]고

쓴다. 그는 계급 착취, 부패 및 환경오염에 맞서 나라 전역에 만연한 불안정성에서 명백해진 경제발전이 가져온 환경오염의 비용과 "불균등 발전의 사회적 위험"[17]을 인정한다. 그러나 이들 어려움의 구조적 원천에 관해서는 그다지 분석을 제공하지 않으며, 그것들을 해결할 추상적인 "혁신" 개념의 능력에 대한 맹목적이고 확고한 신념으로 문제를 일축한다. 이런 전망에서 중국 모델은 신자유주의적 워싱턴 컨센서스의 대안이 아니라, 그 합의가 설정한 한계 조건 안에서 그것의 공간적·사회적·정치적 결과들을 완화하는 방법으로 나아간다. 남은 것은 과연 혁신으로 그렇게 하는 데 성공할 수 있는지, 선진 자본주의사회들의 날카로운 계급 구분을 향하여 사회구조가 일탈하는 것을, 거기에다 지금은 전 지구화의 과정을 견제할 수 있는지를 물어보는 것이다.

이는 셋째 목표, 라모가 말하듯 셋째 "공리"—제3세계에 소위 중국 모델의 호소력의 다른 중요한 원천인 자주적 결정 추구의 실현에 핵심 열쇠가 될 것이다. 내가 베이징 컨센서스가 경제발전을 위한 맥락인 워싱턴 컨센서스에 경제정책이나 사회정책에서가 아니라 전 지구적 정치 환경을 재형성하는 데 진정한 대안을 제공한다고 생각하는 지점이 바로 여기다. 중화인민공화국은 경제적으로 전 지구에 개방했지만 미국의 레이건주의 보수주의자들로부터 노동운동 지도자들에 이르는 많은 집단들은 그럼에도, 중국이 정치적 자율성과 주권을 보존하도록 국가를 운영하지 않는다고 심히 원통하게 여긴다. 중국계 미국 학자 콜린 라이(Colleen Lye)는 최근 연구에서 미국과 중국의 150년이 넘는 관계를 예리하게 관찰하고, 중국인이 자본주의로 전향하는 '아메리칸 드림'이 있었지만, 그것은 다시 그런 개종이 성공의 기호로 보이기 시작하는 순간 유령으로 바뀌었다고 말한다.[18] 이는 물론 더 큰 전 지구적 기획의 한 부분이었다. 한편으로 전 지구화 자체는 지구를 선진 자본주의사회들, 특히 북미와 유럽의 방패 아래 자본주의로 개종시키는 것을 전제로 했다. 다른 한편 전 지구화는 그것의 많은 본질적 현실에서, 지구를 통합하지만 동시에 그것을 새로운 방식으로 구분하는 새로운 로컬화한 자본주의로부터 새싹이 돋는다. 전 지구화 이데올로그들의 견해와는 반대로 자율과 자주적-결정을 위한 갈망은 지구에서 사라지지 않았다. 정반대로 전 지구적 제도들과 의사소통의 확산, 기존 힘들에 새로운 요구를 덧붙임으로써 자율성과 자주적 결정의 개념을 복잡하게 하며 그것의 갱신된 힘을 획득했을 것이다.

라모는 중화인민공화국의 경우 자율성과 자주적-결정의 탐색은 내부적으로 경제에 대한 통제를 유지함으로써만이 아니라, 지난 20년간 미국의 정책이 취했던 점증하는 일방적 방향과는 날카롭게 대비되는 전 지구적 관계에 다변적인 접근 형식을 취했다는 뛰어난 주장을 펼쳤다. 베이징 컨센서스의 가장 중요한 양상은 경제적 관계에 토대를 둔, 그러나 정치적·문화적 차이와 공통의 전 지구적 구조틀 안에서 지역적·국가적 실천의 차이를 인정하고, 불가피하게 동종주의로 이끄는 동종화하는 보편주의에 바탕을 둔 것이 아니라, 공통성과 차이를 동시에 인정하는 다변적인 전 지구적 관계에서 새로운 전 지구적 질서를 추구하는 접근이 될 것이었다. 1980년에 시작한 덩샤오핑의 개혁은 정치적 정당성 대신에 경제적 교제 관계에 우선권을 주었다.

지난 20년간 이들 목표를 추구하면서 중화인민공화국은 미국에 정면 도전하지 않고도 미국의 경제적·정치적 패권에 대한 도전자로 출현했다. 또한 주목할 것은 미국의 초국적기업을 포함하여 전 지구적 기업이 내부 및 외부적으로 베이징의 정책을 따라가려는 열망이다. 안드레 군더 프랑크에서 조반니 아리기 그리고 이매뉴얼 월러스틴에 이르는 세계체제 분석가들은 상당히 오래전부터 자본주의 세계체제는 동아시아로 재배치 작업이 진행되는 과정에 있다고 주장했다. 베이징을 둘러싼 자본주의 세계체제의 재배열은, 우리가 동아시아의 공간적 재형상화는 내가 앞서 언급한 현상에서 기인한다는 것—가장 중요하게는 동아시아를 국가적 표면들 또는 사회적·문화적으로 동종화한 국가 공간으로 말하기를 어렵게 하는 새로운 공간적·사회적 구분에 기인한다는 것을 기억하는 한에서는, 그런 전환의 더욱더 확실한 증거가 될 것이다. 중화인민공화국은 그 자체 동아시아뿐 아니라 동아시아 및 태평양과 통합을 추구한다. 유럽과 북미의 경제적·정치적 지배에 역습을 가하는 새로운 제3세계 트라이앵글을 형성하는 중국·인도·브라질에 관한 다양한 진단과 담화가 있었다.[19] 이들 새로운 네트워크들은 경제적이고 정치적인 것이 아니라 지정학적으로 전 지구적 자원에 대한 새로운 종류의 경쟁을 지적한다.

베이징은 그러한 쟁점이 더 이상 식민주의를 극복하거나 "제3의 발전 노선"을 발견하지 못할 때, 그러나 도리어 전 지구적 근대성의 세계에 대안적 통찰이 없는 식민지 근대성에 의해서 형성된 세계에서 과거 식민화하고 주변화한 이들의 목소리를 포함하는, 제3세계—또는 전 지구적 남반부—의 새로운 중력 중심지로서, 전 지구적 자본주의 시대의 새로운 반등으로 떠오르는 와중에 있다고 감히 말할 수 있을 것이다.

어떤 이름을 부여하든, 패권적 제국에 맞서는 전 지구적 컨센서스는 국제 관계뿐 아니라 사회들에 내부적 문제들의 해결을 위해 심원한 의미를 함축한다.[20] 신자유주의의 전 지구적 지배는 국가들 안에서 사회정의와 복지의 추구에 필요한 자율적인 사회적·정치적 공간의 형성을 배재한다. 내부와 외부 사이에 분명한 경계 구획 성립도 가능하지 않은 곳에서, 로컬의 특수성과 요구의 인정을 전제로 한 대안적인 전 지구적 질서는 그런 자율적인 사회적·정치적 공간 추구의 필요불가결한 조건이 될 수 있을 것이다. 그러나 이런 목표 실현을 위한 수단으로 전 지구적 자본주의로부터 "고리 끊기"에 희망이나 신뢰는 더 이상 가능하지 않다. 전 지구적 문제들에 대한 답변의 추구는 그 자체 전망에서 전 지구적이어야 한다. 중화인민공화국의 특별한 경우인 과거 30년간의 "개혁개방"은 이제는 역전이 불가능하다. 모든 지표는 중화인민공화국이 전 지구적 자본주의에 완전한 동화로 끝날 것이라고 예견한다. 그러나 다른 가능성의 방향도 마찬가지로 존재하고, 그것들의 실현은 신자유주의의 보편주의적 주장을 반격하고자 전 지구적 힘들의 재형성을 추구하는 후기 사회주의 체제의 능력에 의존하게 될 것이다. 자율성을 모색한 혁명적 사회주의의 한 세기는, 최근의 경제적 성공으로 고양된 중화인민공화국이 대안적인 전 지구적 질서의 형성에 탁월한 지도력을 제공할 자격이 주어졌다.

지난 2년간, 베이징 컨센서스 개념은 자신의 고유한 생명력을 획득한 것으로 보여진다. 신자유주의 전 지구화에 대한 대안의 모색은 분명히 그 용어의 함축에서 특히 제3세계, 그러나 과거의 제2세계에서도 관심의 촉구에 중요한 부분 역할을 담당했다. 신자유주의의 "충격요법"에 대한 불만은 1997년 아시아 위기에서 대두했다. 중화인민공화국의 성공적 경제 발전은 발전도상국 세계의 시샘을 받게 했다. 해외의 저술들은 그러한 성공의 주요한 이유로 자신의 의제를 추구하는 베이징 정부의 탁월한 능력에 빈번히 초점을 맞춘다. 브라질 지도자 룰라 다 실바는 중화인민공화국을 두고, 통합된 발전을 추구하고 자신의 자율성과 주권을 포기함 없이 전 지구화를 수행하는 능력에 찬사를 표명했다.[21] 베이징은 다시 전 세계에서 그것의 긍정적 심상에 공헌한 다변적 합의에 참여하려는 노력을 강화시켰고, 그와 함께 베이징 컨센서스 개념의 명성을 고조시켰다.

물론 베이징 컨센서스의 호소력은 아메리칸 권력의 무모한 사용으로 초래된 미국 명성의 전 지구적 쇠퇴로부터, 그리고 미국으로 표상되는 전 지구적 발전에 대안적 모델을 발견할 필요로 말미암아 더욱 고조된 관심의 혜택을 받았다. "중국 모델"이 그런 목적에 과연 얼마나 봉사할 수 있을지 여부는 또 다른 질문이다. 로컬화는 (이전의 중국혁명이 그러했듯) 중국의 전 지구적 경제 참여에서 중요한 양상이다. 전 지구적 전망에서, 로컬화는 물론 로컬의 수요에 맞추어 재단한 발전 정책의 중요성을 지적하고, 그것의 필요성은 장소마다 다르다. 이런 의미에서 나는 대안적인 전 지구적 조직의 구상을 지적하는 베이징 컨센서스와 중국 사회의 특수한 수요에 부응하는 중국 모델 사이에는 구별이 중요하다고 생각한다. 그 구별은 "중국 모델"이, 사회주의의 전 지구적 필요성을 청산함 없이, 사회주의 발전의 특수한 중국 경로를 언급한 때인 과거 시기의 구분과 비슷하다.

이들 긴급한 의문들 가운데 가장 중요한 점은 현재의 상황에서 하나의 전망을 유지하는 것이다. 중국 경제 발전의 부인할 수 없는 성공은 바로 그와 같은 성공으로 창조된 문제들이다. 그것은 역설적으로 외부자의 찬사를 끌어모으는 바로 그 영역에 존재하는 문제들에 눈감지 않아야 한다는 것이다. 중화인민공화국의 경제는 결코 통합되지 않았으며 공간적·사회적 조건에서 가혹한 불균등 발전으로 고통을 겪고 있다. 환경오염의 수준은 너무나 가혹해서 공적인 고통과 혼란의 부가적 원인이 되었다. 비록 어떤 범주의 인구에서는 경제적 부의 괄목할 만한 성장이 발생했고, 도시 중간계급 규모의 폭발적인 증가도 잇달았지만, 인구의 대다수는 기초적 복지의 쇠퇴를 경험했다.

신자유주의를 수중에서 관리하고 유지하는 능력에도 불구하고, 중국 경제의 성공은 그것이 생산한 문제들처럼, 결국 신자유주의 전 지구적 경제의 성공적 조종 가능성 여부로 귀속된다. 중국 사회의 월-마트화(Wall-Martization)는 장점을 결집하는 것으로 보이지만, 모든 증거는 주요 도시 지역뿐 아니라 시골 지역에도 소비자 문화의 확산을 알려준다. 그리고 중화인민공화국은 내부적으로 권력의 구조화 조건에서 자신의 초국적 자본가 계급의 파당과 더불어 점차로 전 지구적 계급 구분과 근접한다.[22] 중화인민공화국의 해외 기업은 그들의 명백한 경쟁 상대방인 자본주의 기업들과 비교하면, 해당 로컬의 수요와 복지 수행이라는 과제에 더 이상 관심이 없다.[23] 이것은 결코 좋은 징후가 아니다.

마찬가지로 동등하게 기억해야 할 중요한 것이 있다. 그것은 외부 관찰자들이 발견한 매력적인 발전의 양상들은 실제로는 신자유주의 경제의 산물이 아니라 사회주의혁명의 유산들이라는 점이다. 국가경제의 통합, 자율적 발전, 정치적· 경제적 주권, 그리고 사회적 평등은 모두 중국혁명의 역사만큼이나 오래된 주제이고, 결국 사회주의혁명에서 표현을 발견한다. 한 저자는 최근 1978년 이후의 개혁의 성공에서 중요한 요소는 그들이 "과거 체제의 성취 위에서" 세운 것이라고 관찰했다.[24] 1978년 이후 발전은 오늘날 앞선 시기의 혁명적 사회주의 정책을 불신하는 데 이용되었다. 이들 정책들이 중국의 자율적인 전 지구화 경로를 위한 경제적·사회적·정치적 토대를 놓았을 뿐 아니라, 지금 붕괴 과정에 있는 신자유주의 전 지구적 경제에 참여하도록 최소한의 사회복지를 보장하는 토대라는 진술도 역시 가능하다.

이들 발전들이 어떻게 끝날지는 앞으로 두고 보아야 하는가? 그러나 이러한 중요한 고비에서 지금은 포기한 사회주의의 사회복지와 통합의 정책들을 재고찰하는 것은 매우 적절해 보인다. 결국 사회주의는 시장 또는 혁신을 내세운 별난 행동에 맞서서 공공정책에 주목한다. 그리고 발전의 목적은(목적으로서의 발전에 비해서) 크게 보면 공공정책의 문제이다. 전 지구적 남반부는 그것의 뿌리를 과거의 제3세계 해방의 전망에 두고, 그런 전망들은 변화된 세계 상황의 인식에 맞서 눈먼 맹인들이 되지 않는 한에서는 여전히 발전에 대한 인간의 목적을 회복시키는 데 중요한 역할을 한다.

6

결론: 전 지구화 이후에 미래는 있는가?

전 지구적 건강과 복지가 상호 약속으로 만들어낸 세상이든, 또는 근대성들의 확산으로 말미암아 발생한 문화적 갈등을 극복한 미래로든, 전 지구적 근대성은 그런 곳으로 탈출구라고는 없는 하나의 감옥에 불과한 것인가? 전 지구화를 불가항력의 자연력이라고 규정하는 여러 견해들과는 달리, 전 지구화가 서술적 개념인 만큼 담론적 개념이라면, 그것을 우리의 정치와 맺고 있는 밀접한 관련성은 어떻게 읽어낼 것인가? 가장 분명한 독해 방식은 전 지구적으로 통합적 외양으로 나타나는 곳에서 기존의 현상유지라는 조건, 곧 자본주의 근대성 약속의 공간적 연장이라는 조건에서 읽어내는 것이다. 그러나 다른 극단적 시각에서 바라보면, 전 지구화는 근대성의 통합적 결과가 아니라 분열적 결과로서 출현한 산물이다. 거기서 근대성은 단순히 지금 서로 비타협적 투쟁으로 대항하는 다른 문화적 전통의 강화나 구체화에 기여한다. 전 지구화는 또한 유례없는 방식으로 통합되면서도 구분되고 갈등하는 담론 영역이라는 제3의 방식으로 읽는 것이 가능하다.

이 책에서 전 지구화 읽기를 안내하는 것은 바로 이 마지막 의미에서이다. 나는 우리 시대 세계의 증거에 맞서 전 지구화에 관한 설명과 약속에 장소를 제공할 때 패러다임으로서 전 지구화의 전개에서 출현하는 문제들에 어느 정도 명료성을 부여하면서 출발했다. 그러나 세계는 전 지구화의 힘들을 통하여 무엇이 되는 과정에 있다는 그런 단순한 견해에는 증거를 제공하지 않는다. 현실에서 국민국가는 궤도를 이탈한 상태이고 문화적 차이는 시장과 소비의 동종화하는 권력들 앞에서 소거되고 있다. 동시에 누구도 전 지구화가 통제 불능이며, 전 지구적 제도들이 놀라운 군사화와 결합하여 편협한 근본주의로 일탈한다거나, 아니면 파편화하는 힘이 견제를 유지하는 유일한 희망이 될 것이라거나, 사회적 구분들이 초국적 차원에서 점차 제거될 것이라는 약속을 할 수는 없다. 나아가 모든 사회적·생태적 문제들이 통제받지 않는 자본주의 전 지구화와 결합할 것이라고 장담할 수도 없다. 나는 이러한 모순된 양상이 1990년대에 행복감의 심각한 침강 이래로 전개된 전 지구화 논의로의 전환에 책임이 있다고 생각한다. 이 책에서 많이 인용된 가장 최근의 논의에서 전 지구화는 지금 시장과 민주주의의 힘을 신자유주의적 해방으로 말미암아 보장받는 무제한의 전 지구적 성장 과정이 아니라, 훨씬 더 냉철하게 말하면 전 지구적 문제 생성의 과정이다. 심지어 전 지구화에 자신들의 신념을 거는 자들에게조차도 현재의 전 지구주의(globalism)가 혼돈으로 일탈하는 것을 방지하려면, 과거에 시행된 많은 규제 양식의 특징을 유지하는 새로운 규제 원리로 나타나는 것이 불가피해 보인다.

전 지구화를 문제 제기적 패러다임으로 만드는 것은 정치적 시각에 의존해서 그것이 무한한 성장과 통합 과정이라거나 불가피한 재난의 과정이라고 편향적으로 언급하는 것이다. 그런 언급은 핵심 가정에서 근대성과 근대화에 대한 사고를 오랫동안 특징 지워온 진화론자(또는 퇴보론자)의 사고를 보존하는 것이다. 나는 전 지구화(또는 전 지구성)는 어떤 일선적 진화가 아니라, 국면적 현상을 표현하고 그것이 표현하는 모순적 현상을 이해하려면 우리는 현재의 국면—내가 근대성의 전 지구화 또는 전 지구적 근대성이라고 부르는 것—에 관한 특수한 고찰의 필요성을 제시했다. 시간적 전망에서 전 지구적 근대성은 종말인 동시에 시작이다. 그것이 종말인 이유는 지구상에서 유로-아메리칸 팽창(물질적 팽창이 아니라 문화적 팽창)이 중요한 부분으로 작용한 역사적 전개 과정의 정점이기 때문이다. 그것은 또 다른 의미에서의 종말이기도 하다. 다름 아닌 오로지 유로-아메리카만을 위해서 지구를 독점적으로 전유한 결과 근대성을, 현재 한 통합체로서 전 지구화의 무대이면서도 부분으로서 지구를 표시하는 차이들의 근대성으로 가져갔기 때문이다. 물론 우리는 전 지구화 자본주의 근대성 안에서 전 지구적 근대성에 관하여 말한다는 공통성을 가진다. 그럼에도 전 지구적 근대성은 탈근대성 또는 역사에 대한 다양한 견해들을 표현하는 궤적들 위에서 새로운 사회에 관한 기획의 수립을 개시했다. 이런 의미에서 전 지구화는 또다시 해도(海圖)에도 없는 미지의 바다로 새로운 항해를 시작한다. 우리는 모두 근대성의 접촉을 받았다. 그러나 서로 다른 방식과 내용으로 접촉되었고, 그것은 탈근대성이 과연 무엇을 전달할 수 있는지에 관한 고찰에서 중요했다.

확실한 게 하나 있다. 역사가 미래를 향한 공감의 제공을 중단했기 때문에, 이제는 미래를 창조하고 있는 인간 행위자가 과거 어느 때보다 더 큰 비중을 획득했다. 그리고 좋은 사회에 관한 우리의 전망은 계속 고찰될 필요가 있고, 단순히 과거로 이관시키거나 망각되어버리지는 않아야 할 다수의 전망들과 경쟁에 직면해야 한다. 그것은 비록 수사적인 발언이기는 하지만, 마르크스가 사회주의와 함께 인간의 전사(前史)는 역사로의 전환을 나타낼 것이라고 관찰했을 때 염두에 두었던 것은 아닌가? 역사란 우리가 만드는 선택의 산물이고 그 선택이 생산하는 불확실한 결과일 뿐이다. 스튜어트 홀의 말을 개작해서 말하자면 전 지구화는 담보 없는 역사에 관한 것이다. 그리고 한 세기 동안 유로-아메리칸 꿈이라는 얕은 잠을 자고 난 다음에 인류가 깨어남으로서 역사가 새로 시작될 수 있는 것은 아마도 어떤 꿈을 전혀 꾸지 않았던 것보다는 훨씬 낫기(또는 더 나빴기) 때문이리라. 그것은 또한 우리가 그 꿈을 어떻게 해독하는가에 달려 있다.

전 지구화는 최신의 외양을 가진 유로-아메리칸 꿈이 나타나는 곳이다. 그런 전망에 의존하다 보면 늘 그러하듯, 어느 정도로는 하나의 악몽으로 나타날 수 있다. 그러나 지금은 어느 때보다 더 두려운 악몽으로 나타날 수 있다는 점에 그다지 놀랍지는 않을 것이다. 물론 이것이 전 지구화의 목적론적 약속에 유혹되지 않고 대신 전 지구화는 만들어진 것이라는 관점에서 보는 최고의 이유이다. 내가 서론에서 언급했듯이 우리의 현재는 항상 우리의 미래이다. 그래서 우리는 앞에 유용한 증거를 놓고서만 미래를 볼 이유가 별로 없다. 전 지구화 패러다임의 주요한 수출자인 미국은 전 지구화의 전망으로 제시한 어떤 약속이든 잘라내고자 최선을 다해서 제국주의적 약탈과 괴롭힘을 자행한다. 자본은 항상 그러했듯 파괴적이다. 현재와 과거 사이의 주요 차이는 세계 인구 대다수의 주변화일 것이고, 그것은 또한 되돌아서 전 지구화로부터 혜택을 받는 소수들을 위협한다. 전 세계 사람들을 자신의 궤도로 끌어들이면서, 자본주의 근대성은 지금 말 그대로 돌아갈 곳이 어디에도 없고 아무것도 가진 것 없는 대다수가 비굴하다고 비난한다.

이는 다른 "종말들" 가운데서 러셀 제이코비가 최근 썼듯 "유토피아의 종말"이다.[1] 그러나 그러므로 그것은 종말이 아니다. 프랑스의 중국사가 장 셰노는 20년 전 많은 "과거들과 미래들"에 대해서 쓰고 부제를 "누구를 위한 역사학인가?"[2]라는 의미심장한 제목을 붙였다. 아마도 우리가 너무 많은 과거와 너무 많은 미래들과 직면한다고 느낄 충분한 이유가 있을 것이다. 정치적 전망에 의존하면서, 그것은 유토피아들의 몰락에 남겨진 "돌조각"이나 한때 목소리 없던 자들이 다시 목소리 얻기를 허용하는 해방적인 약속으로 나타날 것이다. 전 지구화 패러다임으로 말미암아 제기되는 매혹적인 쟁점들 가운데 하나는 인간의 삶에서 역사의 지위이다. 과거를 발명했던 인간 존재들이 어떻게 자신의 창조물의 과거에 대한 멍에를 걸머지게 되었는가 하는 것이다.

전 지구화는 서로가 다른 과거들에 점점이 함몰되고 그런 과거들의 확산으로부터 그럴듯한 미래를 예견하는 것의 불가능성을 드러내면서, 종국에는 그것이 대부분 상상된 국가적 과거의 물신화와 일치했던 것으로 드러난, 역사의 물신화를 잠재울 수도 있을 것이다. 그러나 이런 비판적 가능성은 전 지구화 자체의 물신화로 말미암아 압도되고 말았다. 자연화한 역사(당신은 진보를 중단할 수 없다)에 대한 과거의 체념은, 일부 사람들에게는 전 지구화로 재고찰되고 자연화한 역사(당신은 전 지구화를 중단할 수 없다)로 대체되었다. 이들 역사의 갈등하는 두 종류 물신화의 충돌은 당대의 전 지구적 갈등을 설명하는 데 큰 영향을 끼칠 것이다. 만일 전 지구화가 국가를 부식시키는 힘을 생산한다면, 그것 자체가 권력을 위한 국가적 경쟁이 끝나는 새로운 영토로 기여하게 될 것이다.

그동안 국가들 간에 갈등이 너무나 치명적인 양태로 전개되었기에, 더욱 자유주의적이고 더욱 급진적인 천명자들은 전 지구화를 하나의 치유책으로 제안했던 것도 사실이다. 그렇지만 전 지구화 또한 어떤 외양을 가진 전 지구적 파시즘으로 전락할 것을 위협하는 두려움의 정치를 생산하여 희생과 대가를 요구할 것이다. 오늘날 전 지구적 문제들이 사실상 전 지구적 해결을 요구한다는 데 감히 의문을 제기할 이는 거의 없을 것이다. 이는 전 지구적 의식 또는 지구 행성적 의식의 계발을 포함한다. 그러나 국가든 계급이든 그것의 권위주의가 쉽사리 식민주의 습관의 재생산으로 다시 일탈되어버리는 위로부터 부과된 전 지구적 해결책과, 밑으로부터의 활동으로 만들어지는 전 지구적 해결책을 분명히 구별하는 것이 필요하다. 사회 활동들은 그것이 위치와 무관하게 비슷한 문제들과 직면하므로, 우리는 흔히 마치 필연성처럼 전 지구적인 색깔이 부여될 것으로 가정한다. 식민주의와 발전의 희생자들은 그것의 수혜자였던 자들보다는 이들 문제와 대면하는 데 훨씬 더 취약하다. 그럼에도 불구하고 문제들은 여전히 거기에 남아 있다.

국가의 수준과 마찬가지로 전 지구적 수준에서도 주변화와 계급 분기 사이에 점점 더 가시적인 비교가 있게 될 것으로 보인다. 전 지구적 차원에서 사람들이 이것을 알게 하는 방법은 하나의 주요한 도전 과제이다. 이것은 전 세계적으로 고도로 긴급하게 국가, 지역 및 심지어 지구 수준에서 많은 협력 활동들이 사회운동을 널리 확산하면서 표명하는 작업이다. 이들 사회운동들은 그들이 환영받는 장소들을 망각하지 않고도 이들 수준에서 새로운 행동에 관한 지식, 거기에다 로컬 차원의 해결책이 아닌 확신에 찬 전 지구적 해결책이 있을 수 없다는 지식, 그리고 전 지구성 자체가 차이 인식 안에서만 이해된다는 지식의 추동을 받는다. 그러한 지식은 전 지구적 근대성의 다른 측면—희망에 찬 측면이다.

전 지구적 근대성 개념은 한편으로는 전 지구화의 목적론을 극복하고, 다른 한편으로는 그것의 모순으로부터 출현할 다른 미래의 가능성을 가리키고자 의도한다. 우리 시대 근대성의 위기와 그것의 상대편인 식민지를 경험하면서 정보를 가진 탈식민주의에 대한 첫 번째 세계 전망으로부터 발생하는 탈근대성과는 달리 전 지구적 근대성은 근대성에 대한 현재와 미래에 대한 전망의 이해를 추구한다.

전 지구화는 비록 그것이 제국주의적 함축을 청산하기를 추진하거나 근대성의 유산들의 부정을 모색하는 곳에서조차 과거에서 미래로 연속성을 제시한다. 여기서 전 지구적 근대성은 현재의 식민화와 더불어 미래를 더욱 식민화하는 것을 제외하고는 아무것도 없는 전 지구화의 최종 상태로 보였다. 동시에 대안적 근대성이 아니라 전 지구적 근대성의 모순에서 여전히 출현할 수 있는 근대성에 대한 대안들의 모색 가능성을 열어둔다. 이런 대안들의 증거는 많은 지구 주민들을 위하여 전 지구화의 약탈 행위를 이겨내는 공간, 근대성의 품질보증 표지로 작용하는 공간이기보다는 다른 생존 양식의 선구자일 수 있는 공간을 전 지구적으로 창조하려는 많은 노력 가운데 존재한다. 이는 현재의 전 지구적 위기 순간에 소망하는 사고, 바로 그것으로 보인다. 현재 신자유주의적 자본주의와는 다른 급진적 차이를 주장하는 사회들조차도 그들의 발전주의가 이미 자본주의 발전을 내면화했기에 급진적으로 다른 미래를 가리킨다는 증거는 별로 없다. 그것이 바로 현재 중화인민공화국의 당면한 사례이다. 브라질에서 남아프리카공화국과 베네수엘라에 이르는 전 지구적 남반부에서 지도자가 되려는 다른 후보자들은 대개 전 지구적 자본주의와 일정한 적응을 성취하도록 강요받는다. 심지어 미국과 전쟁을 벌이는 이슬람 사회들도 전 지구적 경제 구조에 통합된다. 그 구조들은 강한 이념적·문화적 차이들을 가지는 것으로 보임에도 불구하고, 이익을 공유하는 새로운 계급과 조직 구성체의 절합(articulation)을 발견한다.

다른 한편 통합과 분산, 동종화와 이종화, 과거의 유산과 작금의 현실들에서 목격하는 바로 이 구조적 모순들은 식민지 과거 유산들의 상기자로 기여할 뿐 아니라, 전 지구화를 생존과 정의를 위한 일상적 투쟁에서 로컬 공동체의 이익에 유리하도록 전환하는 노력이 가능한 곳에서 행동의 공간들을 열어준다. 사회주의는 결코 완전히 죽지는 않았다. 지금 중앙집권화한 당파나 국가들을 통해서가 아니라, 지구 행성을 횡단하는 사회운동에서, 서로 다른 장소에서 서로 다른 필요들에 대응하면서, 그것이 알려준 보편적 가치들을 망각하지 않고 추구되고 있다. 만일 대안의 근대성을 주장하는 전 지구적 남반부의 국가들이 그런 대안들을 심각하게 추구한다면, 그들은 생존과 정의를 위한 그런 민주적 운동—국가와 전 지구적 무대에서 압력을 유지해야 하는 운동으로서—의 요구에 대응할 필요가 있다. 개념으로서 전 지구적 근대성은 이들 민주적 사회운동들의 성과에 관해서는 크게 개의치 않으면서 전 지구적 인구들에 비극적 생존력의 위기가 도래하기 이전에 미래를 다르게 상상하면서, 다양한 역사적 유산에서 이념적이고 정치적인 자양분과 영감을 발견하는 개방적인 태도를 유지할 필요가 있음을 제시한다. 바로 그 모순 안에서 이들 공간들을 개방하면서 전 지구적 근대성은 또한 전 지구화의 목적론적 요구, 게다가 이미 우리 뒤에 서 있는 전 지구화에 맞서 정치적 행위자의 중요성을 재확인한다. 나는 오로지, 만일 이 당대의 전 지구화 개념의 퇴보성을 인정한다면, 미래를 서로 다르게 사고할 수 있다고 본다. 개념으로서 전 지구적 근대성은 궁극적으로 그런 인식에 이르도록 촉구하는 의도가 깃들어 있다.

주제어 설명

근대성(modernity) 근대성 개념은 근대성의 역사적 존재 자체가 너무나 많은 의심을 품게 만드는 성질을 가진 논쟁의 대상이었다. 그것은 여기서 가장 중요하게는 16세기와 17세기에 유럽에서 시작하면서, 현재를 과거와 차이화하고/거리화하며 차이를 칭찬하는 태도의 출현을 언급한다. 그러한 차이 자체는 그것의 충만함을 물질적 삶의 개선과 자본주의 행위자와 그것에 본질을 제공하는 과학 및 기술공학 혁명을 통하여 자연에 대한 인간 통제의 강화에서 끌어낸다. 그러므로 자본주의와 근대성은 비록 근대성이 후속적으로 다수의 서로 다른 방향을 취하지만, 그들의 기원, 특히 사회주의의 도전, 최근에는 근대성에 대한 문화적 견해와 구분하기 힘들다. 근대성은 중단 없는 변화와 차이의 생산 약속으로 표시되고, 따라서 모든 근대성의 순간은 또한 내재적으로 탈근대적 순간을 수행한다. 그러나 자본주의 근대성이 차이를 인정하겠다는 약속에도 불구하고 모든 사회적 생존의 양상에서 전 지구적 "상품-형태"의 동종화와 보편화의 힘으로 작동하는 것은 역설적이다.

세 개의 세계(three worlds) 1950년대에 프랑스 학자 소비(A. Sauvy)가 만들었고, 1960년대와 1970년대에 인기 절정이었던 세계에 대한 개념화를 말한다. 그 용어는 선진 자본주의 제1세계(유럽, 멕시코 북쪽의 북미 그리고 후속적으로 일본), 사회주의 사회들의 제2세계, 식민지 및 탈식민 사회인 제3세계(나중에 토착 원주민들을 가리키고자 제4세계가 추가되었다)를 가리킨다. 한편 근대화 담론의 맥락 안에서 사회과학자들이 주조한, 제3세계라는 용어는 해당되는 인민들의 자기-정체성의 표현으로 채택되었고, 1955년 반둥 회의 결과 혁명적 지위를 가진 구호로 꾸며지며, 당대의 공간뿐만이 아니라 자본주의와 현존 사회주의와는 다른 "제3방식"의 발전 가능성을 가리키게 되었다. 역사적으로 제1세계와 제3세계는 상호작용하며 창조되었고, 1917년 러시아혁명 이후에 출현한 사회주의 제2세계 구성체보다 선행한다. 1970년대 말에 들어와서 지구를 세 개의 세계로 개념화하는 것은 "남반부-북반부"로 양분하는 개념화에 위상을 양보하게 되었다. 제1세계와 제3세계라는 용어는 1989년 이래로 사회주의(제2세계)의 몰락과 더불어 무의미하게 되었고, 새로운 세대의 탈식민주의 비평에 의해 청산되었다. 그러나 이들 용어는 여전히 전 지구화와 같은 포괄적인 용어로 위장한 불평등 또는 불균등 발전의 인식이 살아남도록 하는 데 기여한다.

세계체제 분석(world-system analysis) 1960년대에 근대화 담론에 도전하면서 출현한 자본주의의 발전에 대한 역사사회학적 접근을 말한다. 근대화 담론은 발전을 개별 국가의 조건에서 접근했고, 서유럽과 북미의 경험에서 끌어낸 규범의 조건에서 성과를 판단했다. 그리고 개발과 저개발의 역동성에서 제도적·문화적 구조들을 강조했다. 세계체제 분석은 그것의 토대적 단위로 국가가 아니라 사회들 사이의 경제적 관계와 노동 분업을 준거로 정의된 "세계체제"를 받아들였고, 그 결과 발전과 저발전은 같은 역동성의 한 부분이 되었다. "세계체제"는 강력한 경제적 활동으로 통합된, 그러나 핵심과 주변으로 차이화되는 지리적 공간을 가리키고, 동시에 교환과 생산의 사회물질적 관계에서 전통과 근대성이란 과거의 구분에 근거하여 "결합되고 불균등한 발전"을 설명한다. 자본주의 전 지구적 역사는 이런 전망에서 지역적으로 바탕을 둔 "세계체제"의 다수성에서 나온 전 지구적 체제의 구성체로 나타난다. 그것은 식민자/피식민자의 구분을 넘어서는 것을 포함하고, 비식민 상황에도 마찬가지로 적용된다. 한편 현재는 전 지구화 개념의 도전을 받고 있지만, 여전히 그 분석은 전 지구적 담론이 재고찰할 대상 정도로 생각한 지역적, 국가적 불균등 발전에 주목하면서 전 지구화에 중요한 교정 수단으로 기여하고 있다. 한 "학파"로서 "세계체제 분석"은 이매뉴얼 월러스틴의 저술과 빙햄턴 대학교 페르낭브로델센터와 가장 밀접하게 연결된다. 궁극적으로 마르크스주의자와 자본주의 "시장 체계" 분석으로 추적이 가능한 그 분석의 방법론적 전제는 사미르 아민와 안드레 군더 프랑크 같은 경제학자와 페르낭 브로델 같은 역사가 못지않게 라틴아메리카 종속이론 학파와 공통점을 공유한다.

식민주의(colonialism) 비록 시대착오적이지만 관례적으로 식민주의는 다른 나라에 의한 한 나라의 정복과 통치를 가리킨다. 내가 시대착오적이라고 말한 것은 세계의 많은 국가들 자체가 식민주의의 생산물이고, 식민주의 의식은 이들 국가들의 창조에 매우 뒤얽혀 있기 때문이다. 식민주의는 그 자체가 식민주의의 산물인 국가 의식이 출현하고 나서야 성립한다. 이런 용례는 또한 국가 건설 자체가 로컬의 차이와 구조들을 지우는 식민지 활동의 변형이라는 것을 숨긴다. 식민주의는 정치적 수준에서 경제, 사회, 문화의 수준에 걸치는 다수의 공간 및 조직 수준으로 나타난다. 만개한 식민주의는 경제, 사회, 문화의 모든 수준들을 포함한다. 부분적인 또는 불완전한 식민주의는, 그것이 언급한 삶의 영역에 의존하는 신식민주의 또는 문화적 식민주의로 기술되었다. 이와 같은 사회 안에서 한 종족 집단에 의한 다른 종족 집단을 지배하는 것은 "내부 식민주의"라고 일컬어졌다. 그 용어는 공간적 의미에서 "미래의 식민화"처럼 사용되었다. 어의적으로 공허한 그러나 정치적 구호로서 중요한 기능으로 봉사한 것이 불평등한 권력관계로 말미암아 표시되는 불완전한 식민주의의 상황을 언급하는 "반(半)식민지"라는 용어이다. 1960년대에 강한 반식민주의 함축을 전달했던 탈식민주의 비평은 최근 수십 년간 식민지적 조우는 그것이 생산한 경계들, 특히 문화적 경계선이 매우 모호하다는 점을 근거로 식민주의의 완전성과 "식민자–피식민자" 이원론에 의문을 제기했다. 식민주의는 그것이 다른 이의 공간을 침입하는 하나의 종(種)이라는 의미에서 인간성의 역사만큼 오래되었고 심지어 그것에 선행한다고 말할 수도 있을 것이다. 그러나 근대 식민주의는 자본과 국민국가와 그것이 결합한 것으로서 구분된다.

식민지 근대성(colonial modernity) 식민주의가 근대성에 차별 없는 통합성을 부여했고 그 역(逆)작용도 수행했다는 관념을 말한다. 그러므로 비록 근대성이 식민주의의 청산과 그것이 산출한 세계의 재설정으로 나타나지만, 거기에 식민지 근대성도 통합되는 것으로 본다. 한편 전 지구적 근대성은 유럽중심주의적 발전의 규범을 청산하면서 자본주의 발전주의의 내면화를 인류의 운명으로 표현한다. 이런 의미에서 형식적인 정치적 탈식민화를 지속시키는 그것을 작가 은구기 와 티옹고(Ngugi Wa Thiong'o)가 만든 "정신의 식민화"라는 용어로 기술할 수 있을 것이다. 이런 전망에서 전 지구적 근대성은 전 지구화의 행위자를 통해서 자연화하고 정상화하는 과정인 식민지 근대성의 성취로 볼 수 있다.

신식민주의(neocolonialism) 이것은 우선적으로 경제적 수단을 통한, 그러나 토착 엘리트들과 공모한 식민지 통제를 말한다. 식민 통치와 그를 뒤이은 탈식민주의 시기에 이 엘리트들은 "매판 부르주아" 곧 실제로는 탈식민에 봉사하지 않고 외국 자본에 의존하는 토착 부르주아로 기여했다. 지난 반세기 이상 이들 엘리트들은 "초국적 자본가 계급"의 형성에 기여하면서 전 지구화하는 자본주의 경제에 통합적 참여자로 변환했다. 탈식민주의라는 용어는 비록 경제적 관계의 분석에서 민족주의를 대체하는 초국적주의라는 의미는 상실했지만 그 유용성은 아직도 그대로 유지한다.

전 지구적 근대성(global modernity) 이 연구의 주제인 전 지구적 근대성은 근대성이 전 지구적으로 전개해간 조건을 언급한다. 식민주의의 형식적 종언과 사회주의 대안의 붕괴와 더불어 자본주의 근대성은 모든 사회들을 자신의 궤도로 끌어들였다. 전 지구화 개념을 불러일으킨 것은 바로 이것이다. 전 지구화는 세계의 세 구분(세 개의 세계)을 의미 없게 만들고, 심지어 비록 불균등 발전에도 불구하고 여전히 이들 용어들에 포함된 전 지구적 공간들을 표시하면서, 정치적 어휘로는 자신들이 살고 있는 북반부-남반부 개념화조차도 무의미하게 만들었다. 전 지구적 근대성은 현재 상황을 이전 시기의 유럽중심주의적 근대성으로부터 구분하도록 의도된 용어이다. 그것은 세계 자체만큼 세계에 관한 의식을 언급한다. 이전 시기에 유럽과 북아메리카와 근대성을 동등하게 보는 시각은 20세기 말 근대성에 관한 경쟁하는 견해들에 양보했고, 대안적 근대성 혹은 다수의 근대성 같은 개념을 발생시켰다. 전 지구적 근대성은 탈근대성 및 탈식민성과 공통의 개념적 분야를 공유하고, 이러한 전망에서 전 지구적 관계성의 재형성에 관한 많은 표현으로 나타난다. 근대의 지역과 국가를 전근대 또는 비근대의 지역과 국가와 구분을 의도한 근대/전통 이분법은 완전히 소멸되진 않았다. 그러나 지금 그것은 사람 집단들을 국가, 지역 또는 문명화된 경계선들을 횡단하는 지역과 국가의 내부적 차이들의 인정으로 말미암아 매우 복잡다단해졌다. 물론 근대성의 전 지구화는 전통 자체를 근대성을 형성하는 계기로 만들면서 재발명된 문화적 공간으로 그것의 파편화를 수반한다. 전 지구적 근대성은 기원을 소급하면 근대성을 유라시아의 한 구석에서 발생적 표현을 성취했던 사회들 가운데서 복잡한 상호작용의 산물로서 드러난다. 자본주의와 식민주의의 행위자들을 통한 유럽적 근대성의 보편화는 그것이 유럽중심주의의 영속화를 도모하므로 당대의 비판적 전망에서 보면 바람직하지 않을 수 있다. 그럼에도 이런 전망은 근대성과 자본주의에 의한 근대성의 보편화에 작용하는 행위자의 역동적 역할을 비판적으로 이해하는 데 중요하다.

전 지구화(globalization) 전 지구화라는 용어는 1990년대에 "새로운 국제적 노동분업"을 산출한 의사소통과 교통 운송에서 혁명적 변화와 결합하여 정치적·학술적 언어에서 유행하게 되었다. 그것은 선진 자본주의사회의 규범과 실천들의 보편화라는 목적론을 공유하면서도 과거의 근대화 개념을 대체했다. 다른 말로 시간성에 대하여 공간성을 중시하고 사회의 기초적 조직 단위로서 국민국가에 도전하는 점에서 근대화와 다르다. 그 개념은 즉각 답변은 불가능한 문제를 발생시킨다. 곧 전 지구화는 새로운 형식의 전 지구적 협력인지, 새로운 외양의 제국주의인지, 그것이 문화적 동종화로 이끄는지 아니면 이종화로 이끄는지, 그리고 국민국가의 종식을 알리는지 여부의 문제이다. 전 지구화를 옹호하는 낙관적인 이데올로그들은 전 지구화에서 당면한 많은 문제들로부터 인간성의 구출을 본 반면 반대자와 비판자들은 이들 문제들이 생겨난 원천이 바로 그것이라고 본다. 문제는 다름 아닌 이들 경향들이 공존하며 모순들이 소멸되고 있다는 표시를 보여주지 않는다는 사실에 있다. 다른 말로 전 지구화는 이미 일어났던 것, 그리고 새로운 통합 단위와 파편화를 함께 창조했다. 이는 여기서 제시했듯 전 지구적 근대성의 세계처럼, 더 잘 포획되는 세계이다. 전 지구적 근대성은 그러나 탈옥 불가능한 감옥일 필요까지는 없다. 그것의 모순이 세계를 다르게 사고할 공간과 기회를 제공하기 때문이다.

초국적 자본가 계급(transnational capitalist class) 한편 전 지구적 근대성이 불균등 경제발전과 다수 인구의 주변화로 표시된다면, 전 지구적 자본주의의 조직적 필요는 그것의 제도적·법률적·문화적 구조들의 작동을 조종하는 새로운 전 지구적 계급을 산출했다. 이 계급에 포함된 자들은 전 지구적 근대성의 혜택을 동등하게 공유하지는 않으며 권력에서 엄청나게 불평등하다. 그들은 또한 로컬의 문화적 습관과 충성들을 기준으로 구분된다. 그러나 공통 이익과 점차적으로 공통의 기술공학적 언어, 문화, 교육을 공유하는 한 계급이 구성되는 와중에 있다. 그것의 모순은 어떤 계급 구성체든 막론하고 수반되는 모순이다. 그럼에도 그 개념은 전 지구적 통합에 관한 견해의 충만함 못지않게 전 지구화의 과정을 이해하는 데 중요하다. 사회학자 레슬리 스클라가 주조한 그 용어는 또한 윌리엄 로빈슨이 깊이 분석하였다.

초국적주의(transnationalism) **트랜스내셔널**은 전 지구화와 디아스포라처럼 모두 적절한 분석 단위로서 국가로부터 이동하는 것을 의미하는 다수의 용어와 동일한 역사적 맥락에서 유행했다. **초국적**은 국가적 경계선을 횡단하는 활동을 가리킨다. 또한 당대의 많은 사회적·정치적 분석 용어로서, 역사적 시간과 공간을 가로질러 상투어로 사용된 지적 남용의 대상이었다. 적절하게 말해서 그 용어의 사용은 그것의 준거인 **내셔널**(the national)에 신중한 관심 집중으로 제한되어야 한다. 요컨대 그것은 비록 국민국가의 보편성은 아니지만, 국민국가의 충만함에 의해서 정의되는 역사적 시기에만 적용하는 것이 적절하다. 그것은 근대 국민국가의 출현 이전 시기에는 적용이 불가능하고, 아마도 다시 초국적 힘들이 정치적 조직의 단위로서 국가를 부식시키기를 계속한다면 장래에는 재적용이 불가능하게 될 것이다.

탈근대성(postmodernism) 근대성 다음에 오는 조건을 말한다. 그 조건은 또한 그것에서 의미를 끌어내는 준거물인 근대에 의해서 파생된다. 탈근대라는 용어가 표현하는 것은 바로 이 모호성이다. 그 모호성은 근대와 탈근대의 시간성뿐 아니라, 글쓰기에서부터 양식주의적 탈근대성의 상징인 건축에 이르기까지 문화적 실천들을 지배한다. 탈근대성에 관한 한 유용한 사고방식은 근대성의 비판적 자기-의식으로 사용하는 것이다. 그 용어는 근대의 종말을 알리고자 사용했던 1930년대 에스파냐 출신 철학자의 저작으로 소급되는 오랜 역사를 가지고, 1950년대 미국의 문학 서클에서 반근대적 비평으로 사용되었다. 탈근대의 관념은 의식과 세계, 거대 서사에 대한 의심, 사회주의를 비롯한 유럽중심주의적 근대성 비판 사이에 매개자로서 언어의 역할 강조와 더불어 프랑스 후기구조주의의 방법론적 영향 아래에 있던 때인 1980년대 이래로 현재적 의미를 획득했다.

탈식민성(postcoloniality) 식민지 이후에 오는, 그러나 그것에 의하여 역시 구조화되는 조건을 말한다. 제1세계에서 탈근대성과 유사한 것으로 제3세계에서 특히 탈근대성의 언어로서 조건 지워지고, 제1세계에 재배치된 제3세계 지식인의 세계관을 표현하는 것으로 보는 것이 유익하다. 탈식민주의 의식의 출현은 식민주의로부터 해방 투쟁을 수반한다. 본래는 자본주의와 실제로 존재하는 사회주의 정치경제학에 관한 의문과 제3세계의 대안 추구와 연계되었던 이 개념은 1980년대 소위 '문화적 전환'의 수행과 함께 탈급진화를 진행했다. 그다음부터 탈식민주의 비평은 식민지적 조우의 모호성을 강조하면서 전지구적 자본주의의 맥락에서 문화적 정체성 문제로 전환했다. 식민지적 조우 자체는 탈식민주의 비평을 종족 및 젠더 연구에서 성애성(sexuality) 연구에 이르기까지 다수의 장에서 유용한 "방법론"으로 만들면서 주변화되었다.

트랜스로컬(translocal) 로컬리티(locality)는 우리가 그들을 어떻게 정의하든, 오랜 인류 역사에서 상호작용하며 근대 시기에는 국민국가를 포함하여 한 종류 또는 다른 종류의 더 큰 구성체를 생산하고 있다. 다른 한편 국가-구성체는 로컬을 정치적 중심지로 끌어들이면서 트랜스로컬 활동들을 포함하려는 노력을 소거시킨다고 볼 수 있다. 트랜스로컬은 트랜스내셔널(초국적)보다 역사적 경계 범위가 훨씬 더 넓으며 사회적·정치적 구성체의 분석에 더 유연한 개념을 제공하는 한편, 인간 활동에서 장소의 중요성을 강조한다.

주

1 서론: 전 지구적 근대성

1. 종교와 전 지구화 사이의 관계는 매우 중요하지만 여전히 탐색이 미흡한 문제이다. 어떤 방식에서 그 관계는 어떤 다른 영역보다도 전 지구화의 모순을 더욱 유창하게, 비록 비극적이긴 하지만, 더욱 유창하게 폭로한다. 종교와 전 지구화는 서로의 생산을 자극한다. 마찬가지로 종교적 갈등은 전 지구의 영토 끝까지 계속되므로 더욱 치명적인 위험한 형식을 가진다. 그와 관련된 예비적 논의는 다음을 보시오. "Modernity in Question? Culture and Religion in an Age of Global Modernity," *Diaspora* 12 no 2(Fall 2003), pp. 147-168.
2. 전 지구화는 이미 지나갔다는 견해는 캐나다인 저자 존 솔의 최근 저술에서 계속 강력하게 강조된다. John Ralston Saul, *The Collapse of Globalism and the Reinvention of the World*(Toronto: Viking Press, 2005). 비록 솔의 견해는 신자유주의 전 지구화의 최근 30년을 강조하지만 반면에 나는 근대성과 전 지구화 사이의 관계라는 쟁점에 더 관심을 가진다. 하지만 그의 논증과 내 주장 사이에는 많은 공통점이 있는 것도 사실이다.
3. 그 용어는 은구기 와 티옹고가 먼저 사용했다. Ngugi Wa Thiong'o, *Decolonising the Mind: The Politics of Language in African Literature*(London: Currey, 1986).

2 전 지구화를 역사적으로 사고하기

1. 패턴-변수에 관해서는 다음을 보시오. Talcott Parsons and Edward A. Shils, eds. *Toward a General Theory of Action: Theoretical Foundation for the Social Sciences*(New York: Harper Torchbooks, 1951), 특히 2부. 부제는 근대화 담론 정보를 알려주는 야심적(그리고 과학적) 의제를 나타낸다.
2. Immanuel Wallerstein, "The Rise and Future Demise of World-System Analysis," *Review* 21 no. 1 (1998); 103-12. Wallerstein, *Unthinking Social Science: The limits of Nineteenth-Century Paradigms*(Cambridge, U. K.: Polity, 1991).
3. Andre Gunder Frank, *Latin America: Underdevelopment or Revolution: Essays on the Development of Underdevelopment and Immediate Enemy* (New York: Monthly Review press, 1970).
4. Anthony Giddens, *The Consequences of Modernity*(Stanford, Cali.: Sanford University press, 1990), p. 163.
5. 계몽적인 토론은 다음을 보시오. Dean C. Tipps, "Modernization Theory and the Comparative Study of Societies: A Critical Perspective," *Comparative Studies in Society and History* 15 no. 2(March, 1973), pp. 199-226. 다음도 보시오. Carl Pletsch, "The Three Worlds, or the Division of Social Scientific Labor, circa 1950-1975," *Comparative Studies in Society and History* 23 no. 4 (December, 1981), pp. 565-590.
6. S. N. Eisenstadt, *Post-Traditional Societies*(New York: Norton, 1974).
7. Samuel P. Huntington, *Political order in Changing Societies*(New haven, Conn.: Yale University press, 1974). Charles Tilly, "Does Modernization Breed Revolution?" *Comparative Politics* 5, no. 3(April, 1973), pp. 425-447.
8. 그것에 대한 대안 모색에 동기를 부여한 근대화 담론에 관한 비판적 질문은 다음을 보시오. Wallerstein, "The Rise and Future Demise of World-System Analysis"; I. Wallerstein, "The Rise and Future Demise of the World Capitalist System: Concepts for Comparative Analysis," *Comparative Studies in Society and*

History 16, no. 4(september, 1974), pp. 53-54; Fernando Henrique Cardoso, "Dependency Revisited," 1973 *Hacket Memorial Lecture*(Austin: Institute of latin American Studies, University of Texas, 1973), Theotonio dos Santos, "World Economic System: On the genesis of a Concept," *Journal of World System Research* 11, no. 2(Summer/Fall 2000), pp. 556-577. "고리 끊기(De-linking)"에 관해서는 다음을 참조하시오. Samir Amin, *De-Linking: Towards a Polycentric World*(London: Zed, 1990).

9. Wallerstein, 그는 세계체제 분석에서 전 지구화 담론의 전 지구성으로부터 "전 지구성"을 구분하기를 조심스러워한다. "The Rise and Future Demise of World-System Analysis," 106. 두 개의 패러다임에 관한 더욱 확장된 논의는 다음을 보시오. Maximilian C. Forte, "Globalization and World-System Analysis: Toward New Paradigms of a Geo-Historical Social Anthropology (A research review)," *Review* 21, no . 1(1998), pp. 29-99; Arif Dirlik, "Shijie tixi fenxi he quanqiu ziben zhuyi: dui xiandaihua lilunde yizhong jiantao"(World System Analysis and Global Capitalism: Reflections on Modernization Theory), *Zhanlue yu guanli*(Strategy and Management) 1(November 1993), pp. 50-55.

10. John Ralston Saul, *The Collapse of Globalism and Reinvention of the World*(Toronto: Viking Canada, 2005); David Harvey, *A Brief History of Neoliberalism*(Oxford: Oxford University Press, 2005).

11. Harvey, *A Brief History of Neoliberalism*, p. 19. 중국과 러시아의 상황은 공산주의 정치 엘리트를 시장 경제의 엘리트로 개종하는 결과를 수반해야 했으므로 틀림없이 더욱 복잡했을 것이다. 그러나 데이비드 하비는 내가 앞으로 더 논의할 계획인 전 지구화의 근본적 양상인 초국적 자본가 계급의 출현을 지적한다.

12. Anthony King, *Oxford English Dictionary*를 참고하여 '전 지구화'라는 용어는 늦어도 1962년에는 만들어졌다는 의견을 제시한다. Anthony King "Introduction: Spaces of Culture, Spaces of Knowledge," in *Culture, Globalization and the World-System: Contemporary Conditions for the Representation of Identity*, 2nd rev. ed., A. D. King(Minneapolis: University of Minnesota Press, 1998),

pp. 1-18. 4 and 8. 사회과학에서 그들의 과거와 미래에 관해서는 다음을 보시오. Immanuel Wallerstein, *The End of the World as We Know it: Social Science for the Twenty-first Century*(Minneapolis: University of Minnesota Press, 1999), part 2, "The World of Knowledge."

13. 근대성과의 단절로서 "공간적 전회"에 관한 다소 유명한 고찰은 다음을 참조하시오. Edward Soja, *Thirdspace: Journey to Los Angeles and Other Real-and-Imagined Places*(Cambrisge, Mass.: Blackwell, 1996). "공간적 전환"과 그것의 자본 내부 작용과 그것의 관계에 좀 더 비판적인 고찰은 데이비드 하비와 닐 스미스(Neil Smith)의 많은 저작에서 발견된다. David Harvey, *Limits to Capital*(Oxford: Oxford University Press, 1982); *The Condition of Postmodernity*(Oxford: Oxford U. P., 1989); Neil Smith, *Uneven Development: Nature, Capital and the Production of Space* (Oxford: Blackwell, 1984). 프레더릭 제임슨은 탈근대성의 특징으로서 "공간전 전회", "시간의 전위, 시간의 공간화"로 서술되는 것에 처음 주목한 인물 가운데 하나이다. Frederic Jameson, *Postmodernism, or the Cultural Logic of Late Capitalism*(Durham, N. C. : Duke University Press, 1994), p. 156. 찬사든 비평이든 공간에 대한 모든 저술가들은 앙리 르페브르에 대한 지적 채무를 인정한다. Henri Lefebvre, *The Production of Space*, trans. Donald Nicholson Smith(Cambridge, Mass.: Blackwell, 1991)(1974년 첫 간행).

14. 한편 전 지구화의 천명자들은 공통적으로, 전 지구화의 전체 개념에 부착된, 특히 서로 다른 정치적 및 문화적 맥락에서 전 지구화의 전유에서 어떤 가정들을 공유할 수 있다고 보는 것을 또한 여기서 언급할 수 있다. 그런 논의는 다음을 보시오. Arif Dirlik, "Formation of Globality and Radical Politics," *Review of Education/Pedagogy/Cultural Studies* 21, no. 4(1999), pp. 300-338; reprinted in Georgi M. Derluguian and Scott L. Greer, eds., *Questioning Geopolitics: Political Projects in a Changing World-System*(Westport, Conn.: Praeger, 2000), pp. 111-135.

15. Farshad Araghi, "The Three Colonialisms of Historical Capitalism: The

Second Colonialism and the Rise of Pan-Islamic Nationalism in Iran," paper presented at the Annual Meeting of the Social Science History Association, Pittsburgh, Pennsylvania, October 27, 2000.

16. 미국 문화제국주의의 한 사례로서 (다문화주의를 따른) 전 지구화에 대한 언급은 다음을 보시오. Pierre Bourdieu and Loic Waquant, "On the Cunning of Imperialist Reason," *Theory, Culture and Society* 16, no. 1 (1999), p. 42. 미국에서의 관점은 다음을 보시오. Walter LaFeber, *Michael Jordan and the New Global Capitalism*(New York: Norton, 1999). 라페버는 미디어 기업 자본주의, 소비자 문화, 스포츠와 마이클 조던의 아이콘적 심상의 결합에서 전 세계에 널리 퍼진 미국 문화의 강력한 힘을 목격한다. 중국은 최근 방문자들이 공자로부터 현대 혁명가들과 당대의 문화적 아이콘들을 볼 수 있는 베이징 국립역사박물관에 중요한 인물의 다이아로마적(diaromic) 전시에 농구선수 야오밍과 마이클 조던을 포함하기로 결론을 내렸다.

17. 따라서 세계 인구의 꼭대기 20퍼센트가 세계 수입의 82.5퍼센트에 대해 명령을 내린다. 한편 밑바닥 60퍼센트는 오직 5.6퍼센트만을 받는다. 나머지는 꼭대기 다음 층을 차지한다. 숫자는 다음의 자료에서 가져왔다. David Held, *Global Covenant: The Social Democratic Alternative to the Washington Consensus*(Cambridge, U. K: Polity, 2004), p. 35.

18. 전 지구화에 관하여 그들이 폭로하는 것에 관한 주목할 만한 저작들은 다음을 참조하시오. Hans Peter-Martin and Harald Schumann, *The Global Trap: Globalization and the Assault on Democracy and Property*, trans. Patrick Camilier(London: Zed, 1997); Richard Barnet and John Cavanagh, *Global Dreams: Imperial Corporations and the New World Order*(New York: Simon & Schuster, 1994); William Greider, *One World, Ready or Not: The Manic Logic of Global Capitalism*(New York: Simon & Schuster, 1997); and Roger Burbach, Orlando Nunez, and Boris Kagarlitsky, *Globalzation and Its Discontents* (London: Pluto, 1997). 유명한 전 지구화주의자인 마틴과 슈만(H. P. Martin and H. Schuhman)은 전 지구화를 '티티테인먼트'〔Tittytainment, 이

말은 지미 카터 행정부에서 안보담당 보좌관을 지낸 즈비그뉴 브레진스키가 처음 만들어낸 말로서 엔터테인먼트(Rntertainment)와 엄마젖을 뜻하는 미국 속어(Tits)의 합성어이다. 이는 글로벌화로 빈부격차가 커져서 20:80의 사회가 된다면 80퍼센트에 해당하는 사람들이 반발하지 않을까? 기계화와 정보화, 자동화로 말미암아 일자리는 급속하게 줄어들고 정규직 노동자는 시간제 또는 임시직 노동자로 대체되면 고통을 겪는 이들을 어떻게 지배할 것인가? 일부 정치 지도자와 부를 축적한 자들은 80퍼센트에게 즐거움을 주어 절망을 달래주는 엔터테인먼트로서 정치 무관심을 조장할 수 있다. 예컨대 약간의 먹을거리와 프로야구 같은 오락거리만 있다면 이 세상에서 좌절한 이들을 기분 나쁘지 않게 그냥 그럭저럭 살아가게 할 수 있다는 말이다. 심지어 이들이 행복하다고 느끼게 만들고 주입되는 의식을 통해서 반란의 씨앗을 사전에 제거하여 지배 체제를 더욱 확고하게 자리 잡게 하는 엔터테인먼트를 말한다—옮긴이]—곧 한 사회에서 오직 세계 인구의 20퍼센트만이 전 지구화로 혜택을 받는 사회를 형성하고, 나머지 사람들은 연예 오락에나 몰두하는 사회를 가져온다고 본다. 20:80이란 숫자는 본래 유럽연합이 예견한 것이다. Ricardo Petrella, "World City-States of the Future," *NPQ*(New Perspective Quarterly)(Fall 1991), pp. 59-64. 전 지구화의 네트워크에 관한 심상은 다음을 보시오. Manuel Castells, *The Information Age: Economy, Society and Culture*, vol. 1, *The Rise of the Network Society*(Cambridge, Mass.: Blackwell, 1996). 네트워크 심상은 처음부터 전 지구화에 관한 논의 과정에서, 중세 시대에 발틱해 "한자동맹"에 대한 언급에서 나타난다. Arif Dirlik, *After the Revolution: Walking to Global Capitalism*(Hanover, N. H..: Wesleyan University Press, 1994), p. 50. 그러한 유비는 또한 전 지구화의 현실을 (사스키아 사센의 용어로) "전 지구적 도시들"의 네트워크로 상기시킨다. 거기서 시골의 배후지는 점차 주변부로 나타난다. Saskia Sassen, *The Global City: New York, London, Tokyo*(Princeton, N. J.: Princeton University Press, 1991).

19. Sassen, *The Global City*. 말할 나위도 없이 네트워크 경제의 결절지는 이들 주요 중심지로만 제한되지는 않는다. 이와 관련해서는 다음을 보시오. Saskia Sassen,

ed., *Global Networks, Linked Cities*(New York: Routledge, 2002). 전 지구적 도시 지역에 관해서는 다음을 보시오. Roger Simmonds and Gary Hack, eds., *Global City Regions: Their Emerging Forms*(London: Spon, 2000). 지역-국가에 관해서는 다음을 보시오. Kenechi Ohmae, *The End of the Nation State: The Rise of Regional Economies: How Capital, Corporation, Consumers, and Communication are Reshaping the Global Markets*(New York: Free press, 1995). 이들 지역-국가들이 싱가포르에서 도쿄까지 해안 연결 회랑을 형성하도록 함께 연결되어 있는지 여부는 다음 저술에서 일부 시론들의 저술 목적이다. Kris Olds, Peter Dicken, Philip Kelly, Lily Kong, and Henry W. C. Yeung, *Globalization and the Asia-Pacific: Contested Territories*(London: Routledge, 1999). 중화인민공화국의 경우 세부 연구로는 다음을 보시오. Xiangming Chen, *As Borders Bind: Transnational Spaces on the Pacific Rim*(Lanham, Md.: Rowman & Littlefield, 2005).

20. Castells, *The Rise of the Network Society*.
21. Castells, *The Rise of the Network Society*. pp. 146-147.
22. Ohmae, *The End of the Nation-State*, p. 16.
23. Ohmae, *The End of the Nation-State*, p. 16.
24. Ohmae, *The End of the Nation-State*, p. 57.
25. Ohmae, *The End of the Nation-State*, pp. 74-94.
26. 초국적 자본가 계급에 관해서는 다음을 보시오. Leslie Sklair, *The Transnational Capitalist Class*(Oxford: Blackwell, 2001).
27. Fernand Braudel, *Civilization and Capitalism*, vol. 3, *The Perspective of the World: 15th-18th Century*, Sian Reynolds(New York: Harper & Row, 1984), 특히 서문과 1장 참조.
28. Edward Friedman, "Jiang Zemin's Successors and China's Growing Rich-Poor Gap," in *The 16th CCP Congress: China beyond Jiang*, ed., T. J. Cheng(forthcoming). 이 발표문을 나와 공유해준 프리드먼 교수에게 감사드린다.

29. Ruth Rogaski, *Hygienic Modernity: Meanings of Health and Desease in Treaty-Port China* (Berkeley: University of California press, 2004), pp. 191-192.

30. Rogaski, *Hygienic Modernity*, pp. 227-233.

31. 중국 사회에 대한 마르크스주의자적 분석과 그에 관한 더 폭넓은 논의는 다음을 보시오. Arif Dirlik, *Revolution and History: Origins of Marxist Historiography in China, 1919-1937*(Berkeley: University of California Press, 1978).

32. 이러한 경향은 일부 분야에서 공중보건에 관한 사고를 형성한 것으로 보인다. 두 사람의 영향력 있는 작가는 초국가적인 전 지구적 수준에서 활동하는 활동가들이 초래하는 국민주권의 부식에 주목했고, 새로운 질병과 보건 문제의 도전에 대응하고자 국민국가에서 전 지구성의 네트워크로 관심의 변화를 옹호한다. 그들은 국제 조직에 맞서 여전히 국민국가를 활동 단위로 채용하고, (국민주권의) 건강은 만일 무수한 요소들, 그러니까 초국적기업들의 행동, 국제통화기금이 설정한 조건부 조처들, 세계은행의 건강관리 개혁의 전제들, 쌍방 행위자들 그리고 세계무역기구나 유럽연합에서 도달한 합의를 통해서 광범위한 나라들에서 부식되지 않았다면 '고국'의 내부 주권이 의미심장하게 도전받을 것이라고 쓴다. 그러므로 자신의 그라운드에서 이들 행위자를 충당할 '네트워크 접근'을 할 필요 그리고 '국제적'이란 개념을 "전 지구적 공중보건"으로 재개념화를 할 필요가 있다. IIona Kickbusch and Evelyne de Leeuw, "Editorial: Global Public Health: Revisiting Healthy Public Policy at the Global Level", *Health Promotion International* 14, no 4(December, 1998), pp. 286-287. 이것은 분명히 앞서 말한 것처럼 표면(그리고 그들의 주민)과 주변화에서 작용하는 부분의 네트워크를 무시하면서 그것이 해결하려 시도하는 문제들의 일부를 더욱 악화시키는 데 무비판적이다. 이런 입장의 더욱 철저한 이론적 공식화는 다음에서 발견된다. IIona Kickbusch, "Global Health Governance: Some Theoretical Considerations on the New Political Space", in *Health Impacts of Globalization: Towards Global Governance*, ed. Kelly Lee(New York: Palgrave, 2003). 왜 보건 정책은 전 지구적·지역적·국가적·하위 국가적인 지

역적 장소에 바탕을 둔 모든 방식의 수준이란 조건에서 다층의 개념화 대신 하나의 수준으로 제한되어야 하는가. 이에 대해서는 명확한 이유가 없다. 나는 이들 저자들이 다층적 접근에서 불일치할 것이라고 생각할 이유도 없다. 다른 한편 보건 관련 문헌을 포함하여 전 지구화에 대한 많은 문헌에서 국가 대(vs) 전 지구에만 오로지 초점을 두는 것은 적어도 일상의 보건에 직접 관련 있는 다른 고찰들을 담론적으로 억압하는 결과를 가져온다.

33. William I. Robinson, *Promoting Polyarchy: Globalization, US Intervention, and Hegemony*(Cambridge, U. K.: Cambridge University Press, 1996).

34. A. G. Hopkins, ed., *Globalization in World History*(London: Random House, 2002). 특히 홉킨스의 개념적인 소개말 "전 지구화의 역사–그리고 역사의 전 지구화?"를 보시오. 여기서 의문 부호는 시론이 수행하기를 추구하는 숨겨진 뜻에 가장 중요하게 봉사한다.(pp. 12-44) 또한 다음을 보시오. Arif Dirlik, "Confounding Metaphors, Inventions of the World: What is World History For?" in *Writing World History, 1800-2000*, ed. Benedikt Stuchtey and Eckardt Fuchs(London: Oxford University Press for the German Historical Institute, 2002), pp. 91-133.

35. Karl Marx and Frederick Engels, *Manifesto of the Community Party*, reproduction of the English edition of 1888(Peking: Foreign Language Press, 1968), pp. 31-36.

36. Giovanni Arrighi, *The Long Twentieth Century: Money, Power, and the Origins of Our Time*(London: Verso, 1994).

37. Fernand Braudel, *Civilization and Capitalism*, vol. 3 *The Perspective of the World: 15th Century*. 브로델 자신은 월러스틴의 세계체제 분석을 끌어와서 자본주의 출현에 앞서는 다른 세계체제를 인정하고 이를 덧붙인다. 조반니 아리기처럼 월러스틴도 전 지구화에서 금융의 역할을 강조한다. 그는 자본에 대한 정의를 제한하고 그것을 축적에 헌신하는 대기업들과 동일시한다. 금융의 팽창은 영토 국가와 전 지구화하는 자본 간의 동맹을 요구한다. 그러나 둘 사이에 영토적 기반에 대한 갈등하는 지향 때문에 모순을 낳는다. 그러한 논증은 그럴듯하지만

문화의 생산과 쟁점들을 무시하는 데서, 특히 18세기 이후로는 신뢰하기 의심스럽다. 축적은 자본의 목표(그리고 정의를 내리는 특징)를 이해하는 데 중요하고, 생산은 국가적 권력의 원천과 아리기의 분석에서 중요한 금융 축적과 분산의 순환이 축소되는 메커니즘을 이해하는 데 핵심적일 것이다. 왜 국민국가의 창조는 전 지구화의 한 단계에서 축적의 메커니즘을 수반하는지, 한편 국민국가 권력의 분해 혹은 그것의 질성화(qualification)는 당대 전 지구화의 특징으로 보이게 되는지를 설명하는 것이 더욱 중요하다. 내 생각으로는 그런 의문들은 축적, 생산 및 국가 시장 가운데서 관계에 더 주목하게 한다. 또한 국가적 문화들은 그것이 한번 존재하게 되면 국가와 자본의 행동을, 비록 형성까지는 못하지만 영향을 끼치는 데 중요한 역할을 하는 점을 인식하는 것이 중요하다.

38. Robertson, "Mapping the Global Condition," in *Globalization: Social Theory and Global Culture* (Thousand Oaks, Calif.: Sage, 1994), pp. 58-59.

39. Robertson, "Mapping the Global Condition," p. 59.

40. Paul Hirst and Grahame Thompson, *Globalization in Question: The International Economy and the Possibilities of Governance*(Cambridge: Polity, 1996) 특히 2장. 이 책의 목표는 현재와 과거 사이의 추상적 비교를 끌어내는 데 있는 것이 아니라 국민국가, 그리고 국가를 통해서 배역을 연기하는 사회정책이 여전히 적합하다고 주장하는 전 지구화의 새로움을 부인하는 것이다. 허스트와 톰슨은 그들이 제시한 논증이 전 지구화와 국가의 종말을 보는 극단적 전 지구화 주창자들에 대항하는 것이란 지적에는 신중하게 대응한다.

41. Nicholas D. Kristof, "At This Rate, We'll BE Global in Another Hundred Years," *New York Times*, 23 may 1999, Week in Review.

42. William H. Goetzman and Kay Sloan, *Looking Far North: The Harriman Expedition to Alaska, 1899* (Princeton, N.J.: Princeton University Press, 1982), pp. 7-8.

43. Paul Greenhalgh, *Ephemeral Vistas: The Expositions Universelles, Great Exhibitions and World's Fair, 1851-1939*(Manchester, U. K.: Manchester University Press, 1998); and Robert W. Rydell, *All the World's a Fair*

(Chicago: University of Chicago Press, 1984).

44. Saul, *The Collapse of Globalism*, pp. 42-44. 최근 전 지구화에 관한 서구의 주창자이거나 동정하는 자들의 많은 저작에 그것의 모순과 생성하는 문제들을 벗어나고자 개입과 규제의 필요를 인정한 증거가 있다. 좌파-자유주의자 입장에서 관점은 David Held, *Global Covnant*를 보시오. 보수/우익 자유주의자 전망에서 전 지구주의에 대한 새로운 이해의 보기는 다음을 보시오. Martin Wolf, *Why Globalization Works*(New Haven, Conn.: Yale University Press, 2004), 특히 결론부 참조. "Today's Threats, Tommorow's Promises"; Thomas L. Friedman, *The World Is Flat: A Brief History of the Twentiy-first Century*(New York: Farrar, Straus & Giroux, 2005). 특히 세계의 '평평하지 않음'을 인정하는 "Geopolitics and the Flat World"를 보라. 그리고 Jeffrey D. Sachs, *The End of Poverty: Economic Possibilities for Our Time*(New York: Penguin, 2005)는 빈민 구제를 전 지구적 경제에서 개입을 위한 분명한 경우로 든다.

45. 컨퍼런스에 관해서는 다음을 보시오. George Haines IV and Frederick H. Jackson, "A Neglected Land Mark in the History of Ideas," *Mississipi Valley Historical Review* 34, no. 1(June 1947): 201-220. 인간 진화의 도표는 시리즈물로서 인류학을 다룬 권에 해당하는 *Louisiana and the Fair: An Exposition of the World, Its People and their Achievements* ed. J. W. Buel(St. Louis: World's Progress, 1904), frontispiece를 보시오. 나는 〈나비 부인〉 통찰을 푸치니 오페라의 당대적 인기에 주목한 친구 래리 슈나이더(Larry Schnider)로부터 빌렸다.

46. 여기서 언급하는 것은 의사소통에 관한 그의 저술이 일찍이 1960년대에 대한 관심을 높이는 데 매우 큰 영향력을 끼친 마셜 맥루언(Marshall McLuhan)에 대한 것이다.(e. g. The Gutenberg Galaxy〔Toronto: University of Toronto Press, 1962〕). 지구촌에 관한 토론은 다음을 보시오. Marshall McLuhan and Bruce R. Powers, *The Global Village: Transformation in World Life and Media in the Twentieth-first Century*(New York: oxford University Press, 1989).

47. Jena-Marie Guehenno, *The End of the Nation-State*, trans. Victoria Elliott(Minneapolis: University of Minnesota Press, 1995), p. x.

48. 나는 이 용어를 마지즈 테헤라니안(Majid Teheranian)으로부터 빌려와서 약간 수정된 의미로 사용했다.

49. Manuell Castells, *The Information Age*, vol. 1: *The Rise of the Network Society*, p.145-147.

50. 더 세부적 논의는 다음을 보시오. Arif Dirlik, "Three Worlds or One, or Many? The Reconfiguration of Global Relations under Contemporary Capitalism," in *Postcolonial Aura: Third World Criticism in the age of Global Capitalism* (Boulder, Colo. : Westview, 1997), 146-62.

51. 보편주의의 종말로서 전 지구화는 지그문트 바우만이 채택한 요점이다. 다음을 보시오. Zygmunt Bauman, *Globalization: The Human Consequences*(New York: Columbia University Press, 1998), pp. 59-65. 우리는 이러한 이행에 관한 바우만의 비관주의적 평가를 공유할 수 있을 것이다. 다른 한편 보편주의는 근대성의 체제 아래서 억압되었던 '전통들'의 표명 공간을 열었다.

52. 묵시록적 어조는 다른 세계체제 이론가 아리기에 의한 당대 상황 진단에서 더욱 명백하게 나타난다. Giovanni Arrighi, *The Long Twentieth Century*. 그는 결론을 다음과 같이 마감한다.

인류애가 후기자본주의 세계 제국 또는 후기자본주의 세계시장의 지하 감옥(또는 낙원)에서 질식(또는 만개)하기 이전에, 냉전 세계질서의 청산에 동반한 폭력의 증폭이라는 공포(또는 영광) 속에서 불타 없어질 수도 있을 것이다. 이 경우에 자본주의 역사는 종료될 수 있겠지만, 그 역사는 600년 전, 그로부터 자본주의 역사가 시작되었고 이행기마다 더욱 확대된 규모로 재생산되어온 체계의 혼돈으로 영구 복귀함으로써 종료될 수 있을 것이다. 이것이 단지 자본주의 역사의 종료를 말하는지 아니면 모든 인류 역사의 종료를 의미하는지 여부는, 말하기가 불가능하다.(p. 356)

53. Fernando Coronil, "Towards a Critique of Globalcentrism: Speculations on

Capitalism's Nature," *Public Culture* 12, no. 2 (2000), pp. 351-374.

54. "지리역사적"이란 용어의 의미에 대해서는 다음을 보시오. Peter J. Taylor, *Modernities: A Geohistorical Interpretation*(Minneapolis: University of Minnesota Press, 1999). 내가 사용한 역사성(Historicity) 개념은 내가 장소의 시간성 차원과 공간성 차원으로 표시하듯 테일러가 사용한 지리역사(geohistory) 개념과 매우 동일하다.

3 전 지구성의 개념적 장(들)

1. Perry Anderson, *The Origins of Postmodernity*(London: verso 2002), pp. 3-5. Hans Bertens, *The Idea of the Postmodern: A History*(London: Routledge, 1995), chap, I, 4.
2. Jean-François Lyotard, *The Postmodern Condition: A Report on Knowledge* (Minneapolis: University of Minnesota Press, 1984).
3. 다음과 같은 보드리야르(Jean Baudrillard)의 저작 참조. *The Mirror of Production*(St. Louis: Telos, 1975). *The Political Economy of the Sign*(St. Louis: Telos, 1975)는 1970년대에 쓰여졌지만 1980년대 초에 큰 영향력을 행사했다. 프레더릭 제임슨의 창의적 영향력이 큰 논문은 이것이다. "Postmodernism, or the Cultural Logic of Late Capitalism,"(New Left Review 146 1984), pp. 53-92. 데이비드 하비의 대작도 참조하시오. *The Condition of Postmodernity: An Enquiry into the Origins of Cultural Change*(Oxford: Blackwell, 1989).
4. Ernest Mandel, *Late Capitalism*(London: New Left Books, 1978).
5. David Harvey, *Limits to Capital*(Oxford, U. K: Blackwell, 1982).
6. 최근 저작에서 데이비드 하비는 전 지구화 문제를 직접 다루고 탈근대주의를 비롯한 '포스트'의 확산을 시대의 기호로서 지나가면서 언급한다. "Contemporary Globalization," in David Harvey, *Spaces of Hope*(Berkeley: University of California Press, 2000), p. 68. 하비는 전 지구화 관념에 회의적이다. 그는 같은 쪽에서 "전 지구화"보다는 "불균등한 지리적 발전"이란 관념의 선호를 표현한다.
7. Akbar S. Ahmed, *Postmodernism and Islam: Predicament and Promise*(New

York: Routledge, 1992).

8. Arif Dirlik, "The Postmodernization of Production and Its organization: Flexible production, Works and Culture," in *The Postcolonial Aura: Third World Criticism in the Age of Global Capitalism*(Boulder, Colo.: Westview, 1997), pp. 186-219.

9. Abdul JanMohamed, "The Economy of Manichean Allegory: The Function of Racial Difference in Colonial Literature," *Critical Inquiry* 12(Autumn 1985), pp. 59-87.

10. 나는 여기서 많은 이들에게 패러다임을 가진 탈식민 지식인 및 이론가로 간주되는 호미 바바를 지적하고자 한다. 탈식민 비평가로서 그의 경력은 아마도 하향식 전 지구화의 궁극적 패러다임을 천명하는 다보스 세계경제 포럼 연례 회합에서 문화적 권위자로서 한 자리를 보상받은 지난 몇 년간 절정에 올랐을 것이다.

11. Joseph Levenson, *Confucian China and Its Modern Fate*, 3 vols.(Berkeley: University of California press, 1968).

12. Levenson, *Confucian China and Its Modern Fate*, vol. 3, *The Problem of Historical Significance*, 79.

13. 사회학의 "중국화"에 관해서는 다음을 보시오. Cai Yongmei and Xiao Xinhuang, eds., *Shehuixue Zhonggguohua*(Siniciation of Sociology)(Taipei: Juliu tushu gongsi, 1985). 사회학의 이슬람화는 다음의 논의를 보시오. Nilufer Gule, "Snapshots of islamic Modernities," *Daedalus* 129, no. 1(Winter 2000), pp. 112-113. Park Myoung-Kyu and Chang Kyung-sup, "Sociology between western Theory and Korean reality: Accomodation, tension, and a Search for Alternatives," *International Sociology* 14, no. 2(june 1999), pp. 139-156. 반다나 시바(Vandana Shiva), 아시스 난디 그리고 들로리아는 많은 저작들의 저자이다. 대표적 저서로는 다음을 보시오. Vandana Shiva, *Staying Alive: Women, Ecology and Development*(London: Zed, 1989); Ashis Nandy, "History's Fogetten Doubles," *History and Theory* 34, no 2(1995), pp. 44-66. 그리고 Vine Deloria Jr., Red, *Earth, White Lies: Native Americans and the Myth of Scientific*

Fact(Golden, Colo.: Fulcrum, 1997). 최근 태평양 연구에 관한 언급에서 지식 체계에 관한 논의는 다음을 보시오. Robert Borofsky, ed., *Remembrance of Pacific Pasts: An Invitation to Remake History*(Honolulu: University of Hawai'i Press, 2000). 민속수학(ethnomathematics, 국제적으로 유명한 브라질 수학자 우비라탄 암브로시오(Ubiratan D'Ambrosio)가 만들어낸 용어이다. 서구 사회 내의 비서구인, 소수인종이 따르는 수학. 국가, 종족, 또는 사회, 노동자 집단, 특정 연령대의 어린이들, 특정 직업 계층 등 구별 가능한 모든 형태의 문화적 집단에서, 사람들은 수학의 적용에서 자신들의 과학기술 수준이나 학교에서 배웠던 것과 무관한 자신만의 방식을 고안한다고 보는 입장. 이는 수학의 교수-학습 역시 사회문화적 요인의 영향을 받고 있다고 보는 입장이다—옮긴이)에 관해서는 다음을 보시오. Elizabeth Greene, "Ethnomathematics: A Step toward peace?" *Dialogue*(Duke University) 15, no. 9(20 October 2000). 그것의 토대에 관해서는 다음을 보시오. Jacob Heilbrunn, "The News from Everywhere: Does Global Thinking Threaten Local Knowledge? The Social Science Research Council Debates the Future of Area Studies," *Lingua Franca*(may-June 1996), pp. 49-56. 난디와 들로리아는 각자 2000년 봄과 2001년 봄에 듀크 대학교 기축적 관념(Pivotal Ideas) 시리즈에서 탁월한 발언자였다. 근대성과의 관계에서 이들의 도전에 관한 논의는 다음을 보시오. Arif Dirlik, "Reading Ashis nandy: The return of the Past, or Modernity with Vengeance," in *Postmodernity's Histories: The Past as Legacy and Project*(Lanham, Md.: Rowman & Littlefield, 2000), pp. 119-141.

14. Tani Barlow, "Introduction," in *Formations of Colonial Modernity in East Asia*, ed. Tani Barlow(Durham, N. C.; Duke University press, 1997), p. 1.
15. 서로 다른 정치적 전망들에 대한 이런 표현들의 모델을 뽑아내는 작업은 다음을 보시오. Samuel P. Huntington, "The Change to Change: Modernization, Development, and Politics," *Comparative Politics* 3, no. 3(April 1971), pp. 283-322; Dean C. Tipps, "Modernization Theory and the Comparative Study of Societies: A Critical Perspective," *Comparative Studies in*

Society and History 15, no. 2(March 1973), 199-226; Arif Dirlik, "National Development and Social Revolution in Early Chinese Marxist Thought," *China Quarterly* 58(April-June 1974), pp. 286-309. 이 논문은 근대화 이론가와(그 당시) 미국 제국주의 담론의 정치 및 이념적 복잡성 못지않게 1960년대 혁명적 소요와 민족해방운동에 대한 대응이다. 사미르 아민, 페르난두 카르도수, 안드레 군더 프랑크와 이매뉴얼 월러스틴 같은 창의적 영향력이 큰 수정주의자들과 결합한 세계체제 분석과 종속이론에서 근대화 담론 대안의 출현에 책임이 있는 것은 이들 혁명적 소요였다. 전 지구적 근대성의 분석에서 당대의 "문화적 전회"는 이전 시기의 근대화 담론의 성립뿐 아니라, 지금은 "유럽중심주의"같이 동일한 결점을 지닌 것에 대한 급진적 도전에도 등을 돌린다.

16. 당대성에 관한 쟁점을 다룬 고전적 진술은 다음을 보시오. Johannes Fabian, *Time and the Other: How Anthropology Makes Its Object*(New York: Columbia University Press, 1983).
17. Samuel P. Huntington, "The Clash of Civilizations?" *Foreign Affairs*(Summer 1993), pp. 22-49; Samuel P. Huntington, "The West Unique, Not Universal," *Foreign Affairs*(November/December 1996), pp. 28-46; 그리고 Samuel P. Huntington, *The Clash of Civilizations and the Remaking of World Order*(New York: Simom & Schuster, 1996).
18. Shumuel N. Eisenstadt, "Multiple Modernities,", *Daedalus* 129, no. 1(Winter 2000), p. 1.
19. Bjorn Wittrock, "Modernity: One, None, or Many? European Origins and Modernity as a Global Condition," *Daedalus* 129, no. 1(winter 2000), p. 31.
20. Anthony Giddens, *The Consequences of Modernity*(Stanford, Calif.: Stanford University Press, 1990).
21. Wittrock, "Modernity," pp. 58-59.
22. Zygmunt Bauman, *Globalization: The Human Consequences*(New York: Columbia University Press, 1998), p. 59.
23. Tang Yijie, "Zai jingji quanqiuhua xinhshi xiade Zhonghua wenhua

dingwei"(The Establishment of Chinese Culture in the Age of Economic Globalization,*Zhongguo Wenhua Yangjiu*(Chinese Cultural research), p. 30 (Winter 2000), p. 3.

24. Ma Liqin, "Lun shuli yangjiude Zhongguohua"(Sinization of reseach in Allination), in *Shehuixue Zhongguohua*(Sinicization of Sociology), ed. Cai Yongmei and Xiao Xinhuang(Talpei: Juliu tushu gongsi, 1985), pp. 191-212, 그리고 Nilufer Gole, "Snapshots of Islamic Modernities," *Daedalus* 129, no. 1(Winter, 2000), p. 113.

4 유산들: 전 지구적 및 식민지적 유산들

1. 나는 여기서 전개하는 논증을 Mike Featherstone, Scott Lash, and Roland Robertson ed., *Global Modernities*(Thousand Oake, Calif.: Sage, 1995) 또는 《다이달로스》(Daedalus) 특집호 "Multiple Modernities," ed. S. N. Eisenstadt, 129, no. 1(Winter, 2000)에 포함된 시론의 경우처럼 다수의 전 지구적 근대성에 대한 접근과는 구분하고자 이 요점을 강조한다. 앞의 책은 "전 지구적 근대성들"을 전 지구화를 위한 한 대용물로 만든다. 《다이달로스》 해당 호는 근대성의 특수한 기원을 인식한다. 그럼에도 일부 기고문은 근대성의 공통성에 기반을 둔 문화에 바탕을 둔 차이를 강조한다. 나는 이들 접근이 정확하게는 전 지구화의 이름으로 근대성에서 식민에 관한 거칠게 짠 쟁점들 아래 쓸어 넣으려는 경향 때문에 상당히 문제 제기하는 성격이 있다고 생각한다. "특이한 근대성"에 관해서는 다음을 참조하시오. Frederic Jameson, *A Singular Modernity: Essay on the Ontology of the Present*(London : Verso, 2002).
2. 나는 이 주제를 중국의 경우와 관련시켜서 여러 곳에서 논의했다. 가장 주목할 만한 것은 다음을 보시오. "Confucius in the Borderlands: Global Capitalism and the Reinvention of Confucianism," *boundary* 2, 22. no 3(November 1995), pp. 229-273. 근대성에 대한 가정들이 인도의 역사에서 내면화되는 방식에 대한 계몽적 논의는 다음을 보시오. Gyan Prakash, *Another Reason: Science and the Imagination of Modern India*(Princeton, N.J.: Princeton University Press,

1999). 프라카슈의 논의는 특별히 그의 "식민지 근대성" 배치가 이 쟁점을 전개하는 데 적합하다.

3. 나는 이 문제를 중화인민공화국을 참조하여 아주 길게 분석한 바 있다. Arif Dirlik, "Markets, Culture, Power: The Making of a 'Second Cultural Revolution' in China," *Asian Studies Review* 25, no. 1(March 2001), pp. 1-34.
4. 초국적 계급에 관해서는 다음을 보시오. Leslie Sklair, *The Transnational Capitalist Class*(Oxford: Blackwell, 2001)과 William I. Robinson, *A Theory of Global Capitalism: Production, Class, and State in a Transnational World*(Baltimore: Johns Hopkins University Press, 2004).
5. 이 발전에 관해서는 더욱 치밀한 관심이 필요하다. 계몽적인 논의는 다음을 보시오. Kris Olds, "Articulating Agendas and Traveling Principles in the Layering of New Strands of Academic Freedom in Contemporary Singapore," in *Global Ideas: How Ideas, Objects and Practices Travel in the Global Economy*, ed. Barbara Czarniawska and Guje Savon(Copenhagen: Liber and Copenhagen Business School, 2005). 2003년 베이징 대학교(중화인민공화국에서 최고의 교육기관 가운데 하나) 지도부는 영어에 대한 변화하는 교육을 포함한, 대학 개혁 계획으로 분노를 불러일으켰다. 계속된 토론에 관한 논문집은 다음을 참조하시오. Quan Liqun and Gao Yuandong, eds., *Zhongguo daxuede wenti yu gaige*(Problems and Reform of Higher Education in China)(Tianjin: Tianjin People's Press, 2003). 또한 다음을 보시오. Dai Xiaoxia, Mo Jiahao, and Xie Anna, eds., *Gaodeng jiaoyu shichanghua*(Marketization of Higher Education)(Beijing: Beijing University Press, 2004) 및 Wang Xiao, *Quanqiuhua Zhongguo jiaoyu*(Globalization and Chinese Education)(Chenggdu: Sichuan People's Press, 2002).
6. 리버풀 대학교는 2005년 말 시안교통대학교와 공동으로 중화인민공화국에 기술공학적 과제에 집중하는 캠퍼스 설립을 널리 홍보했다. 보고서에 따르면 그 캠퍼스는 리버풀뿐 아니라 시안(西安)에서도 상당히 멀리 떨어진 수저우산업공단(Suzhou Industrial Park)에 자리 잡을 것이었다. 중화인민공화국에서 〈포춘〉지 선정 500대

기업 53개를 포함하여 외국계 기업 활동이 편리한 곳이라는 이점이 있는 곳이었다. 다른 말로 대학의 설립은 기업(지금은 '공동 합작 기업')으로서 대학 교육의 또 하나의 사례였고 중국-외국 기업 협력의 표준적 형식이었다. 게다가 그런 관념은 온라인 초국적 교육 기관인 Laureate Educational Limited의 후원을 받았다. Polly Curtis, "Liverpool to Establish Chinese University," *Guardian Unlimited*, 27 October 2005.

7. 그런 발전에 관한 많은 보고서 가운데 가장 유명한 것은 이것이다, "Looks Like American Suburbia, but It's Home in India," *Register-Guard*, 9 October 2005, A19. 중화인민공화국에서 많은 주택 개발은 이름을 미국, 특히 캘리포니아에 있는 장소로부터 가져왔다고 광고한다.
8. Homi Bhabha, *The Location of Culture*(London: Routledge, 2004).
9. Johannes Fabian, *Time and the Other: How Anthropology Makes Its Object* (New York: Columbia University Press, 1983).
10. Jack R. Friedman, "Ambivalence, Abjection, and the Outside of the Global: On Statementality," unpublished manuscript. 5. 나는 이 초고를 공유해준 프리드먼에게 감사드린다.
11. Peter L. Berger and Samuel P. Huntington, eds., *Many Globalizations: Cultural Diversity in the Contemporary World*(Oxford: Oxford University Press, 2002). 이 제목은 전 지구적 무대에서 국가적/문명적 가치들을 투사하려는 당대 세계의 다양한 노력들을 언급한다. 달리 말하면, 우리는 비록 그것을 수행하는 데 모두 동등하게 훌륭하지는 않겠지만 제국주의자들이다!
12. 탈식민에 관한 더 확장된 논의는 다음을 보시오. Arif Dirlik, *The Postcolonial Aura: Third World Criticism in the Age of Global Capitalism*(Boulder, Colo.: Westview, 1997).
13. Michael Hardt and Antonio Negri, *Empire*(Cambridge, Mass.: Harvard University Press, 2000). 나는 이 논의에서 제국이라는 말보다 식민이라는 말을 더 선호한다. 이유는 내가 이해하기로는, 비록 두 용어가 다른 사회에 의한 한 사회의 정치적 통제라는 의미를 공유하지만, 식민이란 말은 문화적 경험을 비롯하

여 일상의 수준에서 경험을 더 직접 언급하고, 현재와 그것의 생산물인 식민주의 세계의 연관 관계를 파악하는 데 중요하다.

14. James Petras and Henry Veltmeyer, *Globalization Unmasked: Imperialism in the Twenty-first Century*(Halifax, Nova Scotia: Fernwood/Zed, 2001), p. 12.
15. 이 의문을 Bill Readings는 *The University in Ruins*(Cambridge, Mass.: Harvard University Press, 1996)에서 표명했다. 대학의 "초국적화"는 주로 제1세계 대학에서 전 세계에서 온 학생의 가시적 증가와 제1세계 대학들의 국경선을 넘어선 확산에서 볼 수 있다. 만일 그러한 추세가 지속된다면, 그들 자체가 초국적기업 네트워크처럼 보이기 시작할 것이다.
16. John Tomlinson, *Cultural Imperialism*(Baltimore: Johns Hopkins University Press, 1991), pp. 168-169.
17. Tomlinson, *Cultural Imperialism*, 175.
18. 예컨대 다음의 시론집을 보시오. A. G. Hopkins, ed., *Globalization in World History*(LOndon: Random House, 2002). 이 책은 네 시기, 곧 고졸적인 전 지구화기, 원-전 지구화기, 근대전 지구화기, 탈식민 전 지구화기라는 용어로 세계사를 새롭게 시대 구분을 한다.
19. 식민주의에 대한 예의 바른 거부의 최근 사례는 다음을 보시오. Gilbert Roseman, "Theories of Modernization and Theories of Revolution: China and Russia," in *Zhongguo xiandaihua lunwen ji*(Essays on the Modernization of China)(Taipei: Academia Sinica, 1991), pp. 633-646.
20. Karl Marx, "History of the Opium Trade," in Karl Marx and F. Engels, *Collected Works*(New York: International, 1981), 16: 6. 근대성에 관한 "키워드"에서 레이먼드 윌리엄스가 제국주의라는 단어와는 달리 식민주의라는 단어를 끼워 넣지 않은 것은 흥미롭다. Raymond Williams, *Keywords: A Vocabulary of Culture and Society*(New York: Oxford University Press, 1976).
21. 1920년대와 1930년대 자본주의와 제국주의에 관한 논의는 다음을 보시오. Arif Dirlik, *Revolution and History: Origins of Marxist Historiography in China, 1919-1937*(Berkley: University of California Press, 1978), 특히 3장.

22. 제2차 세계대전 이후 20~30년간 우세했던 식민주의 이해에 관한 나의 서술은 당대를 살았던 또는 연구했던 대부분의 인물들에게는 친숙할 것이다. 내가 제시한 다양한 요점들에 관한 적절한 설명은 해당 시기 가장 탁월한 식민주의 비판자 가운데 한 사람이었던 장-폴 사르트르의 식민주의 관련 시론의 최근 영어 출판물에서 발견될 것이다. 대부분 1950년대 말과 1960년대 초에 쓴 이 시론들은 1964년에 프랑스어로 처음 발간되었다. Jean-Paul Sartre, *Colonialism and Neocolonialism*, trans. Azzedine Haddour, Steve Brewer, and Terry McWilliams(London: Routledge, 2001). 사르트르의 관점은 프란츠 파농 같은, 사르트르가 개인적으로 밀접한 관계를 가졌던 탈식민주의 지식인들의 저술에서 정보를 획득했고, 어떤 방식으로는 그것에서 파생된 것이었다.
23. Abdul R. JanMohamed, "The Economy of Manichean Allegory: The Function of Racial Difference in Colonial Literature," *Critical Inquiry* 12 (Autumn, 1985), pp. 59-97.
24. 나는 "접촉 지대"라는 말을 다음의 저술에서 빌린다. Mary Louise Pratt, *Imperial Eyes: Travel Writing and Transculturation*(New York: Routledge, 1992).
25. 예컨대 중국 마르크스주의자들은 국가적 자율성과 발전은 그들의 이익을 위해 제국주의와 동맹을 맺은 부르주아 또는 "봉건적" 계급들을 제거하는 동시적인 사회혁명 없이는 성취할 수 없다고 주장한다. Arif Dirlik, "National Development and Social Revolution in Early Chinese Marxist Thought," *China Quartery* 58(April-June 1974), pp. 286-309.
26. 1960년대부터 현재까지 탈식민주의 비평의 변화에 관한 논의는 다음을 보시오. Aijaz Ahmed, "The Politics of Literary Postcoloniality," *Race and Class* 36, no 3(1995), pp. 1-20.
27. Aime Casaire의 말대로 하면 이렇다. "Marx is all right, but we need to complete Marx," Ania Loomba, *Colonialism/Postcolonialism*(London: Routledge, 1998), p. 133에서 인용.
28. Robert Young, "Preface," in Sartre, Colonialism and Neocolonialism, xiv, 역시 사르트르의 Albert Memmi, *The Colonizer and the Clonized*를 보시오. 이

에 관해서는 in Sartre, *Colonialism and Neo-Colonialism*, 51n를 보시오.

29. 여기서 내가 전 지구화의 이름으로 국가의 퇴위를 축하하는 자들 가운데 한 사람이 아니라는 것을 말해야 한다. 나는 국가는 여전히 제국주의에 대한 저항이 중요하다고 생각한다. "전 지구적 시민사회" 혹은 "디아스포라적 공공 영역"에 관한 엄청나게 많은 추상적 담화에도 불구하고 민주주의는 여전히 국가를 준거 삼지 않고는 생각할 수도 없다. 국가 건설에서 식민지적 계기의 인정은 민주주의의 기원 자체에 치명적 결함이 있다는 것을 말한다. 국민국가의 식민(그리고 계급적) 성격은 최근 들어서 국가들이 초국적 자본과 동맹을 맺음으로써 악화되었다. 또한 국민(nation)으로부터 국가(state)의 탈영토화를 요구하고 탈식민적 국가의 식민지적 외양의 폭로를 요구한다. 이러한 인정은 급진 정치의 의제에 민주주의의 회복을 자리 잡게 하는 작업의 긴급성을 지적하고, 그것은 사회적·경제적·환경적 정의를 위한 투쟁에 중요하다.

30. 이러한 '전환'의 가장 뛰어난 사례는 다음을 보시오. Andre Gunder Frank, *ReOrient: Global Economy in the Asian Age*(Berkeley: University of California Press, 1998). 프랑크의 명제는 특히 식민주의가 근본 질서인 세계에 대한 분석과 일찍이 결합되었으므로 우리 사고에서 강력한 전환의 상징이다.

31. Manuel Castells, *The Information Age: Economy, Society and Culture*, vol. 1, *The Rise of the Network Society*(Cambridge, Mass. : Blackwell, 1996).

32. Tani Barlow, "Introduction," in *Formations of Colonial Modernity in East Asia*, ed. Tani Barlow(Durham, N.C.: Duke University Press, 1997), pp. 1-20.

33. "식민지 근대성"은 적어도 일부 용례에서는 다른 종류의 근대성처럼 정상 상태를 부여받았다. 따라서 최근 한국의 근대성에 관한 저작의 편집자는 다음과 같이 썼다. "여기서 '진정한 근대성'은 독립적이어야 하고, 한국의 불연속적 근대성은 일본의 식민 지배의 부과로 중단된 것을 의미한다. 그러나 이런 식민지 이전 시대의 근대성은 또한 서구 중심의 근대성의 핵심 요소들을 개념으로 사용하여 기술한다. 따라서 서로 다른 근대성의 모델들을 그런 방식으로 분리시키는 것은 불가능하다." Gi-wook Shin and Michael Robinson, eds., *Colonial Modernity in Korea*(Cambridge, Mass.: Harvard University Press, 1999), p. 382, n. 18. 신

기욱과 로빈슨은 이러한 식민지 근대성의 형성에 불평등한 권력관계, 그것에서 비롯한 불균등성을 포함해서 강조한다.(p. 11) 그들의 저작은 그럼에도 한국에서 식민주의를 소거하거나 과소평가한다는 약간의 유감과 더불어 받아들여졌다.(나는 이 요점을 백낙청과의 개인적 대화에서 얻게 되었다.) 식민주의의 방패 아래서 근대성에 관한 일부 논의에서는, 식민이라는 단어 자체가 두드러지진 않았다. 예컨대 Leo Ou-fan Lee, *Shanghai Modern: The Flowering of a New Urban Culture in China*, 1930-1945(Cambridge, Mass.: Harvard University Press, 1999)는 식민지 근대를 근대(*the* Modern)로 신중하게 특권을 부여한다. 식민지 근대성의 결함(그것의 "결핍")을 강조하는 민족주의자나 마르크스주의자의 비평에 맞선 식민지 근대성의 정교한 긍정은 다음을 보시오. Dipesh Chakrabarty, "Subaltern Histories and Post-Enlightenment Rationalism," in *Habitations of Modernity: Essays in the Wake of Subaltern Studies*(Chicago: University of Chicago Press, 2002), pp. 20-37. 차크라바티는 현재 탈식민과 근대의 식민성에 대하여 모호하게 진술한다. 여기서 나의 주장에 가장 근접한 "식민지 근대성"의 전개는 이것이다. Andrew F. Jones, *Yellow Music: Media Culture and Colonial Modernity in the Chinese Jazz Age*(Durham, N. C.: Duke University Press, 2001). 존스는 식민지의 변환적인 힘, 정치경제학에서의 토대, 민족주의자들의 목적을 위하여 급진적 또는 우익적 전유조차 지속되는 양상을 강조한다. 그러나 부분적으로 그의 연구가 1937년에 그치고 부분적으로 식민지를 초국적 현상으로 병합해버리는 경향 때문에 장기적으로 적용할 수 있을지는 모호하다.

34. Robert Rydell, *World of Fairs: The Century-of-Progress Exhibitions*(Chicago: University of Chicago Press, 1993), p. 62. "식민지 근대"로 확인할 수 있는 다양한 예술 형식의 생산에 참여한 자들은 토착민, 유럽 출신 식민지인, 그리고 식민지의 이국주의에 영향을 받은 유럽인들이 포함된다.

35. 그런 노력으로는 다음을 보시오. Laura Hostetler, *Qing Colonial Enterprise: Ethnography and Cartography in Early Modern China*(Chicago: University of Chicago Press, 2001).

36. Gauri Viswanathan, *Masks of Conquest: Literary Study and British Rule in India*(New York: Columbia University Press, 1989).

37. Susan Thorne, *Congregational Missions and the Making of an Imperial Culture in Nineteenth-Century England*(Stanford, Calf.: Stanford University Press, 1999). 또한 Catherine Hall, *Civilizing Subjects: Metropole and Colony in the English Imagination, 1830-1867*(Chicago: University of Chicago Press, 2002).

38. Paul Rabinow, *French Modern: Norms and Forms of the Social Environment* (Cambridge, Mass.: MIT Press, 1989), p. 281.

39. Gayatri Chakravarty Spivak, *In Other Worlds: Essays in Cultural Politics* (New York: Metheun, 1987), p. 90.

40. 나는 여기서 식민주의와 전 지구화에 관한 쟁점에서 나 자신의 사고의 기원에 존재하는, 10년 전에 발간된 미요시 마사오(三好將夫)의 논문을 지적 채무를 인정하는 방식으로 상기한다. Masao Miyoshi, "Borderless World? From Colonialism to Transnationalism and the Decline of the Nation-State," *Critical Inquiry* 19, no. 4(Summer 1993), pp. 726-751. 이 논문에서 미요시는 당시 새로운 경향이던 인문학과 사회과학에서 전 지구화와 탈식민 비평의 결합을 날카롭게 비판하고, 이들 경향이 국민국가보다는 초국적기업과 더 결합하여 당시에 출현 중이던 식민주의에 현장부재증명으로 기여하는 방식을 탐색했다. 나는 비록 식민주의의 지속에 더욱 복잡하게 접근했다는 것을 이 논의에서 분명히 해야 하지만, 미요시가 그것이 무엇보다 배타적으로 기업의 힘과 결합됐다고 평가하는 점에 전적으로 동의한다.

41. Ulf Hedetoft, *British Imperialism and Modern Identity*(Aalborg, Denmark: Institut for Uddannelse og Socialisering, AUC, 1985), p. 2. 식민주의는 식민자와 피식민자를 함께 변환시킨다. 그러나 이주민들—다른 말로 이전에 피식민자가 모국으로 귀향하는—을 향한 영국인들의 태도에서 지속되는 불평등한 방식으로 그렇게 한다. 또한 시론집 Alec G. Hargreaves and Mark McKinney, eds., *Postcolonial Cultures in France*(London: Routledge, 1997), 특히 편집자

의 소개문, pp. 3-25를 보시오. 이 시론들은 프랑스인과 북아프리카 출신 마그레브인들 문화의 식민지적 변형과 프랑스에서 마그레브인들의 재정착 못지않게 과거의 탈식민화에서도 식민지의 차이와 불평등의 지속에 주목하고, 그 용어와 관념을 발명한 맥락에서 식민지 근대성의 지속을 증명한다.

42. 더 나아간 논의는 다음을 보시오. Arif Dirlik, "Rethinking Colonialism: Globalization, Postcolonialism, and the Nation," *Interventions* 4, no. 3(2002), pp. 428-448.

43. 계몽주의 시기(즉 프랑스와 독일) 반제국주의 사고에 관한 연구는 다음을 보시오. Sankar Muthu, *Enlightenment against Empire*(Princeton, N. J.: Princeton University Press, 2003). 사실 반-유럽중심주의가 유행이 되는 가운데 얼마나 많은 당대의 식민주의 비평이, 다른 근대성으로 치환되는 것을 비롯하여, 계몽주의의 복잡한 유산에 기인하는지 파악할 기회를 시야에서 놓치고 말았는지를 잘 안다. 그와 관련된 적절한 보기가 차크라바티의 영향력 있는 다음 저술이다. Dipesh Chakrabarty, *Privincializing Europe: Postcolonial Thought and Historical Difference*(Princeton, N. J.: Princeton University Press, 2000). 이 책은 반-유럽중심주의를 위한 현장부재증명으로 자주 인용되며, 계몽주의 근대성의 탁월한 상속자 카를 마르크스와 마르틴 하이데거에게 빚을 졌음을 인정한다.

44. '**야누스 얼굴을 가진**'이란 용어는 다음에서 빌렸다. Tom Nairn, *The Break-up of Britain: Crisis and Neo-Nationalism*(London: Verso, 1981).

45. 영국 사회학자 레슬리 스클레어(Leslie Sklair)는 지난 10여 년간 그리고 최근에는 *The Transnational Capitalist Class*를 통해 초국적 자본가 계급 관념을 가장 탁월하게 옹호했다. 이런 고찰에 대한 스클레어의 기여도는 그가 외부의 유로-아메리카와 외부 기업 구조들에만 주목하는 데서 개인(personnel)의 계급—지적이고 문화적 개인 포함—에서 증가하는(중요성이 증가하는) 참여에 더 치밀하게 주목한다면 더욱 풍요하게 될 것이다. 그런 참여는 이와 같은 계급 내부의 모순과 문화가 그것들을 표명하는 데 중개 수단이 되는 방식을 지적할 것이다.

46. "식민지의 장(site)에서 모호함"의 가장 뛰어난(그리고 대중적으로 인기 있는) 옹호자는, 두말할 나위 없이 호미 바바이다. 바바는 심지어 "혼종성의 틈새 상태와

계기들에 대한 취미"를 고백하고, 그것은 분명히 식민지를 도리어 역사와 당대 전 지구화 맥락에서 묘사하기를 제외시키는 권력자들에게 총애받을 것이다. 우리는 호미 바바의 식민주의 지우기에 대한 기여가 그가 2003년 다보스에서 개최된 세계경제포럼에서 전 지구화 추진자들의 정상회의에 한 자리 얻는 데 중요한 역할을 했을 것으로 추정한다. 그의 "취미"에 관해서는 Bhabha, *The Location of Culture*, 208. 다보스 포럼에 대한 그의 참여에 관해서는 2003년 세계경제포럼 웹사이트를 보라.

47. Claudia Sadowski-Smith, "Reading across Diaspora: Chinese and Mexican Undocumented Immigration across U.S. Landborders," in *Globalization on the Line: Culture, Capital and Citizenship at U.S. Borders*, ed. Claudia Sadowski-Smith(New York: Palgrave, 2002), p. 79. 이 시론은, 핵심 요점을 강조하지는 않으면서, 미국과 캐나다 사이의 제1세계 경계선과 미국과 멕시코 사이의 제1세계와 제3세계 경계선이, 캐나다가 점차로 미국을 향해가는 제3세계인들의 통로가 되는 제1세계로 나타남으로써 특히 9·11 이래로 상당히 약화되었다는 것을 보여준다. 당대의 이주 현상을 이해하는 데 계급이 중요하다는 점은 중국인의 경우에(또는 다른 이주민들 가운데서 동인도 이주민들의 경우) 매우 자명하다. 다른 한편 부와 명성을 가진 자들은(Aihwa Ong의 용어로) "유연한 시민권"의 혜택을 누릴 수 있는 반면에 하층계급 출신들은 항해 와중에 바다에 빠져 죽거나, 숨어들어간 컨테이너 화물선에서 사라지고 미국과 유럽으로 밀입국을 시도했기 때문에 감옥에서 시들어버린다. Aihwa Ong, *Flexible Citizenship: The Cultural Logics of Transnationality*(Durham, N. C.: Duke University Press, 1999). 그리고 Peter Kwong, *Forbidden Workers: Illegal Chinese Immigrants and American Labor*(New York: New Press, 1999). 법률적 문제와 더불어 식민주의, 전 지구적 자본주의, 그리고 이주의 관계에 관한 중요한 논의는 다음을 보라. Ibrahim J. Gassama, Robert S. Chang, and Keith Aoki, eds., "Symposium: Citizenship and Its Discontents: Centering the Immigrant in the Inter/National Imagination," *Oregon Law Review* 76, nos 2-3(Summer-Fall 1997). 특히 편집자의 소개문과 Tayyab Mahmud와 Kunal M. Parker의 논

문들을 보시오.

48. Aijaz Ahmud, *In Theory: Classes, Nations, Literatures*(London: Verso, 1992), p. 13.

49. 건축의 사례를 통하여 이 문제를 설명한 더 나아간 논의는 다음을 보시오. Arif Dirlik, "Architectures of Global Modernity, Colonialism, and Places," *Modern Chinese Literature and Culture* 17, no. 1(Spring 2005), pp. 33-61.

5 대안들?: 중화인민공화국과 전 지구적 남반부

1. "제3세계" in *Wikipedia*, http://en.wikipedia.org/wiki/Third-world.
2. 국제개발문제독립위원회(곧 브란트위원회)에 관해서는 다음을 보시오. *North-South: A Programme for Survival*(Cambridge, Mass.: MIT Press, 1980) 및 *Common Crisis North-South: Cooperation for World Recovery*(Cambridge, Mass.: MIT Press, 1983).
3. 유엔개발계획, "전 지구적 남반부 만들기" 남-남 협력을 위한 유엔의 날, 19 Dec. 2004. 전 지구적 남반부 프로그램은 그 기원에서 1948년으로까지 소급되는 기술 협력에 관한 유엔 회의의 재개념화이며 재조직이다.
4. "제3세계," in *Wikipedia.*
5. 제3세계 관념에 함축된 다양한 의미에 관한 고전적 논의는 Carl Pletsch, "The Three Worlds, or the Division of Social Scientific Labor, circa 1950-1975," *Comparative Studies in Society and History* 23(October 1981), pp. 565-590에서 발견된다. 현재까지 언급하는 더 최근의 논의는 *Third World Quarterly* 특별호 "After the Third World?" ed. Mark T. Berger, 25, no. 1(2004)를 보시오.
6. UNDP, "전 지구적 남반부 구상하기," 4.
7. Iris Marion Young, "Europe and the Global South: Towards a Circle of Equality," *Open Democracy*, 20 Agust 2003. www.openDemocracy.net.
8. Ranjit Devraj, "India, Brazil, South Africa Ready to Lead Global South," INterpress Service, 19 August 2005. "New Dehli Agenda for Cooperation,"에 관한 언급은 다음을 보시오. http://ipnews.net/interna.asp?idnews'22714. 중국

의 지도력에 관한 브라질인의 견해는 다음에서 논의된다. Andreas Hernandez, "A Global Left Turn?" Countercurrents, http://www.countercurrents.org/glo-hernandez-150703. 제3세계의 노력을 손상시키려는 미국의 노력은 다음을 보시오. Ferial Haffajee, "Monterrey Meet: Washington Consensus in Sombrero," http://www.turnside.org.sg/title/twe277htm. 2002년 멕시코 몬테레이 회합은 개발 과정에서 어느 정도 자율성을 성취하고자 G-77의 남반부 국가 조직(Organization of Southern States)이 조직했다. 미국은 회합이 끝나기 전에 보고서에 쓰인 말 가운데서 대부분의 핵심 골자를 제거하도록 사후 관리했다.

9. Joshua Cooper Ramo, *The Beijing Consensus: Notes on the New Physics of Chinese Power*(London: Foreign Policy Centre, 2004).
10. Huang Ping and Cui Zhiyuan, eds. *Zhonguo yu quanqiuhua: Huashengdun gongshi haishi Beijing Gonshi*(China and Globalization: The Washington Consensus, the Beijing Consensus, or What?)(Beijing: Social Sciences Academic Press, 2005).
11. Ramo, *The Beijing Consensus*. pp. 3-4.
12. Ramo, *The Beijing Consensus*, p. 5.
13. 과거의 경험에 관한 논의는 다음을 보시오. Arif Dirlik, "Modernism and Anti-MOdernism in Mao Zedong's Marxism," in Arif Dirlik, *Marxism in the Chinese Revolution* (Lanham, Md.: Rowman & Littlefield, 2005). 새로운 형식의 거버넌스 모색에 관한 논의는 다음을 보시오. Yu Keping et al., *Zhongguo gongmin shehuide xinggi yu zhilide bianquian*(The Emergence of Civil Society and Its Significance to Governance in Reform China)(Beijing: Shehui kexue wenxian chuban she, 2002).
14. "China's Middle Class: Larger Than France, Nearly the Size of Germany" (From Dave Barboza, "The Great Malls of China," *New York Times*, 25 May 2005), http://www.dinocrat.com/archives/2005/05/25/chinas-middle-class-larger-than-france/.
15. Ramo, *The Beijing Consensus*, p. 24.

16. Ramo, *The Beijing Consensus*, p. 21.

17. Ramo, *The Beijing Consensus*, p. 22.

18. Colleen Lye, *America's Asia: Racial Form and American Literature, 1893-1945*(Princeton, N. J.: Princeton University Press, 2005).

19. Jerry Harris, "Emerging Third World Powers: China, India and Brazil," *Race and Class* 46, no. 3(2005), pp. 7-27.

20. 미국이 주도하는 신자유주의 대안 모색에서 또 다른 제안은 다음을 보시오. David Held, *Global Covenant: The Social Democratic Alternative to the Washington Consensus*(Cambridge, U. K: Polity, 2004). 중화인민공화국은 1970년대에 마오쩌둥이 분석한 것처럼 이전 "세 개의 세계" 구분에서 제2세계와 제3세계 사이에 또는 현재의 유럽적인 북반부와 남반부 사이에 독특하게 위치했기 때문에 그런 탐색에 중요한 것 같다.

21. Luiz Inacio Lula da Silva, "O Gigante e a Globalizacao"(Giantic and Globalized), *La Insignia*, 22 May 2001, http://lainsignia.org/2001/mayo/econ-016.htm. 이 논문 번역에 도움을 준 나의 학생 애나 캔들라(Ana Candela)에게 감사한다.

22. 이런 경향에 대한 더 심화된 논의는 다음을 보시오. Arif Dirlik, "Markets, Culture, Power: The Making of a 'Second Cultural Revolution' in China," in Dirlik, *Marxism in the Chinese Revolution*, pp. 285-318.

23. 중화인민공화국 회사들은 그 기원을 고려하지 않고, 여타 전 지구적 기업과 같은 실천에 자유롭게 종사한다. 예컨대 다음을 보시오. Larry Rohter, "Brazil Weighs Costs and Benefits of Alliance with China," *New York Times*, 20 November 2005, www.nytimes.com/2005/11/20/international/americas/20amazon.html. 또한 다음을 보시오. Peter S. Goldman, "China Ventures Southward: In Search of Cheaper Labor, Firms Invest in Vietnam," *Washington Post Foreign Service*, 6 December 2005, http://www.washingtonpost.com/wp-dyn/content/article/2005/12/05/AR2005120502098pf.html. 노동 착취, 환경 파괴 망각, 그리고 복지 서비스 조항의 전반적 후퇴(건강과 교육을 포함하여)는 중화인민공화국 자체에서 압도적 현상이다. 관련된 최근 보고서는 다

음을 보시오. Andreas Lorenz and Wieland Wagner, "Cheap, Cheerful and Chinese?" Spiegel Online, 17 November 2005. http://www.spiegel.de/international/spiegel/0.1518.385446.00html. Arif Dirlik, "Globalization, Spatial Reconfigurations, and Global Health: Perspectives from the People's Republic of China," *Boundary 2* 33, no. 1 (Spring 2006), pp. 99-122.

24. Kavaljit Singh, "From Beijing Consensus to Washington Consensus: Chia's Journey to Liberalization and Globalization," *Asia-Pacific Research Network*, http://www.aprnet.org/journals/6/v7-3.htm. 또한 다음의 시론도 보시오. Arif Dirlik and Maurice Meisner, eds., *Marxism and the Chinese Experience: Isues in Contemporary Chinese Socialism*(Armonk, N.Y.: Sharpe, 1989).

6 결론: 전 지구화 이후에 미래는 있는가?

1. Russell Jacoby, *The End of Utopia: Politics and Culture in an Age of Apathy*(New York: Basic Books, 1999).
2. Jena Chesneaux, *Pasts and Futures: or What is History for?* trans. Schfield Coryell(London: Thmes & Hudson, 1978).

옮긴이의 글

우리는 지금 신자유주의 전 지구화의 발안자이고 첨병인 영국이 유럽연합에서 탈퇴하는 '브렉시트'와 미국에서 보호무역을 강조하는 트럼프가 당선되는 이변(?)을 목격하고 있다. 그 결과 우리는 신자유주의의 이름으로 관통된 자본의 절대 지배에 반대하며 인류의 공생을 모색하는 진보주의적 반세계화 또는 전 지구화 반대가 아니라, 자국중심주의에 인종주의까지도 가세한 극우 반세계화의 승리를 목격한다. 서구의 초국적 자본이 폭압적으로 강요한 IMF 체제와 우루과이 라운드니 WTO 체제니 하는 것들의 온갖 요구 사항을 감당하느라 민중들이 엄청난 고통을 겪고 있는데 여기에 더해 빈부격차를 심화시키고는 자신들이 그 체제에서 손해를 보았다고 외쳐대니 우리 입장에서는 저들이 저질러놓은 불량 체제들의 쓰레기들을 어찌 또 감당해야 하는지, 이 현실이 불쾌하기 짝이 없다. 그동안 신자유주의 전 지구화의 질서를 비판하는 이들에게 쏟아진 질문이 있다. 비판만 하지 말고 다른 대안의 질서가 있는지 말해보라고. 사회주의는 과거가 되었고 새로 나타날 미래의 모습은 보이지 않는 이때 과거의 전통이 대안이 될 수 있는가? 중국은 대안이 될 수 있는가? 그래도 자본주의 전 지구화 말고 다른 길이 있는가, 우리 모두 한 번쯤은 이런 질문을 받은 경험이 있을 것이다.

이 책은 현대 중국사 연구가로 잘 알려진 아리프 딜릭이 2011년 4월 부산대학교 한국민족문화연구소 '로컬리티의 인문학' 연구단 초청으로 방문했을 때 체결한 계약에 따라 그의 저술 *Global Modernity: Modernity in the Age of Global Capitalism*(Paradigm Publishers, 2007)을 번역한 것이다. 딜릭은 2010년부터 한국을 방문하여 이화여대, 서울시립대와 경원대에서 다양한 논문 발표와 강연으로 이름을 널리 알리면서 가는 곳마다 전 지구화는 이미 절정에 도달하여 쇠퇴 단계에 돌입했다고 진단하여 주목받았다. 그리고 전 지구화 개념이 유로-아메리카 중심주의의 형성이자 붕괴의 산물이라는 이중성이라고 폭로하고 그것을 극복한 세계사의 탈중심화를 강조했다. 딜릭은 전 지구화가 본래는 진보주의자들의 이데올로기적 지향이었으나 자본주의 실천가들이 이를 자본의 착취적 지배를 전 지구화하는 방향으로 변질시켰기에 전 지구화 과정에는 진보주의자들도 미필적 공모자에 들어간다고 본다. 이를 폭로하며 딜릭은 지식세계에서 첨예한 논쟁의 대상인 전 지구화, 초국적주의, 트랜스로컬리티, 국민국가 심지어 지역-국민국가 개념을 정리했다. 그뿐 아니라 이들 개념의 적용 대상으로서 도시 공간과 장소의 위상을 검토하거나, 본래 자신의 전공 분야인 마오쩌둥 사상을 소개하며 중국의 현재와 미래를 전망하고 과연 중국이 새로운 대안이 될 수 있는지를 묻는 등 폭넓은 지적 행보를 보였다. 부산대학교를 방문한 딜릭은 '세계화, 토착주의, 사회운동 및 장소의 정치(Globalization, Indigenism, Social Movements, and the Politics of

Place)'라는 주제로 강연하고 연구단 구성원 및 청중들과 수준 높은 토론을 전개했다. 이 주제는 딜릭이 아직 다가오지 않은 사회를 전망하는 실천적 계기로서 사회운동의 토대가 바로 로컬에 있다고 전망한 것에 착안하여 설정되었다.

이 책 《글로벌 모더니티: 전 지구적 자본주의 시대의 근대성》(2007)은 《현대 중화인민공화국 지식인들의 삶의 스냅사진(Snapshots of Intellectual Life in Contemporary, PR China)》(Duke University Press, 2008)과 더불어 최근 딜릭의 관심사를 압축해서 보여준다. 그 밖에도 딜릭의 저술은 최근 발간한 편저로 《전 지구적인 것에 대한 교수법들: 인간 관심 속의 지식(Pedagogies of the global: Knowledge in the Human Interest)》(Routledge, 2006)과 《20세기 중국의 사회학과 인류학(Sociology and Anthropology in Twentieth-Century China: Between Universalism and Indigenism)》(Chinese University Press, 2012)이 있다. 그리고 국내에 번역본이 있는 저술은 《혁명과 역사》, 《전 지구적 자본주의에 눈뜨기》, 《포스트모더니티의 역사들: 유산과 프로젝트로서의 과거》 등이 있기에 독자가 참고하기를 권고한다.

이 저술의 기본 핵심은 다음과 같다. 첫째, 전 지구적 시장과 전 지구적 소비사회가 표면상 사회경제적 발전과 정치적 민주주의 실현을 내세우지만 실제로는 수많은 사람들에게 일상적 상해를 가하는 경제적·문화적·정치적 폭력을 자행한 결과 민주주의와 사회정의는 물론 삶과 생계 조건 자체가 파멸로 내몰리고 있다. 둘째, 전 지구적 근대성은 생성과 구성 양식에서 식민지 근대성 개념과 밀접한 관계에 있다. 딜릭은 식민지 근대성 문제가 여전히 당면 과제이며 오늘날 전 세계적으로 국가와 자본의 식민주의에 맞서는 투쟁의 확산이 필요하다고 강조한다. 호미 바바를 비롯한 탈식민주의 논의를 변절한 문화주의자들의 행보라고 신랄하게 비판한 이유도 이와 연관돼 있다. 그는 식민주의 개념이 민족해방 투쟁을 강조하지만 실제로는 근대국가 개념과 너무 밀접하게 결합해 있다고 비판하고 동시에 식민지 근대성이 나름대로 근대성 형성에 기여한 바는 인정하지만 식민지 근대성론이 식민지를 탈선이 아니라 근대 역사의 정상 궤도로 받아들이는 오류를 자행한다고 신랄하게 비판한다. 그럼에도 제3의 선택을 할 여지가 선명하지 않음을 지적하고 이런 모호한 상황이 사회정의와 민주주의를 위한 계속된 투쟁 문제에 중요한 걸림돌로 작용할 것으로 판단하고 독자들에게 실천적 각성을 촉구한다. 당면 과제를 과연 어떻게 해결할 수 있는가? 딜릭은 그 가능성을 두고 고심한다. 현재의 학술 세계와 지적 세계를 형성하는 우리 자신의 지적·제도적 맥락들 자체가 기본적으로 식민지 근대성의 혜택을 받았으며 그 구성 요소이기 때문이다. 따라서 많은 이들의 투쟁을 추동하는 공포와 희망을 파악하기 어렵다. 현재의 지적 세계가 반식민적 투쟁을 이해하는 데 실패할 것이라는 우울한 진단도 여기서 비롯한다. 예컨대 시간적 다선성과 사회적 다양성을 위한 소수자와 타자의 관용을 강조하고 식민주의의 교정 수단으로 보이는, 탈식민 전 지구화와 디아스포라적 혼종화의 전망도 사실은 그 자체가 식민주의의 유산을 크게 전제로 삼는다고 지적한다. 그 결과 전 지구적인 정치적·이념적 쟁점으로서 식민지 근대성과 대적할 필요성이 약화되는 난관에 직면할 가능성이 있다.

이 책에서 딜릭은 탈근대주의나 탈식민주의 담론을 평가할 때 자신의 전공 분야인 중국사나 아시아사를 관찰과 비교의 준거로 삼으면서 서구의 지적 생산물인 여러 개념들을 일정하게 '낯설게 하기'를 하면서 재점검하고 원용한다. 예컨대 탈근대주의의 경우 문제점은 불평등한 권력관계에 있어서 이데올로기 구실을 하며 기존 질서 유지에 기여하고 사회적 실천에 무관심을 확산시키는 데 있다. 그뿐 아니라 탈식민주의 담론은 정치경제학적 의제를 문화나 언어 및 표상이라는 이름으로 호도하여 패권과 이데올로기 문제를 지워버린다. 그 결과 호미 바바 식의 탈식민성은 방법론으로 추상화되어 식민지 관련 논의 자체와 아무런 관계가 없게 되었다. 책을 읽다 보면 딜릭이 호미 바바를 학문적 내용뿐 아니라 인간적 처신까지도 매우 혐오하는 게 저절로 느껴질 정도이다. 딜릭은 탈식민이니 하는 것들이 마르크스주의와 사회주의로부터 퇴각한 급진주의자들이 사회정치적 급진주의를 '문화'로 환치하여 안도감을 얻는 과정의 산물이라고 까발린다. 특히 탈식민주의와 전 지구주의에 포함되어 있는 유럽중심주의를 비판하면서 탈식민주의의 비평 속에 미래에 대한 대안이 있다는 논의를 단호하게 거부한다. 도리어 그는 탈식민주의 비평이 기존의 전 지구적 질서를 공고화하는 '반혁명' 부역의 혐의가 있다고 고발한다.

이런 저격은 전 지구화가 초래한 역사 말소, 특히 혁명에 대한 기억 말소를 문제 삼고, 혁명이 가지는 의미를 존중하는 딜릭의 태도와 연관이 있다. 여기서 역사가 딜릭의 지적 성향을 감지할 수 있다. 예컨대 딜릭이 계몽주의를 이해하는 방식은 매우 생산적이다. 그는 계몽주의 자체가 '자본주의의 산물이었으며 바로 그 자본주의가 왜곡시켰을 가능성'을 치밀하게 검토할 것을 요청한다. 동시에 딜릭은 '계몽의 진보라는 바로 그 개념에 의해서 억압되었을' 계몽주의의 또 다른 과거를 찾아내어 계몽의 이상을 실현하는 복합적 실천을 요구한다. 전 지구화를 무비판적으로 옹호하는 자유주의적이고 보수적인 담론들 못지않게, 탈근대성을 강조하며 전 지구화를 공격하는 진보적 담론도 비판 대상으로 삼는 딜릭은 근대성의 숨겨진 양상을 발굴하려는 미셸 푸코의 정신에 계몽을 미완의 기획으로 설정하는 위르겐 하버마스적 태도를 가진 인물로 평가할 수 있다.

딜릭은 근대성과 탈근대성, 전 지구화와 로컬화 문제에 천착하면서 비판적 공간 이론을 제시한다. 그는 탈근대성 개념의 역사를 비판적으로 검토하면서도 역사학의 새로운 방향으로 복수의 '역사들(histories)'을 모색할 필요성을 인정한다. 그 일환으로 전 지구화가 호출한 로컬이 세계화-국가-로컬의 관계 가운데서 변화하는 양상에 주목했다. 특히 딜릭은 로컬에서 전개되는 '장소의 정치(place-based politics)'로서 사회운동의 실천적 양상에 관심을 기울였다. 부산대학교 '로컬리티의 인문학 연구단'은 로컬리티 연구의 준거점을 마련하는 과정에서 근대성의 정점으로서 국민국가 중심의 방법론에 도전하면서 탈근대주의 전망을 방법론적 출발점으로 삼았다. 그러나 딜릭은 탈근대주의가 유럽중심주의 근대성의 서사와 담론을 급진적으로 비판했음에도 불구하고 그것은 결국 '정체성의 정치'에 기반을 둔 지극히 서구적 현상의 하나라고 비판한다. 이것이 결국은 근대성과 자본주의를 혼동하는 탈역사적 재현 방식과 다름없다는 비판인 것이다.

딜릭이 로컬 공간에 초점을 맞추고 변화를 위한 실천적 노력으로서 장소에 기반을 둔 정치를 강조한 것은 우리 로컬리티 연구단의 전망과 일치한다. 그 배경은 첫째, 이주, 노동, 여성 등 다양한 풀뿌리 사회운동의 실현을 가능하게 한다는 점, 둘째 사회생태 문제에 관심을 불러일으킨다는 두 가지 장점에 있다. 이 '장소'는 결코 폐쇄적인 독자 생존 공동체가 아니라 상호 협조가 실현되는 개방된 공간이다. 이런 개념화 작업은 전 지구화라는 세계적 상황 속에서 실천적 저항에 관한 관심과 맞물리고, 딜릭이 토착주의와 '장소를 기반으로 한 사회운동', '아래로부터의 전 지구화'의 가능성을 점검한 것은 그 연장선상의 모색이다. 딜릭이 말하는 장소는 과거의 불평등과 압박의 장소로 한정되는 것이 아니라 근대성이 작동해온 지역들이다. 그 지역은 자본주의적 근대성이 침투하지 못한 잔여 영역이 아니라, 자본주의의 작동 공간에 위치하면서도 전 지구화의 장밋빛 전망에 맞서 일상적인 삶의 우선권을 재확인하는 민주적 대안 공간의 존재를 말한다.

이것은 '주체적인 공간 생산의 장'으로서 로컬에서 인간의 가치가 새롭게 긍정되는 토대를 모색하는 연구단의 방향과 거시적으로 일치한다. 그러나 딜릭은 탈근대주의 및 탈식민주의가 '차이의 정치' 자체만을 목적으로 삼거나, 로컬과 로컬의 연대 혹은 네그리와 하트 식으로 다중(multitude)이라고 불리는 민중의 연대를 강조하는 것 역시 세계화된 세상에서 자기식대로 긍정적 가능성을 읽어내려는 독단에 가깝다고 비판한다. 이런 견해는 매우 도발적이고 많은 생산적 토론을 요청한다. 딜릭이 요청하는 것은 총체화하지 않으면서도 '다양성 가운데 통일성'을 확보할 세계 인식 방법과 '구성적 서사(formative narrative)'의 생성이다. 그러나 그것이 함축하는 바가 구체적이고 확실한 것은 아니며 하나의 전망과 방법론에 가깝다.

딜릭이 전 지구화의 대안으로 로컬에 기대감을 표시하고 그 역할을 강조했다면 국가는 어떤 역할을 하는가? 2010년 서울시립대 강연에서 딜릭은 초국적주의 경계 넘기를 긍정하면서도 그것을 관리하고 감독할 준거로서 국가의 역할을 여전히 인정한다. 국가는 여전히 정당성의 원천이고 제국주의에 맞서는 저항에 중요하다. 곧 "전 지구적 시민사회" 혹은 "디아스포라적 공공 영역"에 관한 엄청나게 많은 추상적 담화에도 불구하고 민주주의는 여전히 국가를 준거삼지 않고는 생각할 수도 없다. 문제는 국가 건설에서 식민지적 계기의 불가피한 인정은 민주주의의 기원 바로 그 자체에 치명적 결함이 있다는 것을 함축한다. 거기에다 최근 국민국가의 식민적(계급적) 성격은 국가들이 초국적 자본과 동맹을 맺음으로써 더욱 악화되었다. 그 국가는 과거와 달리 사회에 대한 책임을 최소화하고, 대신에 자본의 작동(재정, 생산, 노동 및 시장)을 위한 전 지구적 공간의 창조를 추구한다. 그것은 화이트칼라든 블루칼라든 구분하지 않고 노동하는 주민을 통제받지 않는 변덕스런 전 지구적 시장에 무책임하게 내던져버리고 초국가적 계급에게 주도권을 제공한다. 딜릭은 고통 받는 시민들은 자본의 이익 안에서 머지않아 다시 한 번 노동예비군에 불과해지고 그 결과 영구 전쟁이 일어나게 될 것이라고 예상한다. 탈식민적 국가의 거의 변함없는 식민지적 외양을 폭로하는 딜릭은 급진 정치의 의제에 더해 민주주의 회복의 긴급성을 지적하고 사회적·경제적·환경적 정의를 위한 투쟁을 촉구한다.

딜릭은 대안적 근대성과 근대성에 대한 대안적 주장들의 전개가 가능한 공간을 확보하고자 노력한다. 유럽중심주의를 새로 이해하고 평가하기를 요청한 것은 이와 연관 있다. 그는 뜻밖에도 기존의 유럽중심주의 비판 담론들이 유럽중심주의를 진정으로 극복하기보다는 도리어 그것의 수명 연장에 일조했다고 비판한다. 유럽중심주의, 나아가 서구가 주도하는 전 지구화는 근대성을 형성한 결정적 계기라는 점을 간파하는 맥락 가운데서만 유럽중심주의 비판이 구체화될 수 있다는 진단이다. 딜릭이 전 지구적 자본주의에 맞선 대항 전략으로서 로컬의 전략적 가치를 강조한 것은 아시아에서 유럽중심주의적 전 지구화에 맞서 출현한 '전통으로의 귀환'에 주목하도록 이끌었다. 중국에서 공자, 서아시아에서 이슬람, 인도에서 힌두교가 박물관에서 다시 한 번 걸어 나왔다. 딜릭은 박물관화된 존재들을 재출현시킨 주체는 봉건적 숭배자가 아니라, 한때 그를 경멸했던 부르주아들과 혁명의 수혜자로서 권력을 장악한 공산당이라고 날카롭게 지적한다. 이슬람, 힌두교, 불교의 부활이 아시아인의 가치가 파생되는 이념적이고 문화적인 원천에 관한 문제를 제기하는 양상에 주목할 이유가 여기 있다. 이러한 모든 부활들은 비록 그것들이 사회적 맥락과 이념적 주장에 의존하는 로컬적 활용이긴 하지만, 동일한 세계 상황의 산물이라는 것이 딜릭의 진단이다.

딜릭은 전 지구화에 대안 모색의 일환으로 지난 세기말 전 지구적 신자유주의 정당화의 원리로 부각된 '워싱턴 컨센서스'에 맞서 일부 서구인들이 부각시킨 "베이징 컨센서스" 또는 "중국식 발전 모델"의 관념이 중국 지식인들과 정치 이론가들 가운데서 상당한 주목을 끄는 데 주목하고 그것이 내포한 생산적 가능성을 검증한다. 그리고 그것을 가능하게 만든 토대가 최근에 실현한 자본주의적 혁신에 있지 않고 사실은 바로 앞의 사회주의혁명의 유산이라고 진단하며 또다시 사회혁명을 상기시킨다. 비록 중국조차도 소수 엘리트의 수중에 권력과 부가 집중되면서 혁명은 불가능해졌지만, 생존을 위한 근본적 변혁의 필요성은 여전히 유효하다. 사회주의혁명은 중국 사회의 중요한 부분이며 관련 기억은 아직도 상실되지 않았고 문화혁명이 다루려던 문제는 여전히 남아 있으므로 새로운 전망을 모색할 여지가 충분하다. 딜릭은 1960년대 문화혁명에는 사회주의와 공산주의에 대한 열정뿐 아니라 탈식민 해방운동에 대한 열정도 있었고, 전 세계적으로 제3세계의 대두도 있었지만 이제 그것도 사라진 듯한 현실을 가슴 아프게 인정한다. 그러나 그 유산들이 모두 소멸된 것은 아니라고 보고 '전 지구적 남반부(Global south)'라는 용어로 제3세계를 새롭게 호명하고 제3세계 해방의 기회를 탐색한다. 그리고 새로운 시대이지만 여전히 제1세계가 제3세계를 착취하는 지금 중국 같은 사회주의 사회가 제3세계의 대안적 근대화 실현에 도움이 될 요소를 찾아서 온갖 궁리를 하며 헤맨다. 이런 관점은 G-2로서 대국굴기하는 중국을 착잡하게 바라보는 우리의 마음과는 거리가 있다. 그러나 사회주의의 몰락과 전 지구화의 압도적 관철을 목격하며 현실을 제어하고 이상을 지향하며 세계의 재구성 또는 지도 재작성을 도모하는 시도로 긍정할 수도 있을 것이다.

찾아보기

ㅇ

ㅈ

ㅊ

ㅋ

ㅌ

〈로컬리티 번역총서〉를 펴내며

로컬리티의인문학 연구단에서 번역총서를 내놓는다. 〈로컬리티 번역총서〉는 고전적·인문학적 사유를 비롯해서, 탈근대와 전지구화의 관점에서 해석되는 로컬리티에 대한 동서양의 다양한 논의를 담고 있다. 로컬리티 연구는 동서양을 막론하고 학문적 교차점, 접점, 소통성을 확보하는 것이 중요한 과제다. 이러한 의미에서 본 연구단에서는 장기적인 계획 아래, 로컬리티 연구와 관련한 중요 저작과 최근의 논의를 담은 동서양의 관련 서적 번역을 기획했다. 이를 통하여 로컬리티와 인문학 연구를 심화하고 동시에 이를 외부에 확산시킴으로써 로컬리티 연구의 저변을 확대하고자 한다.

우리가 로컬리티에 천착하게 된 것은 그동안 국가 중심의 사고 속에 로컬을 주변부로 규정하며 소홀히 여긴 데 대한 반성적 성찰의 요구 때문이기도 하다. 오늘날 로컬은 초국적 자본과 전 지구적 문화의 위세에 짓눌려 제1세계라는 중심에 의해 또다시 소외당하거나 배제됨으로써 고유의 정체성을 잃어가고 있다. 반면에, 전 지구화 시대를 맞아 국가성이 약화되면서 로컬은 또 새롭게 거듭나고 있다. 그동안 국가 중심주의의 그늘에 가려졌던 로컬 고유의 특성을 재발견하고 전 지구화에 능동적으로 대처하는, 이른바 로컬 주체의 형성과 로컬 이니셔티브(local initiative)의 실현을 위해 부단한 노력을 기울이는 모습들이 속속 드러나고 있다.

이제 로컬의 현상들을 파악하기 위해 기존의 지역 논의와 다른 새로운 사고가 절실히 필요하다. 지금까지 지역과 지역성 논의는 장소가 지닌 다양성과 고유성을 기존의 개념적 범주에 맞춤으로써 로컬의 본질을 왜곡하거나 내재된 복합성을 단순화하는 오류를 범했다. 이에 우리는 로컬을 새로운 인식과 공간의 단위로서 재정립해야 할 필요성을 다시 확인하며, 로컬의 역동성과 고유성을 드러내줄 로컬리티 연구를 희망한다.

〈로컬리티 번역총서〉는 현재 공간, 장소, 인간, 로컬 지식, 글로벌, 로컬, 경계, 혼종성, 이동성 등 아젠다와 관련한 주제를 일차적으로 포함했다. 향후 로컬리티 연구가 진행되면서 번역총서의 폭과 깊이는 더욱 넓어지고 깊어질 것이다. 번역이 태생적으로 안고 있는 잡종성이야말로 로컬의 속성과 닮아 있다. 이 잡종성은 이곳과 저곳, 그때와 이때, 나와 너의 목소리가 소통하는 가운데 새로운 생성의 지대를 탄생시킬 것이다.

우리가 번역총서를 기획하면서 염두에 둔 것이 바로 소통과 창생의 지대이다. 우리는 〈로컬리티 번역총서〉가 연구자들에게 로컬리티 연구에 대한 기반을 제공해줌으로써 학제간의 경계를 넘나드는 심화된 통섭적 연구가 이루어지고, 나아가 '로컬리티의인문학(locality and humanities)'의 이념이 널리 확산되기를 바란다.

부산대학교 한국민족문화연구소

(HK)로컬리티의인문학 연구단